A HISTÓRIA DA PROPAGANDA MUNDIAL

Adland

Mark Tungate

A HISTÓRIA DA PROPAGANDA MUNDIAL

Adland

Tradução
CARLOS AUGUSTO LEUBA SALUM
ANA LUCIA DA ROCHA FRANCO

Editora
Cultrix
SÃO PAULO

Título original: *Adland: A Global History of Advertising.*

Copyright © 2007 Mark Tungate.

Publicado pela primeira vez na Grã-Bretanha e nos Estados Unidos em 2007 por Kogan Page Limited.

Todos os direitos reservados. Nenhuma parte desta obra pode ser reproduzida ou usada de qualquer forma ou por qualquer meio, eletrônico ou mecânico, inclusive fotocópias, gravações ou sistema de armazenamento em banco de dados, sem permissão por escrito, exceto nos casos de trechos curtos citados em resenhas críticas ou artigos de revistas.

A Editora Pensamento-Cultrix Ltda. não se responsabiliza por eventuais mudanças ocorridas nos endereços convencionais ou eletrônicos citados neste livro.

Dados Internacionais de Catalogação na Publicação (CIP)
(Câmara Brasileira do Livro, SP, Brasil)

Tungate, Mark
   A história da propaganda mundial : Adland / Mark Tungate ; tradução Carlos Augusto Leuba Salum, Ana Lucia da Rocha Franco. — São Paulo : Cultrix, 2009.

   Título original: Adland : a global history of advertising.
   Bibliografia.
   ISBN 978-85-316-1053-0
   1. Propaganda — História I. Título.

09-08075   CDD-659.109

Índices para catálogo sistemático:
   1. Propaganda mundial : História 659.109

O primeiro número à esquerda indica a edição, ou reedição, desta obra. A primeira dezena à direita indica o ano em que esta edição, ou reedição, foi publicada.

Edição   Ano
1-2-3-4-5-6-7-8-9-10-11-12   09-10-11-12-13-14-15-16-17

Direitos de tradução para o Brasil
adquiridos com exclusividade pela
EDITORA PENSAMENTO-CULTRIX LTDA.
Rua Dr. Mário Vicente, 368 — 04270-000 — São Paulo, SP
Fone: 2066-9000 — Fax: 2066-9008
E-mail: pensamento@cultrix.com.br
http://www.pensamento-cultrix.com.br
que se reserva a propriedade literária desta tradução.

Sumário

Agradecimentos 9

Prefácio de Alex Periscinoto.. 11
Introdução... 17

1   **Pioneiros da persuasão**... 25
    As origens da propaganda 26
    Uma indústria toma forma 27
    As primeiras agências de propaganda 30
    Arrow: uma seta para o futuro..................................... 32
    A abordagem Hopkins 34
    A segunda escolha de Lasker...................................... 36

2   **Da propaganda política ao sabão** 39
    O legado de J. Walter Thompson 40
    Uma agência onomatopeica... 43
    Rubicam versus a Depressão 45
    Novas visões, novos sons 49
    O fim do começo 51

3   **A aristocracia de Madison Avenue**.......................... 55
    Uma agência britânica em Nova York 57
    A ciência de vender 64

4   **Revolucionários criativos** 67
    Pensando pequeno 72
    Murderers' row: a linha de matadores 74
    A revolução vai para a TV 78

5	**O estilo de Chicago**	83
	Um começo sem pressa	84
	Uma figura e tanto	87
	Flocos de milho e caubóis	89
	A era internacional	92
	A vida depois de Leo	94
6	**A quadrilha britânica**	97
	A hotshop britânica	98
	Arrasa-quarteirões no porão	101
	Lowe e além	103
	O mestre planejador	106
	Uma agência de arrasar	108
	Começa a saga da Saatchi	111
	A agência de propaganda de Margaret Thatcher	114
7	**Extravagâncias dos anos 80**	117
	A saga da Saatchi continua	119
	O gênio do jeans da BBH	122
	O redator cavalheiro	127
	Os bucaneiros de Venice Beach	131
	"1984" e o fator Super Bowl	133
8	**A conexão francesa**	137
	O pai da propaganda francesa	139
	O homem que disse *"Non"*	141
	Provocação e impacto	143
	A casa que Jacques construiu	145
	TBWA: absolutamente europeia	149
	As sementes da disrupção	152
9	**Ícones europeus**	157
	O mundo gráfico de Armando Testa	158
	Redação no estilo italiano	161
	Sangue, suéteres e lágrimas	164
	O enigma alemão	167

10	**Os subprodutos da mídia**	173
	A ideia de 24 quilates de Gilbert Gross	174
	Da permuta à Zenith	176
	Atrasando o relógio	178
11	**Incorporação**	181
	Omnicom: O Big Bang	181
	WPP: ligada no mundo	186
	Interpublic: a escada horizontal	191
	Publicis: reajustando a bússola	194
	Havas: filha da era da informação	197
12	**Gigantes japonesas**	203
	Uma breve história da Dentsu	204
	Propaganda estilo haikai	207
	Futebol e Shiseido	209
	A agência desafiadora	211
13	**As alternativas**	215
	Amsterbrand — a marca Amsterdã	216
	Radicais profissionais	221
	Longe da turma da Madison	225
	Comunicação por conteúdo	227
14	**Ascensão e queda das pontocom**	231
15	**Espírito latino**	237
	Os meninos do Brasil 1: Washington Olivetto	238
	Os meninos do Brasil 2: Marcello Serpa	241
	O reino da Espanha	243
16	**Postos avançados internacionais**	247
	Os publicitários favoritos da Austrália	251
17	**Estrelas cadentes**	255
	From pop to soda: disto para aquilo	257

18	**Controvérsia em Cannes**	261
	O homem por trás de Cannes	263
	Calculando o custo	265
19	**Novas fronteiras**	267
	Criatividade asiática	269
	E agora, para a China	270
20	A agência do futuro	275
	Gigantes mudando de forma	280
21	Conclusão	285
Referências		287

Agradecimentos

Projetos como este começam com e-mails esperançosos e mensagens deixadas em secretárias eletrônicas de escritórios distantes. Agora é hora de agradecer a todos que responderam. Primeiro, obrigado a todos os entrevistados, que dedicaram um tempo que não tinham para um projeto que demoraria meses para ver a luz do dia. Quero particularmente mencionar Alfredo Marcantonio, que compartilhou comigo suas reminiscências sobre o cenário da propaganda na Londres dos anos 70. Jeremy Bullmore me passou um brief igualmente fascinante.

Obrigado também a Kate Wake-Walker, por sua capacidade de criar redes de contatos. James Hamilton e Robin Hicks da *Campaign* forneceram endereços de e-mail e tiveram a delicadeza de não rir de incredulidade quando lhes falei pela primeira vez da ideia. Eve Magnant da Publicis teve um papel essencial na organização de entrevistas com personagens seniores. François Kermoal da *Stratégies* deu conselhos inestimáveis para o capítulo sobre a França. Christoph Berdi do *Absatzwirtschaft* deu uma olhada na seção alemã. Lyndy Stout da *Shots* deu dicas úteis para o capítulo sobre produção e também me convidou para a reunião da revista. Yukihiro Oguchi e Nam Sakamoto tomaram conta de mim em Tóquio. François Nel da Universidade de Lancashire me deu acesso à biblioteca da universidade e, assim, a ferramentas inestimáveis como WARC e LexisNexis. Heather Bowler foi prática e encorajadora, como sempre. Andrew Rawlins e Patrick Taschler do *Epica* deram orientações; Pierre-Edmond do andar de cima me convenceu a falar com George Lois.

E é claro que nada disto teria sido possível sem Géraldine Dormoy, cuja paciência e afeto foram ilimitados.

Aqui, espero, estão as outras pessoas a quem devo uma palavra de agradecimento: Philippe Bernard; Sita Brooks; Emanuela Calderoni; Cheri

Carpenter; Amy Cheronis; Catherine Collora; Juliet Dowsey; Roy Elvove; Meike Friedemann; Laura Green-Wilkinson; Christine Hannis; Jessica Hartley; Rosanne Leroy; Nigel Long; Abby Lovett; Annamaria Marchesini; Stephen Martincic; Erica Martinez; Eleanor Mascheroni; Feona McEwan; Jeremy Miller; Richard Morris; Bill Muirhead; Sally O'Dowd; Alex Parker; Wally Petersen; Sarah Pollard; Daniela Romano; Miranda Salt; Lucinda Spera; Pat Sloan; Annie Tobin; Kan Taniguchi; Leslie Williams; Barbara Viani.

NOTA DO AUTOR

No que diz respeito às agências contemporâneas, todos os cargos estavam corretos quando escrevi o livro. Se omiti alguns luminares da propaganda por falta de espaço ou simples erro de julgamento, peço desculpas. O ego de vocês vai se recuperar, tenho certeza.

Prefácio

É chato, mas preciso dizer. Embora este livro seja fascinante, ele tem um defeito: não foi escrito por mim. Tremenda inveja do Mark Tungate. O cara conseguiu não só fazer uma foto de 360 graus do planeta publicitário em nível mundial, como nos permitiu visualizar como o Brasil se encaixa nesse cenário.

Depois de devorar estas páginas irresistivelmente bem escritas — e que chegam até nós graças à visão editorial moderna e antenada do Meio & Mensagem, tenho certeza de que você vai concordar comigo: a publicidade brasileira aparece dignamente. Embora mencionada de forma enxuta, a presença é significativa porque os nomes citados pelo autor Mark Tungate representam momentos referenciais da nossa História profissional — embora, obviamente, não esgote o elenco imenso que trabalhou ao longo das últimas décadas pra fazer a publicidade brasileira se tornar um *global player*. Aliás, nem caberia esperar isso de um trabalho panorâmico que deve ser, necessariamente, ágil e objetivo.

O fundamental é que Mark Tungate manteve a mais importante postura que um texto histórico deve trazer: o distanciamento calculado, que permite a blindagem contra a fogueira das vaidades regionais. Um fogaréu, aliás, inofensivo em todas as outras circunstâncias porque, assim como um Woody Allen que saboreia as próprias neuroses, a competição dos egos faz parte da vida como uma das modalidades esportivas mais divertidas de se ver, inclusive na publicidade.

Outra qualidade deste livro é que ele, de certa forma, estimula fecharmos o foco sobre nós mesmos, levando-nos a pensar mais profundamente sobre a nossa própria História. Pego essa carona exercitando a síntese publicitária em duas frases. Primeira: se hoje estamos pau a pau com os melhores do mundo é porque, lá atrás, tudo foi semeado pra se chegar a isso. Segunda: também em publicidade não existem efeitos sem causas.

Nesse ponto, pela coincidência de ser ao mesmo tempo testemunha ocular e personagem da nossa evolução profissional, confesso publicamente:

— Sim, fui o culpado por fazer no início dos anos 60 a destruição criativa de um formato de trabalho que, mantido como estava, condenaria a publicidade brasileira à periferia terceiromundista.

Cronologicamente, a coisa começou lá por 1958, quando eu ainda estava com os pés na *house agency* do Mappin, mas já com a cabeça na publicidade americana. Viajei pra Nova York a fim de estagiar na Orbach's — uma grande e sofisticada grife em lojas de departamento, pra ver e trazer pro Mappin os mesmos conceitos de qualidade criativa que se via em seus anúncios. E logo percebi de onde vinham o bom gosto, o charme e a beleza das peças: a Orbach's era cliente da DDB. Por tabela, fui conhecer a agência e fiquei hipnotizado quando, ao passar por uma das salas da criação, vi na parede os layouts de vários anúncios que estavam sendo criados pra Volkswagen. Capotei pelo choque cultural representado não só pela overdose de inovações contidas nos conceitos de direção de arte, approachs e textos temperados com humor e emoção, mas também pela forma como os caras trabalhavam — em duplas. Redator e diretor de arte frente a frente conversando, rindo, capturando e layoutando ideias em conjunto. Encanei.

Obcecado em assimilar tudo o que a DDB fazia e como fazia, virei amigo pessoal do mitológico Bill Bernbach (redator, o "B" da DDB). Durante uns dois anos minha cabeça viveu em plena pororoca de valores avaliando a necessária colisão a ser feita entre o novo X antigo, inusitado X acadêmico.

Essa ferveção estava a toda quando surgiu um convite maravilhoso que me fez sair do Mappin: ser sócio do José de Alcântara Machado — um gênio na geração de negócios, que havia conquistado nada menos do que a conta da Volkswagen. Imagina se eu ia demorar três segundos pra aceitar, tendo na memória os anúncios da mesma Volkswagen feitos pela DDB.

E lá fui eu ser sócio do Zé de Alcântara, com carta branca pra fazer na ex-pequena Almap tudo o que eu sonhava: trazer o formato DDB pra publicidade brasileira.

Começou aí, no início dos anos 60, a revolução. O *boom*. A virada que oxigenou e renovou a nossa profissão gerando consequências até hoje.

Implantei a figura-chave do diretor de criação com liberdade gerencial pra caçar, contratar e treinar os melhores talentos do mercado, e também com a responsabilidade de conduzir a qualidade dos trabalhos dentro do formato inovador. Com as duplas, ficou definitivamente no passado o "departamento de redação" numa sala e o "departamento de layout" na outra, onde o redator só conhecia o "layoutman" de ouvir falar, e vice-versa.

Contando com um cliente como a Volkswagen — que respirava o mesmo clima criativo da agência (aliás, isso até hoje, tanto que é a marca de automóveis que mais prêmios ganhou na publicidade brasileira), os anúncios, spots e comerciais da nova safra surpreendiam a cada veiculação. Da primeira dupla em diante — Hans Damman e Armando Mihanovich, a evolução disparou em altíssima velocidade. A Almap chegou a ter 350 pessoas e mais de 20 duplas de criação trabalhando febrilmente, além de um departamento de rádio-e-tv de altíssima qualidade, onde nasceram talentos brilhantes como Boni, Julinho Xavier, etc.

Falando assim até parece que tudo foi no vapt-vupt. Ledo engano. Pra implantar as mudanças comportamentais, mentais, culturais — e outras rimas, eu não podia deixar o pique, digamos brasileiramente, brochar.

Por isso a adrenalina, o novo formato de trabalho, os novos conteúdos, as novas referências de qualidade tinham que ser permanentemente injetadas e reinjetadas no time. Dentre muitas ações de "catequese", criei uma ponte virtual ligando diretamente a Madison Avenue com a "Paulista Avenue", importando os melhores e mais novos anuários americanos, revistas de publicidade, livros, jornais, etc. Contratei uma profissional em Nova York só pra gravar e enviar semanalmente os melhores comerciais veiculados nos horários nobres, a fim de que a turma fosse assimilando como criar um roteiro bem sacado, como dirigir, fotografar, sonorizar, editar (um dos repertórios que pedi era só com assinaturas visando fugir dos óbvios *pack shots* com letreiro e produto em fundo infinito). Fora isso, inaugurei uma ponte aérea internacional trazendo os mais premiados criativos da Leo Burnet, Ogilvy, DDB e até o endeusado Richard (Dick) Stanwood — criador da "Terra de Marlboro", pra virem aqui mostrar seus portfólios e bater bola com nossos profissionais.

Resumo da ópera: em poucos anos nomes como Bill Bernbach, Bob Gage, Phyllis Robinson, Mary Wells, George Lois, Helmut Krone, Herb Lubalin, etc., passaram a fazer parte do nosso vocabulário. E seus trabalhos, nossos parâmetros de qualidade.

Vale aqui um grande parêntese: essa abertura a todo tipo de talento criativo sempre foi marca registrada da Almap. Fora os cobrões que eu trazia, volta e meia apareciam (mesmo sem convite) muitos profissionais americanos e europeus querendo trabalhar com a gente. Eu topava e contratava no risco, como freelancer, pra ver que bicho dava. A mesma postura era praticada com os brasileiros que se destacavam pela criatividade em outras atividades. Tanto é que passaram pela Almap autores teatrais de sucesso, escritores, famosos roteiristas de humor, etc. Mas, de todos que passaram por esse laboratório, nenhum superou, pelo *non sense*, o padre criativo. Explico: temente a Deus, não tive como negar o pedido de um bispo para que eu desse chance a um padre que queria fazer um estágio na criação para, talvez, usar o aprendizado na comunicação eclesiástica, sabe-se lá. E lá veio ele. Era uma visão surrealista porque o padre, agitadíssimo, ficava quicando de dupla em dupla, zanzando apressado pelos corredores com sua esvoaçante e elegantíssima batina de linho. Os distraídos que viam passar aquele vulto negro com seu crucifixo balançando eram atacados pela certeza de estarem sofrendo um delírio místico, pois nada poderia ser mais descabido do que ver aquele noviço rebelde sem guarda-chuva entre criativos porra-loucas. Não deu certo. Mas Deus é testemunha de que não foi por mea culpa, minha máxima culpa.

Fechado o grande parágrafo-parêntese, retomo a conversa dizendo que a valorização da criatividade ganhou tal dimensão que acabou "contaminando" outros setores, dentro e fora das agências. Caso da produção e direção de comerciais, jingles e trilhas. Do ensino publicitário, em que a pioneira ESPM — Escola Superior de Propaganda e Marketing, criada pelo Rodolfo Lima Martensen, se tornou um ícone de qualidade. Do setor editorial, que passou a ter uma demanda crescente por livros publicitários. Do jornalismo especializado, que fez nascer ótimos colunistas e veículos como o Meio & Mensagem — campeão de audiência entre os criativos e empresários do setor.

E, importantíssimo, há que se lembrar que o conceito e a metodologia de planejamento também deu um *looping* completo, passando a trabalhar de forma integrada com a criação. Surgiram aí figuras cerebrais e inovadoras como Helcio Emerich, Sergio Guerreiro, Júlio Ribeiro, Helio Silveira da Motta, Júlio Cosi Jr., José Roberto Whitaker Penteado, Otto Scherb. (Nessa mesma linha de valorização criativa, eu trouxe dos Estados Unidos, nos anos 90, o Allan Grabowisk, que introduziu um novo formato de pesquisas: ao invés do frustrante *day after*, o trabalho de campo antecedia tudo, ajudando na formulação de conteúdos que a criação lapidava visando os alvos planejados.)

Quero reforçar que, se lá atrás eu não pensei duas vezes em confrontar ícones sagrados, era porque eu tinha um sonho, uma esperança, um desejo: levar nossa publicidade ao nível de qualidade internacional. Intuitivamente eu sabia que conseguiríamos chegar lá. Ou, melhor, chegar aqui. E o mérito disso está muito além de todas as menções de nomes que se queira fazer.

Independente das citações corretas e significativas de Mark Tungate (Washington Olivetto com sua excelente W/Brasil e Marcello Serpa com seu talento em saber manter a AlmapBBDO como uma agência vencedora dentro do perfil genético desenvolvido sobre o tripé criação-planejamento-administração), como dizia, mesmo citando muitos outros caras representativos, o quadro jamais estaria completo.

Se o Mark Tungate tivesse incluído gente como Mauro e Luis Salles, o trio DPZ — que impactou o mercado oito anos depois da Almap com a criatividade de um tremendo redator, acompanhado por dois geniais diretores de arte (eu seria feliz se fosse apenas um deles), Francesc Petit e José Zaragoza, e mais Neil Ferreira, Jarbas Agnelli, Boris Fetchir, Joaquim (Joca) Gustavo, Nizan Guanaes, Fábio Fernandes, Alexandre Gama, Cassio Zanata, Eugênio Mohalem, etc., ainda assim a lista frustraria.

Simplesmente porque a construção da imagem de publicitário que temos hoje é fruto de muita gente. Aliás, não só a construção de uma imagem. Mas a consolidação de uma profissão que ganhou conceito e charme, transformando-se no objeto de desejo das novas gerações.

Essa, aliás, foi outra consequência pós-Almap: a revolução dentro da revolução. Se hoje as faculdades de publicidade estão bombando com a garotada querendo ser publicitário, é porque os anúncios e os comerciais são vistos, comentados, elogiados, dando aura e visibilidade social aos autores de uma comunicação que se tornou inerente à moderna cultura urbana.

É um cenário gratificante, nadinha da silva parecido com aquele que se vivenciava décadas atrás, no começo do começo. Eu, por exemplo, fracassei todas as vezes que tentei explicar aos meus pais o que era ser publicitário.

Lembro quando apareci orgulhosamente na casa deles com meu carrão zero km (um Fusca 61). Meu pai, desconfiado, perguntou o que eu andava fazendo pra ter aquele luxo. Quando eu expliquei que tinha sido um presente do meu sócio (o Zé da Alcântara tinha dado como incentivo pelo sucesso da Almap), a coisa piorou. Meu pai fez uma careta acompanhada pela significativa trilha sonora tsk...tsk...tsk. A minha mãe, então, de olho arregalado, foi saindo da cozinha enxugando as mãos no avental enquanto lamentava meu fracasso profissional dizendo "chiiiiii... tem coisa aí".

— ALEX PERISCINOTO
Sócio da SPGA

Introdução

"Propaganda é show business"

Meia-noite na Riviera não tem nada a ver com canto de cigarras e nem com o murmúrio das ondas batendo na praia. Não nessa faixa da costa. Num clube de praia em Cannes, a festa está apenas começando. Uma multidão bem vestida se mistura na pista de dança enquanto o Top DJ Gilles Peterson toca house e funk. Lustres de cristal balançam no teto de um pavilhão preto gigante, onde estão espalhados sofás voluptuosos forrados de veludo. Mulheres atraentes se empoleiram nos braços dos sofás, tentando convencer homens bronzeados a dançar. Mas muitos homens, especialmente os mais velhos, contentam-se em fumar charuto e observar. Alguns se juntam em trios, possivelmente — até aqui — falando de negócios. Para lá da pista de dança, sob o magnífico céu noturno, uma falange de garçons oferece bebidas grátis. O ar está quente, perfumado e pungente.

Seja bem-vindo à festa da Leo Burnett. Não se trata de um evento particularmente incomum. Todos os anos no verão, na semana do festival de propaganda, agências importantes como a Leo Burnett promovem *soirées* extravagantes no calçadão sinuoso à beira-mar, chamado La Croisette. E a Leo Burnett é considerada uma das agências mais comportadas. Em outro ponto da praia, a festa da DDB compete facilmente com esta, em tamanho e volume. Uma agência pode gastar mais de 150 mil dólares numa dessas festas de arromba. É uma questão de orgulho, me dizem, uma questão de provar que mesmo agora, com as audiências de TV oscilando e com os clientes apertando bem a tampa dos orçamentos, a indústria da propaganda ainda pode se dar ao luxo de se divertir. Acima de tudo, é uma questão de mostrar que, a despeito de qualquer coisa, uma agência de propaganda continua sendo um ótimo lugar para se trabalhar.

SERVOS E SENHORES

Sir Martin Sorell, chairman do grupo de marketing WPP, comentou durante a nossa entrevista que "a propaganda é considerada uma extensão do show business". As agências não são de jeito nenhum o bobo da corte, mas a ostentação do setor tende a prejudicar sua contribuição vital para a economia global. Isso explica também por que muitas agências se esforçam para elevar seu status, de fornecedores a consultores estratégicos, aos olhos dos clientes.

Uma das coisas que mais me surpreenderam durante a pesquisa para este livro foi o absoluto poder que os clientes exercem sobre suas agências. Fiquei com a impressão de que um executivo de propaganda não se detém diante de nada para ganhar ou manter um cliente. Sei com certeza que, quando o cliente chama, não hesitam em cancelar um encontro com um jornalista, mesmo que este tenha voado milhares de milhas para entrevistá-los. Isso não me aconteceu apenas uma, mas várias vezes. A indústria da moda, assunto do meu último livro, tem fama de ser rude e inacessível. Mas ninguém no mundo da moda me tratou com a falta de cortesia com que fui tratado por algumas agências de propaganda. E o cliente sempre levou a culpa. Talvez isso seja de se esperar num negócio em que são os clientes que dão todas as cartas. Um dono de agência disse: "Sabemos que estamos a apenas três telefonemas de um desastre".

Nós consumidores não temos o luxo de nos preocupar a respeito de onde está o poder na parceria. Sabemos apenas que as agências de propaganda e seus clientes têm um impacto imenso em nossas vidas. Agora que os gravadores pessoais de vídeo e a internet desafiam a capacidade da TV de disseminar efetivamente a propaganda, as marcas estão introduzindo suas mensagens em todos os espaços em branco, em todas as frestas da paisagem urbana. Mais do que papel de parede, a propaganda é aquilo que nos cerca.

Mas, mesmo hoje, debate-se quanto dessa propaganda é realmente eficaz. O magnata do varejo John Wanamaker disse há mais de um século que metade da propaganda funciona, mas ninguém sabe qual metade. (Às vezes a frase é atribuída ao lendário David Ogilvy, o que parece improvável por razões que descobriremos mais tarde.) Em 2006, um livro chamado *What*

Sticks: Why Most Advertising Fails and How to Guarantee Yours Succeeds, de Rex Briggs e Greg Stuart, sugeria que 37 por cento das verbas de propaganda são desperdiçados.

Mas muitos clientes continuam a gastar, mesmo com a certeza de que boa parte dos dólares gastos em propaganda vai pela descarga abaixo. Num mundo superabastecido de marcas, eles não podem se dar ao luxo de parar de tentar imprimir seus nomes em nossa mente. No mundo, o gasto com propaganda passa hoje dos 400 bilhões de dólares ao ano e continua subindo (de acordo com a agência de mídia ZenithOptimedia). Apesar das intermináveis discussões sobre fees e da intervenção de implacáveis departamentos de compra, parece que as agências continuarão fazendo festas por um bom tempo.

APRENDENDO A AMAR A PROPAGANDA

Embora eu me permita um ocasional rompante de cinismo a respeito da indústria da propaganda, não consigo deixar de sentir que esse é um alvo fácil demais. No nível casual, de um jantar por exemplo, muitas pessoas falam com desdém da propaganda. "Manipulação pura", resmungam sombriamente. O jargão, a psicobaboseira e os altos papos da propaganda são satirizados nos jornais, no cinema e na televisão desde os anos 50 pelo menos. Mesmo assim, há várias razões para gostar — e até admirar — a indústria da propaganda.

Pus na berlinda Jean-Marie Dru, presidente e CEO da TBWA Worldwide, e lhe perguntei por que deveríamos amar a propaganda. "Em primeiro lugar", disse ele, "sempre haverá um intermediário entre um produto e um consumidor em potencial. Você pode dizer que 'na internet não é assim', mas nesse ambiente a própria rede é o intermediário. Os vendedores querem naturalmente chegar aos compradores. Em segundo lugar, a propaganda é um catalisador da inovação. Estimula a competição, cria demanda e estimula o desenvolvimento de novos produtos. É o acelerador no coração de uma economia liberal."

"Outra vantagem da propaganda — embora não esteja dizendo que esse seja seu papel principal — é que ainda temos que descobrir um meio mais eficaz de financiar uma mídia livre, variada e democrática."

Como muitos de seus colegas, Dru está convencido de que os consumidores curtem a "boa" propaganda. "Ninguém gosta de um mau produto, mas um produto bem feito sempre encontra um público que o aprecie.

Além do mais, as agências que conheço e admiro têm um grande respeito pelos consumidores. Afinal, é nosso trabalho entendê-los. Na verdade, a propaganda tem muito mais respeito pelos consumidores do que muitos outros setores que eu poderia mencionar."

As agências de propaganda provocam cobiça, obesidade e câncer de pulmão? É discutível. Elas interrompem nossos programas de televisão favoritos com lixo que não queremos assistir? Graças à tecnologia para escapar dos comerciais, cada vez menos. Será que criam pequenas joias da cultura popular? Às vezes... sim.

Pode-se argumentar também que a propaganda é um trampolim para o talento criativo. A lista de escritores e diretores de filmes que trabalharam em propaganda é longa e ilustre: Salman Rushdie, Fay Weldon, Len Deighton, Peter Carey, Sir Alan Parker, Sir Ridley Scott, David Fincher, Spike Jonze, Michel Gondry... e assim vai. O diretor de criação francês Olivier Altmann, da agência Publicis Conseil, me disse uma vez: "Trabalhar em propaganda é uma das poucas maneiras possíveis de ser criativo e ganhar dinheiro ao mesmo tempo".

Outro motivo para respeitar o pessoal de propaganda é que eles trabalham duramente. A imagem de jovens criativos jogando futebol de botão no bar da agência não é exatamente falsa, mas é tomada fora do contexto. Numa agência, as pessoas trabalham muitas horas e raramente desligam. Chegar à "grande ideia" para vender um produto de maneira memorável não é fácil. E, é claro, há aqueles clientes exigentes.

No livro *Ogilvy On Advertising*, David Ogilvy escreve: "O redator vive com medo. Será que vai ter uma grande ideia antes de terça-feira de manhã? Será que o cliente vai aprovar? Será que vai ter uma boa avaliação? Será que vai vender o produto? Nunca me sentei para escrever um anúncio sem pensar: DESTA VEZ NÃO VOU CONSEGUIR."

Ogilvy disse ainda que o executivo da conta e o chefe da agência viviam também com um medo perpétuo — principalmente dos clientes.

Dito isso, há algo invejável num emprego em propaganda. Parece haver muita diversão, apesar da pressão. Em geral, o pessoal de propaganda é dinâmico e charmoso. No nível mais sênior, almoçam em restaurantes caros e viajam a lugares interessantes.

Vamos admitir: a propaganda é uma dessas atividades que deixam a gente se coçando de vontade de puxar a cortina e dar uma olhada nos bastidores.

UM BRIEF IMPOSSÍVEL

Estranhamente, este livro foi inspirado por uma conversa na frente de um bar em Tbilisi, Georgia. Eu estava cobrindo uma conferência sobre propaganda na Europa Central quando me peguei conversando com um correspondente de guerra. Observei que o objeto do meu trabalho era totalmente desimportante comparado ao dele. "De jeito nenhum", protestou ele amavelmente. "Acho a propaganda fascinante. Você ficaria admirado ao ver como a mentalidade comercial é arraigada — mesmo nas circunstâncias mais duras. E a propaganda é parte disso."

Fez uma pausa e perguntou: "Por falar nisso, você pode me recomendar um livro sobre a história da propaganda?"

Pensei um pouco. E continuei pensando. Finalmente disse: "Sabe de uma coisa? Acho que nunca li um livro sobre a história da propaganda".

"Bem, então vá em frente!" Deu um tapa na mesa. "Aí está o seu próximo projeto."

É claro que existem centenas de livros sobre propaganda. A maior parte foi escrita por donos de agências vendendo o próprio peixe. Outros abordam a propaganda nos Estados Unidos ou no Reino Unido. Poucos trazem uma perspectiva mais ampla.

Talvez isso não seja uma surpresa. Tentar escrever uma história da propaganda mundial é uma tarefa enorme — se não impossível. Por muito tempo fiquei imaginando se valia a pena embarcar num projeto tão insano. Então topei com uma frase no livro *Paris: Biography of a City*, de Colin Jones. "Nenhuma história, seja do que for", escreve Jones em um tom tranquilizador, "inclui mais do que omite."

Também fui muito incentivado por Cilla Snowball: um nome maravilhoso para a presidente de uma das principais agências do Reino Unido, a AMV.BBDO. Disse ela: "Essa é com certeza uma história que precisa ser contada. Existe um arquivo [*The History of Advertising Trust*], mas quem senta para ler um arquivo?"

"Ler" é uma palavra-chave aqui. Embora eu tenha reunido uma pequena e eclética seleção de imagens, este livro não é evidentemente um livro de imagens. Livros de imagens existem vários no mercado e comerciais de TV são amplamente disponíveis na web. Uma busca rápida por *1984* ou *Launderette* no YouTube dá acesso a esses comerciais clássicos. O que você vai encontrar aqui são as histórias por trás dos anúncios.

Eu também não queria escrever uma enciclopédia. Para oferecer alguma coisa administrável pelo autor e digerível para o leitor, o livro adota uma "visão de satélite" da propaganda. Em ordem mais ou menos cronológica, procura cobrir as mais famosas agências, as personalidades mais conhecidas e os temas mais atraentes. E como o ramo da propaganda está cheio de personagens fascinantes, todos borbulhando com *insights* e anedotas, tentei entrevistar o maior número possível de veteranos profissionais importantes da área. Se está faltando algum dos grandes nomes, é porque não quiseram falar comigo ou porque não conseguiram me encaixar entre as reuniões com os clientes.

Você vai perceber também que este livro tem uma ligeira inclinação europeia. Isso é de se esperar, já que sou um britânico vivendo na França. E vale a pena ressaltar que, dos seis maiores grupos de agências, quatro são sediados fora dos Estados Unidos: WPP, Publicis, Dentsu e Havas. Dois deles — Publicis e Havas — têm sua sede aqui mesmo em Paris.

O LÉXICO DA PROPAGANDA

Finalmente, antes de começar, achei que pode ser uma boa ideia pôr no contexto algumas das palavras que vou usar. Para alguém de fora, a linguagem da propaganda é atordoante. Para começar, você já percebeu que o mundo da propaganda é uma floresta impenetrável de iniciais. Talvez para se alinhar aos advogados e arquitetos — ou talvez para massagear o ego — em propaganda as pessoas insistem em ter o nome na porta. Para uma indústria que se especializa em criar marcas memoráveis, isso parece ser uma política espetacularmente sem visão. O resultado é que fica difícil diferenciar entre uma DDB, uma BBDO, uma BBH, uma TBWA ou uma Euro RSCG. Parte da minha tarefa será mostrar as pessoas que estão por trás das letras.

Além disso, entender a mecânica de uma agência pode ser um desafio. Será que um redator só escreve? Quais são as responsabilidades de um planejador? Quem faz exatamente o que numa agência de propaganda? Para complicar as coisas, num ambiente multimídia cada vez mais complexo, alguns dos antigos cargos estão começando a perder a importância ou sumindo completamente.

As notas que se seguem não são exaustivas de jeito nenhum, mas devem ajudá-lo a navegar mais suavemente pelo texto. Se você já trabalha na área, pode escolher se prefere pular a página ou ler tudo para ver se cometi erros gritantes.

Tradicionalmente, então, as pessoas com influência mais visível na paisagem comercial têm sido os *criativos* ou o *departamento de criação*. Falando de maneira geral, são essas as pessoas que sonham os anúncios. O departamento de criação é formado por algumas equipes criativas, cada uma das quais compreende em geral um *redator* e um *diretor de arte,* talvez com o apoio de *redatores juniores* e *assistentes de arte* (ou *designers gráficos*). Você pode questionar a necessidade de um redator num mundo em que aparece pouco mais do que uma logomarca na maioria dos cartazes, mas essa pessoa faz mais do que escrever; e o diretor de arte faz mais do que meramente ilustrar. Na verdade, trabalham juntos para traduzir o *brief* do cliente numa peça de comunicação cativante. Os duos de criação podem trabalhar juntos durante muitos anos, mudando juntos de uma agência para outra, e não é nada incomum ouvi-los dizer: "É como se fôssemos casados." As equipes de criação se reportam em geral a um *diretor de criação*.

Segundo um clichê da propaganda, o surrado departamento de criação tem uma relação antagônica com os *gerentes de atendimento* de fala macia. Em tempos menos esclarecidos, estes eram conhecidos como "homens de atendimento", independentemente do sexo. Às vezes chamados ironicamente de "suits" {ternos}, administram a relação com o cliente, são responsáveis por fazer com que a agência cumpra suas promessas e, idealmente, tentam convencer os diretores de marketing de empresas instintivamente conservadoras a aprovar ideias criativas arriscadas. (O excesso de cautela do cliente e a obsessão pelo retorno rápido do investimento são muitas vezes culpados pelo declínio da criatividade em propaganda.) Os *diretores de atendimento* supervisionam vários clientes.

O *planejador*, cuja importância é subestimada, representa o consumidor no processo criativo. Os planejadores são especialistas em observar o comportamento do consumidor e analisar as atitudes com relação ao tipo de produto ou serviço de um determinado cliente. Com sua capacidade de localizar os menores nichos em que uma marca pode penetrar, fornecem muitas vezes o insight que põe a equipe de criação num determinado caminho. Combinam as capacidades de observador de tendências, pesquisador e psicólogo. Mais recentemente, evoluíram para estrategistas de marca, capazes de fornecer o estímulo para uma campanha de marketing ambiciosa, com metas de longo prazo.

Quando uma agência é convidada a apresentar uma proposta para um trabalho, o processo é conhecido como *concorrência*. Em revistas de propaganda, lemos muitas vezes a respeito de concorrências pela *conta* de um cliente. Para ajudar a agência a se preparar para uma concorrência — ou desenvolver uma campanha — o cliente lhe entrega um *brief*. Em geral, o valor de uma conta é expresso em *faturas*: supostamente a quantia total a ser cobrada do cliente, incluindo custos de produção e honorários (ou *fees*). Embora os jornalistas muitas vezes citem tais números, só a agência e seus clientes sabem exatamente qual é o valor de uma conta.

Enquanto isso, *planejadores de mídia* analisam quando e onde o anúncio ou comercial do cliente deve ser inserido para garantir o máximo de impacto sobre seu público-alvo (ou *target*). Os *compradores de mídia* negociam a compra do espaço publicitário. Essas tarefas, muitas vezes combinadas, eram realizadas dentro das agências, que ofereciam um serviço completo. Como vamos ver, no final dos anos 90, a estratégia de mídia já era uma atividade independente, com agências grandes e lucrativas dedicadas a esse serviço. As implicações dessa transformação têm sido de grande alcance.

Voltando à agência de criação, a *produção* supervisiona a realização da visão da equipe criativa. É provável que trabalhe com uma empresa produtora independente. Prazos, emissão de notas fiscais e outras tarefas administrativas que garantem o bom funcionamento da agência são de responsabilidade do *tráfego*.

Naturalmente, as agências de propaganda gigantes que dominam esta história abarcam muitas outras funções e disciplinas — mas as que mencionei devem fornecer algumas indicações em nossa viagem pelo mundo da propaganda. Agora, para levar essa metáfora um pouco mais adiante, vamos começar no lugar mais lógico.

1

Pioneiros da persuasão

"O agente devidamente autorizado"

Numa rua escondida de Notting Hill, em Londres, um homem está sentado entre pilhas de embalagens antigas, feliz como um corvo num ninho de detritos urbanos cintilantes. Seu nome é Robert Opie e seu ninho multicolorido é o Museu de Marcas, Embalagens e Propaganda. Opie deve ser o derradeiro arqueólogo de marcas, com cerca de meio milhão de artigos na sua coleção.

Percorrer esse pequeno mas denso museu é experimentar o poder proustiano das marcas. *Eu me lembro desse jogo! Minha mãe usava aquele sabão!* No final, nosso olhar é capturado por uma tela que mostra um rolo de antigos comerciais de TV. É incrível de quantos nos lembramos — as situações e os jingles saem borbulhando de algum canto distante da memória para estourar com um choque de reconhecimento diante dos nossos olhos.

Para Opie, no entanto, o museu é muito mais do que simples nostalgia. "Na adolescência eu já estava interessado em como as marcas se adaptam constantemente para refletir nossos tempos", diz ele. "Mais tarde, trabalhando em pesquisa de mercado nos anos 70, quis investigar as origens do consumo, examinar as evidências desta nossa sociedade de consumo. Comecei a ir ao mercado de antiguidades de Portobello Road para comprar velhos pôsteres e embalagens, e continuo indo lá."

Sua paixão por marcas é tal que ele se refere a elas como "arte comercial", e fica irritado com quem se nega a reconhecer sua importância. "Até bem recentemente, os filhos dos ricos eram incentivados a fazer carreira nas artes e nas ciências, e não em vendas e no comércio", observa ele.

"Sempre houve um estigma que associa o comerciante à entrada de serviço. Mesmo as pessoas ligadas à propaganda, quando são ricas, dão as costas para a arte comercial e começam a colecionar artistas que consideram mais respeitáveis."

A propaganda é um elemento crucial do que Opie descreve como "quebra-cabeça do comportamento do consumidor". "É preciso situá-la num contexto histórico para entender por que é importante. Será que um comercial é um artefato importante? Não, não é. Será que a totalidade da propaganda é importante? É claro que sim."

AS ORIGENS DA PROPAGANDA

Quando começou a propaganda? É questionável que os antigos egípcios e gregos fossem insensíveis aos benefícios da promoção de produtos. Os romanos sabiam por certo como criar um apelo de vendas convincente, e antigos exemplos de propaganda foram encontrados nas ruínas de Pompeia. Um publicitário malicioso me disse que um deles era um cartaz promovendo um bordel, o que é uma ideia atraente: as duas mais antigas profissões beneficiando-se mutuamente. Outros afirmam que as pinturas das cavernas pré-históricas eram uma forma de propaganda, o que parece ser mais fantasioso. Mas é seguro afirmar que a propaganda está por aí desde que existem bens para vender e um meio para exaltá-los — do pregoeiro nas ruas ao folheto pregado numa árvore.

A propaganda deu um salto à frente com o surgimento da imprensa e do tipo móvel — uma invenção creditada em geral ao ourives alemão Johannes Gutenberg em 1447. Outros nomes assomam na névoa da primitiva história da propaganda: notavelmente o do médico, jornalista e improvável publicitário francês Théophraste Renaudot.

Nascido em Londres em 1586 numa rica família protestante, Renaudot estudou medicina em Paris e em Montpellier. Médico aos 20 anos, foi considerado jovem demais para praticar a medicina e, assim, acabou viajando para a Suíça, a Inglaterra, a Alemanha e a Itália. Na volta, através de um amigo da família, conheceu e ficou amigo do futuro Cardeal Richelieu. Graças a esse encontro fortuito, Renaudot acabou sendo nomeado médico oficial de Luís XIII.

Mas, além de médico, Renaudot era um escritor e um pensador. Suas reflexões sobre os pobres parisienses o levou a criar, na Île de la Cité, o que ele chamou de *"bureau des adresses e des rencontres"* — um escritório de recrutamento e um quadro de avisos para os desempregados. Esse *bureau* logo se transformou numa verdadeira central de informações para quem estivesse procurando ou oferecendo trabalho, comprando ou vendendo bens, ou anunciando alguma coisa. Para disseminar mais amplamente essas informações, Renaudot criou em 1631 o primeiro jornal francês, que chamou de *La Gazette* (inspirado na unidade monetária que tinha descoberto na Itália, a *gazetta*). Assim, tornou-se o primeiro jornalista francês — e o inventor do anúncio pessoal.

No Reino Unido, o primeiro agente de propaganda foi provavelmente um certo William Tayler, que abriu em 1786 um escritório em Warwick Square, em Londres. A empresa ficou conhecida mais tarde como Tayler & Newton e funcionava como representante de vendas de anúncios para gráficas — já que várias tinham lançado jornais para promover seu negócio.

UMA INDÚSTRIA TOMA FORMA

Entretanto, a maioria das histórias de propaganda começa mais tarde, em meados do século XIX. A primeira vitrina do museu de Robert Opie cobre a era vitoriana. Recentemente, o grupo de propaganda Publicis publicou para uso interno um livro de anúncios inovadores através da história — é chamado *Born in 1842*. Uma busca pelo anúncio mais antigo em *The Creative Director's Source Book* (compilado em 1988 por Nick Souter e Stuart Newman) desenterra um anúncio de jornal de 1849. (Curiosamente, é sobre um novo método de medir a cabeça, determinando assim o tamanho exato do chapéu.)

Todo mundo concorda que a propaganda entrou no ritmo com a Revolução Industrial — auxiliada e incitada pela ascensão do jornal como veículo de massa. Com os avanços em tecnologia, os bens de consumo podiam ser produzidos e embalados numa escala anteriormente impensável. Essa abundância de alimentos, roupas, sabão e assim por diante, estimulou os fabricantes, antes limitados a negócios de fundo de quintal, a buscar novos mercados mais extensos. Alguns criaram cadeias de lojas de varejo. Outros distribuíam suas mercadorias através de atacadistas e intermediários. Para fixar o nome e as virtudes de seus produtos na memória dos consumidores, criaram marcas para eles — e começaram a anunciá-los.

Na Grã-Bretanha, um dos clientes mais notáveis da época era a A&F Pears, fabricante do Sabão Pears. O sucesso da companhia foi garantido pelo publicitário prototípico Thomas J. Barrett, que se juntou à firma em

1862. Além de colher um dos primeiros depoimentos de uma celebridade — o de Lillie Langtry, atriz, cortesã e amante do Príncipe de Gales — Barrett convenceu o popular artista Sir John Everett Millais a lhe vender a pintura de um garoto contemplando bolhas de sabão. Não apenas isso, mas persuadiu Millais a acrescentar uma barra do sabão Pears à cena. Enjoativamente sentimental, "Bolhas" transformou-se num dos mais antigos ícones da propaganda e deu o tom para uma campanha de muito sucesso.

Em seu livro de 1984, *A Complete Guide to Advertising*, Torin Douglas relata: "Firmas como a Cadbury e a Fry começaram a embalar seus produtos não apenas para protegê-los e preservar sua qualidade, mas também para *estabelecer* sua qualidade através do uso do nome da companhia. Em vez de deixar que o varejista determinasse que produtos o freguês compraria, começaram a construir o próprio relacionamento com o consumidor".

Como Douglas indica, o principal argumento a favor da propaganda foi estabelecido nesse momento. Anunciando seus produtos para o público, os fabricantes conseguiram impulsionar dramaticamente suas vendas. "Desde então, aumentou também o movimento de vendas dos varejistas, beneficiando os dois lados do negócio. E também os consumidores, já que tinham agora uma escolha maior de marcas e uma garantia mais forte da qualidade dos bens."

Enquanto isso, a mesma tecnologia que movera a Revolução Industrial estava modernizando a indústria da impressão, tornando os jornais mais baratos para produzir — e comprar. De itens preciosos, cuidadosamente passados de um leitor a outro, tornaram-se de repente acessíveis a todos. As revistas, especialmente as que eram dirigidas às mulheres, também se tornaram mais comuns e fáceis de comprar.

Douglas ressalta dois outros fatores cruciais na ascensão da propaganda britânica. "O *Education Act* de 1870 na Grã-Bretanha garantiu a educação elementar para todos e isso, combinado à abolição do imposto sobre os jornais que tinha ocorrido 15 anos antes, levou a um enorme aumento no número de jornais produzidos e vendidos. Pela primeira vez os anunciantes tinham uma imprensa de circulação em massa em que promover os seus bens."

Correndo o risco de voltar vezes demais à França, vale a pena mencionar aqui outro meio de comunicação — o pôster — que, do outro lado do Canal, estava prestes a entrar numa idade de ouro (*The Creative Director's Source Book*, por exemplo, nos conta que a palavra "pôster" deriva dos postes de madeira das estradas, aos quais eram coladas muitas vezes mensagens de propaganda). Na Paris dos anos 1870, a casa de impressão Chaix e o pintor Jules Chéret aproveitaram o desenvolvimento da litografia — que permitia cores mais ricas e tempos de impressão maiores — para produzir pôsteres inovadores para o cabaré Folies-Bergère. Esses anúncios brilhantes e vivos eram tão populares que as garotas dançando cancã que retratavam ficaram conhecidas como "Chérettes".

As imagens de Chéret foram complementadas pelo trabalho igualmente vibrante de Henri de Toulouse-Lautrec para a casa noturna rival, o Moulin Rouge. Conhecido como "O Espírito de Montmartre", o pintor noturno era a escolha natural para capturar o apelo libertino de um cabaré parisiense. Simples mas evocativos, os pôsteres tomaram como exemplo improvável a arte japonesa, que Lautrec admirava.

Outro talento eminente da época foi o inimitável Alphonse Mucha. Nascido na Morávia (atual República Checa), Mucha era o pintor arquetípico de Paris lutando para sobreviver, até que lhe encomendaram um pôster para uma peça de Sarah Bernhardt, *Gismonda*, durante os feriados natalinos. (Diz a lenda que ele conseguiu a encomenda por ser o único pintor que tinha ficado na cidade.) O resultado foi a primeira das imagens gloriosamente intrincadas — não só para o teatro, mas para marcas como o champanhe Moët & Chandon e os biscoitos Lefèvre Utile — que trouxeram o estilo Art Nouveau para a propaganda e fama e fortuna para Mucha. Ao longo da história, arte e propaganda se juntaram muitas vezes na capital francesa.

No outro lado do Atlântico, a propaganda teve um início mais impetuoso. Entre os primeiros produtos anunciados em escala nacional nos Estados Unidos estavam os "remédios patenteados". Hoje familiares graças a um personagem comum nos filmes de faroeste — o médico charlatão, de pé sobre um caixote numa cidade poeirenta de fronteira, exaltando as virtudes de suas duvidosas poções —, geraram margens de lucros que deixavam bastante margem para os gastos com propaganda. Como relata Stephen Fox no livro *The Mirror Makers* (1984) — um insuperável relato da propaganda norte-americana ao longo da história até os anos 70 —, estes foram os primeiros produtos a "visar diretamente ao consumidor com apelos de venda vívidos e psicologicamente inteligentes, os primeiros a mostrar — bem ou mal — o poder latente da propaganda".

Infelizmente, o público norte-americano começou a associar os remédios patenteados com a propaganda, em detrimento de ambos.

AS PRIMEIRAS AGÊNCIAS DE PROPAGANDA

Aceita-se em geral que a primeira agência de propaganda dos Estados Unidos foi aberta por um certo Volney B. Palmer em 1842. Localizada na "Esquina das Ruas Três e Chestnut, Filadélfia", o escritório de Palmer foi um precursor improvável das monolíticas agências de hoje. Entretanto, aparece num anuário local, descrevendo-se como "agente devidamente autorizado da maior parte dos melhores jornais de todas as grandes cidades e das pequenas cidades interioranas dos Estados Unidos e do Canadá, para os quais recebe diariamente anúncios e assinaturas..."

Ao lado do nosso encontro com William Tayler de Londres, isso confirma que os primeiros agentes de propaganda trabalharam mais para os jornais do que para os anunciantes. Funcionando como intermediários, vendiam espaço e recebiam uma comissão sobre o preço. Assim como oferecia inúmeras oportunidades de corrupção, esse arranjo significava que eles nada tinham a ver com a criação dos anúncios. Em *The Mirror Makers*, Stephen Fox cita esse saboroso bocado servido por um cliente a outro agente de propaganda, Daniel M. Lord, que se atrevera a criticar um de seus anúncios: "Meu jovem, você pode saber muito sobre propaganda, mas sabe muito pouco sobre móveis".

Juntamente com a imagem negativa gerada pelas pretensões vazias dos vendedores de remédios patenteados, o status inferior desses primeiros homens de propaganda sugeria que a propaganda mal chegava a ser um negócio honesto, que dirá uma profissão.

A outra figura a fazer avançar a propaganda foi George P. Rowell, um agente sediado em Boston que, seguindo a sugestão de um cliente, compilou uma lista de preços de anúncios, cobrindo quase todos os jornais da Nova Inglaterra. Entretanto, ganhava dinheiro comprando espaços de jornal por atacado para vendê-los um a um, com lucro. Em 1869 — quando seu negócio já tinha se expandido bastante — Rowell apareceu com o primeiro anuário de mídia: um guia para mais de 5.000 jornais em toda a América do Norte, incluindo tiragens e preços de anúncios.

Se o anuário de Rowell empurrou a propaganda em direção à respeitabilidade, ela recebeu mais um impulso na direção certa de Francis Wayland Ayer, fundador da N.W. Ayer & Son. (Ele pôs o nome do pai no negócio, uma manobra instintiva de marketing que deu à agência uma tranquilizadora base familiar.) Ayer trouxe transparência à compra e venda de espaço cobrando dos anunciantes uma comissão fixa de 12,5 por cento. Mais tarde a comissão aumentou para 15%, o que continuou sendo por muitos anos a comissão padrão das agências de propaganda.

Essas pessoas foram os protótipos dos compradores de mídia de hoje, mas onde estavam os criativos? As primeiras dessas criaturas a emergir do pântano primordial da propaganda eram redatores independentes. O mais influente deles foi John E. Powers, descrito pelo *Advertising Age* como "pai da propaganda criativa" (The Advertising Century: adage.com/century/people). Pouco se sabe sobre o começo da carreira desse intrigante personagem, mas parece que ele foi inicialmente agente de seguros e mais tarde editor do *The Nation* (onde parece que começou no departamento de assinaturas) antes de finalmente se voltar para a redação comercial. O magnata das lojas de departamentos John Wanamaker o contratou em 1880 depois de ver um de seus anúncios para uma loja rival. No final da década de 1890, ganhava mais de 100 dólares por dia escrevendo anúncios e matérias.

Powers era severo e reticente, com uma barba cuidadosamente aparada e olhos penetrantes, enfatizados por óculos de lentes redondas e armação de aço. Era o rosto de um homem que acreditava em honestidade e conversa franca. Uma vez, chegou a dizer que "cláusulas escritas em letras pequenas são uma ofensa". Concentrava-se nos fatos e considerava a hipérbole como anátema. Uma vez foi contratado por um comerciante de roupas de Pittsburgh que estava à beira da falência. Power disse então ao cliente: "Só há uma saída: diga a verdade... O único caminho para a salvação está em grandes vendas imediatas". Com base nessa ideia, o anúncio que criou dizia: "Estamos falidos. Este anúncio vai fazer nossos credores caírem em cima de nós. Mas se vocês vierem amanhã e comprarem, teremos dinheiro para pagá-los. Se não vierem, estamos liquidados." Impressionados pela retidão do anúncio, os clientes se apressaram em salvar a loja.

O sucesso de Powers inspirou outro redator notável, Charles Austin Bates, que fundou a própria agência. Posicionando-se como um "profissional de anúncios", Bates alardeou sua especialização tornando-se o primeiro crítico da propaganda ao criar uma coluna semanal no *Printer's Ink*, uma publicação do ramo. Por mais que gostasse de autopromoção, Bates foi uma figura crucial na história da propaganda, já que sua agência foi um berço da criatividade.

Fundamental para esse desenvolvimento foi um homem chamado Earnest Elmo Calkins, que começou como redator, mas fez mais do que a maioria de seus colegas para tirar o design dos anúncios das mãos dos clientes e levá-lo para a agência. Surdo devido ao sarampo que teve na infância, mas agraciado com um excelente senso visual, Calkins foi recrutado pela agência de Bates em 1897 quando venceu um concurso de redação, do qual Charles Austin Bates tinha sido juiz. De início, brilhou no novo papel, mas logo entrou em conflito com o departamento de arte da agência — um dos poucos daquela época. Frustrado por não poder melhorar a aparência dos anúncios que levavam seu texto, Calkins começou a assistir aulas noturnas de desenho industrial. Tinha chegado à conclusão de que um texto imaginativo não era mais suficiente: os consumidores tinham que ser surpreendidos por visuais de grande impacto.

Como Bates não se dispusesse a deixá-lo explorar essa teoria potencialmente cara, Calkins montou sua própria agência com Ralph Holden, antigo diretor de novos negócios da firma. Criando os anúncios para os clientes em vez de meramente colocá-los no jornal, a Calkins & Holden tornou-se o primeiro hotshop criativo do mundo da publicidade.

ARROW: UMA SETA PARA O FUTURO

Enquanto os anunciantes europeus costumavam contratar artistas conhecidos para criar cartazes para suas marcas, começou a surgir nos Estados Unidos, no começo do século XX, uma nova geração de ilustradores trabalhando em bases comerciais. As imagens que criavam eram acessíveis e ao mesmo tempo atraentes. Pela primeira vez, a propaganda teria um impacto decisivo sobre a cultura popular.

Os exemplos mais notáveis foram os anúncios da "Arrow Collars & Shirts", uma marca de colarinhos e camisas. Os proprietários da marca Arrow contrataram Calkins & Holden, que, por sua vez, entregaram ao ilustrador Joseph Christian Leyendecker a tarefa de criar um bem educado "homem Arrow". Acertaram na mosca: as ilustrações de Leyendecker tiveram entre os consumidores uma repercussão que eles nunca imaginariam.

Leyendecker era um imigrante nascido na Alemanha cujos pais tinham vindo para os Estados Unidos em 1882. Tivera seu primeiro encontro com o mundo dos anúncios na adolescência, quando era aprendiz numa casa de impressão de Chicago e frequentava o curso noturno do Instituto de Arte de Chicago. Em 1896 mudou-se para Paris (com seu irmão Frank, que era um artista de talento) para estudar por dois anos nas melhores escolas da cidade. Em 1905, quando a C&H chamou Leyendecker, ele já tinha construído uma sólida reputação trabalhando para revistas como *Collier's* e *The Saturday Evening Post*.

Mas a saga de Leyendecker com a Arrow foi um fenômeno completamente diferente. Os homens que ele pintava geravam efetivamente cartas de fãs. Eram altos, provocantes, impecavelmente vestidos e sempre despreocupados, com o rosto anguloso emergindo de imaculados colarinhos. Para usar uma frase que ainda não se tornara banal, todos os homens queriam ser como eles e todas as mulheres os queriam. Talvez o entusiasmo de Leyendecker transparecesse em sua arte: seu primeiro modelo Arrow foi Charles Beach, seu companheiro na vida e no trabalho. Ilustrou outras campanhas — para a Kellogg's e para a Ivory Soap, entre outras — mas nenhuma teve o mesmo impacto dos "homens Arrow", que estabeleceram com firmeza os valores da marca e passearam elegantemente pelos seus anúncios durante os 25 anos seguintes.

À medida que a Calkins & Holden e seus colaboradores traziam uma nova sensibilidade para o departamento de arte, as técnicas de redação também evoluíam. A propaganda direta, "reason why", competia com um estilo mais poético e evocativo, como o praticado por Theodore MacManus na General Motors. MacManus preferia uma abordagem que dispensasse a venda direta e cortejasse suavemente os potenciais compradores, convencendo-os em prosa comovente de que o Cadillac — para o qual MacManus escreveu seu melhor texto — era uma compra de luxo irrepreensível.

Na agência Lord & Thomas, de Chicago, um jovem e dinâmico executivo chamado Albert Lasker tinha desenvolvido uma "escola de redação" em colaboração com um escritor canadense, irascível mas talentoso, chamado John E. Kennedy. Com alguns anos de experiência, Kennedy tinha se apresentado um dia na agência, afirmando que ela precisava desesperadamente da sua ajuda. Folheando o trabalho de Kennedy, Lasker se convenceu. Infelizmente, aconteceu que o socialmente desajeitado Kennedy não se sentiu capaz de ensinar aos redatores iniciantes da empresa. "Então ele ensinou Lasker", escreve Stephen Fox em *The Mirror Makers*, "que passou a mensagem adiante..."

O método de Kennedy combinava o estilo direto de Powers com excentricidades tipográficas impressionantes, que incluíam o uso liberal de letras maiúsculas e itálicos "que capturavam o olhar, a despeito do ritmo espasmódico que lembrou a um leitor uma carroça com uma roda torta".

Teimoso, imprevisível e intratável, depois de dois anos Kennedy deixou a Lord & Thomas para trabalhar por conta própria, uma situação em que prosperou. Foi substituído na agência por Claude C. Hopkins — que acabou se tornando uma lenda da propaganda.

A ABORDAGEM HOPKINS

Claude Hopkins nunca negou — na verdade afirmava abertamente — que o único objetivo da propaganda é vender e, durante toda a carreira, procurou aperfeiçoar as técnicas que melhor serviriam a esse fim. Descreveu seu estilo como "técnica dramatizada de vendas" em sua autobiografia *My Life in Advertising*, publicada pela primeira vez em 1927. Acreditava em pesquisa antes e depois, e afirmava que a propaganda é inútil, a menos que possa demonstrar um efeito tangível nas vendas.

Nas fotografias, Hopkins parece severo e distante, de bigode aparado, óculos de aros redondos e careca. No entanto era um populista, acreditando que um bom publicitário deve preservar um toque comum. Sua devoção total à propaganda — ele admitia ler, escrever e pensar sobre o assunto "noite e dia" — talvez se explique pela total rejeição à sua educação opressivamente cristã.

Claude nasceu em Detroit em 1866. Seu pai era jornalista e morreu quando ele tinha apenas 10 anos, deixando-o inteiramente aos cuidados da mãe, que era profundamente religiosa. Ela esperava que o filho se tornasse um pregador, mas ele rompeu com a igreja aos 18 anos e foi atrás da própria liberdade. Em Grand Rapids, conseguiu um emprego numa companhia chamada Bissell, fabricante de uma vassoura automática para carpete. Aí, começou aos poucos a pregar um evangelho totalmente diferente.

Inicialmente um guarda-livros, Hopkins tomou para si a tarefa de reescrever o folheto da companhia, que ele acreditava demonstrar um conhecimento limitado do produto. Ironicamente, o folheto tinha sido escrito por outro redator pioneiro, John E. Powers, então no auge da fama. Mas Hopkins não se intimidou com a reputação de Powers. "Ele nada sabia sobre vassouras automáticas. Não tinha estudado nossa situação comercial. Nada sabia dos nossos problemas. Nunca parou um minuto para estudar o possível desejo de uma mulher por uma vassoura automática". Hopkins achava que só com uma compreensão total do produto, de seus benefícios e de seus potenciais consumidores, o redator poderia escrever um anúncio convincente.

O sucesso desse trabalho promocional de Hopkins para a Bissell o levou aos escritórios em Chicago da Swift & Company, um negociante de produtos de carne e derivados. Em seu livro, Hopkins conta que se candidatou ao cargo de gerente de propaganda mas, na entrevista, disseram que ele era o número 106 de uma lista de 106 candidatos. Sem desanimar, pediu a todas as agências de propaganda que tinham lhe oferecido emprego que enviassem referências à Swift confirmando seu talento como redator. Em seguida, convenceu o jornal de sua cidade a deixá-lo escrever uma coluna sobre propaganda: não queria remuneração, mas queria sua foto e seu nome no cabeçalho da coluna. Toda vez que a coluna saía, ele a recortava e a enviava à Swift. Finalmente, o homem que o tinha entrevistado — um certo I. H. Rich — o chamou de volta e lhe ofereceu o posto.

Um de seus maiores triunfos na Swift foi a promoção de uma marca de gordura de carne chamada Cotosuet, usada na culinária como substituta da manteiga. Para demonstrar a eficácia do produto, Hopkins mandou assar um bolo gigante, que foi exposto na vitrine de uma loja de departamentos. Seus anúncios de jornal atraíam os consumidores e destacavam o ingrediente-chave do bolo colossal. O truque foi um exemplo perfeito de venda dramatizada.

Foi trabalhando como freelancer em Chicago que Hopkins aperfeiçoou outra das técnicas que deixariam sua marca na história da propaganda. Contratado para promover a marca de cerveja Schlitz, ele descobriu que suas garrafas eram limpas a vapor — assim como em qualquer outra cervejaria. Só que nenhuma outra tinha pensado em incluir essa pequena informação nos anúncios. Quando um anúncio escrito por Hopkins salientou que as garrafas da Schlitz eram "lavadas a vapor", isso deu a impressão de que a marca se preocupava com pureza e higiene mais do que suas concorrentes.

Era essa a essência da abordagem de Hopkins. Para cada produto, ele descobria o fator único que o diferenciava de seus rivais. "Não se pode entrar num campo já ocupado só com o apelo 'compre a minha marca'", escreveu ele. "Isso é repugnante para todo mundo. Você tem que oferecer um serviço excepcional para induzir as pessoas a mudar da marca favorita delas para a sua". Hopkins chamava isso de "argumento preemptivo". Mais tarde, nas mãos de Rosser Reeves, que trabalhou para Ted Bates & Co na década de 1950, esse conceito se transformou na chamada Unique Selling Proposition {Proposição Única de Venda}. Reeves levou a ideia ao extremo, transformando cada USP num slogan simples que ele incutia nas pessoas com anúncios repetitivos.

Mas era Hopkins que atraía a atenção com seus métodos quase científicos de propaganda. Seu trabalho para a Schlitz chamou a atenção do editor de revistas Cyrus Curtis — um abstêmio. Uma vez, Curtis encontrou Albert Lasker da agência Lord & Thomas num trem e o aconselhou a contratar o redator que conseguia desviar o pensamento dos abstêmios para a cerveja.

Lasker acreditou em Curtis e em 1907 atraiu Hopkins para a Lord & Thomas. Não foi uma tarefa fácil, já que Hopkins estava contente como freelancer e não tinha intenção de voltar à "servidão", como ele dizia. Lasker tentou inicialmente atrair Hopkins com um contrato freelance incomum: "Faça três anúncios para mim... e sua mulher pode... escolher o carro que quiser e pôr na minha conta". Finalmente, Hopkins concordou em trabalhar para Lasker pelo salário notavelmente alto de mil dólares por semana, que subiria mais tarde para 185 mil dólares por ano.

Esta nova posição confortável nada fez para diminuir o ritmo workaholic do redator. Fez experiências com propaganda de resposta direta e se tornou um mago dos cupons, percebendo que essa era uma forma inestimável de avaliar o índice de leitura de um anúncio. Ao pesquisar sobre higiene dental para um produto chamado Pepsodent, "descobriu" a placa bacteriana e escreveu o primeiro anúncio que propunha um meio de combatê-la. Claramente convencido de seu poder evocativo, apostou em Pepsodent e fez uma fortuna quando o produto decolou — graças aos seus talentos de redator.

Mas embora Hopkins fosse um gênio da propaganda, nunca deixou de respeitar a opinião do patrão: Albert Davis Lasker.

A SEGUNDA ESCOLHA DE LASKER

Houve outros candidatos ao título, mas poucos historiadores discordariam de que Albert Lasker foi o verdadeiro pai da propaganda moderna. Ironicamente, a propaganda não era a sua primeira escolha. Queria ser jornalista — um desejo que manteve ao longo da carreira, a despeito (ou talvez por causa) de sua capacidade de vender coisas às pessoas aparentemente sem esforço. "Que eu saiba, nenhum ser humano comum conseguiu alguma vez resistir a Albert Lasker", escreveu Claude Hopkins. "Conseguiu tudo o que quis neste mundo. Presidentes se tornaram seus amigos. Nada do que desejou lhe foi negado alguma vez."

O pai de Lasker tinha emigrado da Alemanha e, depois de anos de luta, construiu um próspero negócio no ramo das mercearias em Galveston, Texas. Assim, Albert nasceu numa família rica, em 1º de maio de 1880, o terceiro de oito filhos. Demonstrando muito cedo tendência ao jornalismo, lançou um jornal semanal quando tinha apenas 12 anos e trabalhou para o jornal de Galveston quando ainda estava no colégio. Seu sonho era trabalhar num jornal de cidade grande, de preferência em Nova York.

Numa série de reminiscências publicadas pela revista *American Heritage* em dezembro de 1954 (e mais recentemente redescoberta por um site de negócios na internet), Lasker descreve sua entrada improvável no mundo da propaganda. "Meu pai tinha pavor de eu me tornar jornalista porque naqueles dias (e isso não é exagero) quase todos os jornalistas bebiam demais... Eu era muito devotado ao meu pai e ele me propôs trabalhar para uma empresa numa área que ele considerava afim — Lord & Thomas em Chicago, uma agência de propaganda... Escreveu a Lord & Thomas e eles responderam que me dariam três meses de experiência. Depois resolveriam se eu continuava lá." ("Wall Street History", StocksandNews.com, 4-18 de fevereiro de 2005).

Fundada por Daniel M. Lord e Ambrose L. Thomas em 1881, a agência tinha mudado com o tempo, passando da colocação de anúncios à sua criação. Entre seus maiores clientes estava a cervejaria Anheuser Busch. Mas o jovem Lasker recebeu tarefas modestas, que fariam o estágio mais rotineiro de hoje em dia parecer sensacional, como varrer o chão e esvaziar cinzeiros. Incapaz de levar a sério o emprego, voltou sua atenção para a vida na grande cidade. Talvez para aumentar o magro salário de 10 dólares por semana, começou a jogar e perdeu centenas de dólares num jogo de dados.

"Tive de pensar, e pensar rápido, então procurei o Senhor Thomas, que era um homem muito simpático... e lhe contei o que tinha feito. Nunca tinha vendido nada para ninguém, mas nesse dia fiz um trabalho de vendedor. Convenci o Senhor Thomas a me adiantar 500 dólares — uma fortuna naquele tempo. Ele foi comigo e negociamos com o jogador. Eu tinha que continuar com a Lord & Thomas para pagar os quinhentos dólares. Mas nunca voltei a bater ponto."

Na verdade, para acelerar o pagamento da dívida, ele convenceu a Lord & Thomas a lhe dar o território de vendas de Indiana, Ohio e Michigan, que estava disponível por causa da saída de um colega. Animado pelo fato de Lasker continuar trabalhando por 10 dólares semanais, a menos que trouxesse negócios para a empresa, Ambrose Thomas aceitou a proposta. Lasker agora tinha que sair em campo e literalmente "prospectar" novos clientes.

Na entrevista à *American Heritage,* ele relata: "Eu tinha três vantagens: energia, dedicação e sorte. Fui um sucesso desde o começo — desde os dezenove anos... A primeira cidade que visitei, depois que o Senhor Thomas me deu o território, foi Battle Creek. Lá tinha um prospect, um cliente prospectivo, que ia gastar 3 mil dólares... uma conta grande... tive sorte. Estava cheio de energia e determinação. Era um garoto — e isso intrigava as pessoas. Era o primeiro dia que saía a campo... e fui premiado com esse pedido de 3 mil dólares... que meu predecessor podia ter conseguido antes. Ele era um bom sujeito, mas não era um 'fechador' de negócios."

Albert certamente era e continuou a levar negócios para a empresa, embora tenha afirmado modestamente tempos depois que "isso foi em grande parte resultado do bom trabalho feito pelo meu predecessor". Auxiliado pelo dom de localizar talentos como John Kennedy e Claude Hopkins, Lasker ascendeu suavemente ao topo da agência. Ao longo do caminho, começou a mudar a indústria da propaganda. Enquanto a maior parte das firmas de propaganda tinha apenas dois redatores, Lasker criou um departamento com dez. Monitorava de perto a eficiência das campanhas da agência, comparando as curvas de vendas dos clientes com as inserções de mídia para determinar que combinação de jornais e revistas era mais bem-sucedida. Em 1904, ficou sócio da Lord & Thomas. Imaculadamente vestido, de fala rápida e faiscando ideias, Lasker parecia varrer tudo em seu caminho, como uma máquina de remover neve. Em 1912, comprou a empresa de seus antigos empregadores e tornou-se o dono da própria agência. Com Lasker no leme, a propaganda estava a caminho da modernização.

Na Europa, entretanto, delineavam-se acontecimentos que dariam à propaganda um novo e sinistro papel.

2

Da propaganda política ao sabão

"Vendemos a guerra à juventude"

Na virada do século, a Grã-Bretanha não tinha sido tão escancaradamente otimista quanto os Estados Unidos. Enquanto no outro lado do Atlântico a economia em expansão atraía sucessivas ondas de imigrantes, ajudando a forjar uma nova sociedade, os britânicos lutavam para fazer frente às profundas mudanças sociais provocadas pela Guerra dos Bôeres, pela morte da Rainha Vitória e pelo movimento das mulheres que exigiam direito ao voto. As últimas recorreram à propaganda. Hilda Dallas, membro da Women's Social and Political Union, criou uma série de pôsteres de impacto usando as cores das sufragettes — verde (esperança e fertilidade), púrpura (dignidade) e branco (pureza). Dallas estudou na Slade School of Fine Arts entre 1910 e 1911, no auge da campanha "voto para as mulheres".

Com a eclosão da Primeira Guerra Mundial, a propaganda foi usada para atrair voluntários. Em 1914, Lorde Kitchener, Ministro da Guerra, apareceu num cartaz com um olhar de aço e o dedo em riste convocando jovens a entrar para o exército. Em 1917, o exército norte-americano adotou uma abordagem quase idêntica, com um severo Tio Sam com o dedo em riste: "Quero você para o exército dos EUA" {I want YOU for US army}. Em toda parte, o mesmo sentimento de culpa era exortado: "Você também deve se alistar no exército do Reich", dizia um soldado alemão com o inevitável dedo acusador. Nos cartazes italianos, o mesmo gesto.

A máquina de propaganda dos Estados Unidos era cruelmente eficiente, com a criação de um Comitê de Informação Pública e seus "homens de quatro minutos", que faziam discursos de incentivo aos possíveis voluntários. Em *The Mirror Makers*, Stephen Fox escreve que a divisão de propaganda do comitê usou espaço no valor de 1,5 milhão de dólares para a inserção de anúncios.

Mas, depois da guerra alguns dos que tinham alimentado a máquina da propaganda foram tomados pelo remorso. James Montgomery Flagg, o artista que desenhou o Tio Sam do cartaz, disse: "Alguns de nós, velhos demais ou medrosos demais para lutar, prostituímos nosso talento criando cartazes que incitaram uma multidão de jovens, que não nos tinham feito nada, a ir até lá... e levar um tiro. Nós vendemos a guerra para a juventude".

Uma nesga de luz na escuridão: na Suíça neutra, Zurique ficou conhecida como "o grande sanatório", um ponto de reunião de pacifistas, desertores, iconoclastas — e naturalmente artistas, que em geral combinavam todas essas características. Esse bando heterogêneo se juntava em torno da figura paternal do poeta alemão Hugo Ball. Ele criou o Cabaret Voltaire, um evento que acontecia todas as noites na sala dos fundos de uma taverna. Incluía exposições de arte, leituras, dança e teatro amador, num ambiente liberador e levemente anárquico. Essas soirées geraram o movimento artístico que se tornou conhecido como Dada, uma palavra supostamente escolhida ao acaso por Hugo Ball num dicionário francês-alemão. (Significa "cavalo de madeira" ou "nos vemos mais tarde", dependendo de ser em francês ou em alemão.)

Mas espere um pouco: outras fontes sugerem que o nome pode ter sido tirado do anúncio de um produto chamado Dada, um famoso tônico capilar fabricado pela Bergmann & Company, de Zurique. Afinal, isso seria convenientemente absurdo — para não mencionar uma dissimulada acusação de vaidade num tempo de sofrimento humano. Será que uma campanha de propaganda inspirou um dos movimentos artísticos mais influentes do século XX? O júri ainda não chegou a uma decisão — mas é uma ideia atraente.

O LEGADO DE J. WALTER THOMPSON

Depois da Primeira Guerra Mundial, a sociedade dos dois lados do Atlântico fora torcida e rompida — e a estrutura que emergia em seu lugar era radicalmente diferente. Mas isso não quer dizer que a propaganda tivesse perdido sua força: pelo contrário, os publicitários pareciam determinados a melhorar as técnicas de persuasão que tinham usado com tanto sucesso durante a guerra e pô-las mais uma vez a serviço das marcas.

A agência que surgiu para dominar essa era nos Estados Unidos foi a J. Walter Thompson. Embora suas realizações nos anos 20 ofuscassem tudo o que houvera antes, suas raízes estavam no século XIX.

James Walter Thompson nasceu em Pittsfield, Massachusetts, no ano de 1847 e cresceu em Ohio. Depois de servir na marinha, no final da Guerra Civil, desembarcou em Nova York determinado a fazer carreira na grande cidade. Em 1868, foi contratado por uma pequena agência de propaganda dirigida por William J. Carlton, que ainda estava envolvido com a inserção de anúncios em jornais e revistas. Foi por estas que Thompson se interessou, notando que tinham menos anúncios mas ficavam mais tempo nas casas das famílias, o que as tornava potencialmente um veículo mais eficiente. Começou a se especializar em anúncios de revistas, construindo gradualmente um banco de publicações exclusivo, disponível apenas para seus clientes. Dez anos depois de se juntar à agência, ele a comprou pela soma total de 1.300 dólares (500 pela empresa e 800 pelos móveis) e pendurou seu nome na porta.

De maneiras suaves e boa aparência — olhos azuis e barba castanha bem aparada — o "Comodoro", como ficou conhecido, encantava os clientes. Contratou funcionários para cuidar especificamente das necessidades dos clientes, criando a função de executivo de atendimento. Logo começou a oferecer um "serviço completo", criando e inserindo os anúncios. Abriu escritórios em Chicago, Boston, Cincinnati e até em Londres — a primeira agência norte-americana a se expandir para o exterior. Dessa e de outras maneiras, J. Walter Thompson criou a primeira agência de propaganda moderna.

Em 1916, depois de 48 anos no ramo, com a saúde e o entusiasmo diminuindo, Thompson entregou o comando da agência ao homem que a levaria a alturas ainda maiores: Stanley Resor.

Nascido em Cincinnati, Resor passara por muitos empregos — de bancário a vendedor de ferramentas elétricas — antes de topar com a propaganda graças ao seu irmão Walter, que trabalhava na agência interna da Procter & Gamble. Foi aí que Stanley conheceu Helen Lansdowne, uma jovem redatora que teria um enorme impacto em sua vida profissional e pessoal. Desde o começo, Resor ficou à vontade no novo ambiente, tornando-se logo respeitado por sua energia, sua vontade de inovar e seu jeito com os clientes. Acabou chamando a atenção de J. Walter Thompson, que o contratou em 1908 para abrir a filial da agência em Cincinnati. Helen Lansdowne foi contratada como redatora.

Lansdowne foi a primeira mulher a ter impacto numa profissão que é esmagadoramente dominada por homens até hoje. Apresentava campanhas a clientes importantes, principalmente a Procter & Gamble, coisa que até então nenhuma mulher tinha feito. Trabalhando para uma agência cujos clientes fabricavam muitos produtos dirigidos às mulheres, mostrava sensibilidade para o mercado e talento natural para escrever. Stephen Fox relata que, para o sabonete Woodbury, "que veio para a JWT em 1910, ela criou anúncios que aumentaram as vendas em 1.000 por cento em oito anos". Esses anúncios estavam entre os primeiros a recorrer obliquamente à sexualidade, prometendo "a pele que você adora tocar", juntamente com a imagem de um jovem casal. Helen casou-se com Stanley Resor em Nova York, em l917, um ano depois do casal assumir definitivamente o controle da agência.

A JWT era um ambiente moderno em muitos outros aspectos. Sabe-se que Resor foi o primeiro diretor de agência com título universitário (de Yale, a propósito) e como tal não aceitava o ponto de vista de que a propaganda tinha que "ser condescendente" com os consumidores. A propaganda que ele fazia visava um público-alvo rico e educado. Contratou pesquisadores e psicólogos com o objetivo de criar uma "universidade de propaganda", o que faria com que os apelos de venda da agência funcionassem com precisão científica. Nos anúncios da JWT, médicos e cientistas testemunhavam sobre a eficácia dos produtos, ao lado dos artistas de cinema de sempre.

A hierarquia da agência também rompia com tudo o que já tinha existido. Resor era literalmente o tipo de chefe cuja porta estava sempre aberta. Ao mesmo tempo, ele evitava conscientemente interferir no trabalho diário da agência, pressupondo que as pessoas viriam a ele se houvesse algum problema. Os funcionários envolvidos em cada conta eram supervisionados por um núcleo de executivos de alto nível conhecidos como "backstoppers", ou linha de defesa. Qualquer assunto urgente que surgisse durante a semana era discutido com os gerentes seniores num almoço informal às terças-feiras.

Graças à capacidade administrativa de Stanley Resor, perfeitamente equilibrada pelo gênio criativo de Helen, a JWT se transformou na mais bem-sucedida agência de propaganda até então (embora isso fosse alguns anos antes dela se tornar a primeira a ultrapassar a marca dos 100 milhões de dólares em faturamento, em 1947). Graças à conta da General Motors, da qual teve uma boa parte até a Depressão, a agência seguiu o exemplo de seu fundador, abrindo filiais em todo o mundo: Europa, África, Ásia, América Latina... uma rede pioneira que alimentaria o crescimento futuro.

Símbolo do seu status foi a mudança da agência, em 1927, para o monolítico Graybar Building, ao lado da Grand Central Station — o maior prédio de escritórios do mundo naquela época. Esse intimidante arranha-céu Art Déco, com enfeites vagamente náuticos, tem gárgulas em forma de ratos de aço subindo em disparada pelas "cordas de atracamento" que sustentam a marquise acima da entrada principal.

O design interno dos escritórios da JWT foi supervisionado por Helen Resor. Os espaços de trabalho eram divididos com grades de aço trabalhado em vez de paredes, de modo que toda a equipe pudesse admirar a vista das janelas do 11º andar. As paredes que permaneceram eram adornadas por uma crescente coleção de arte, e Helen montou seu departamento com uma equipe de mulheres redatoras. Enquanto isso, o discretamente autoritário Stanley Resor governava a agência de um escritório baronial forrado de painéis. Mas a sala de jantar executiva era decorada como uma cozinha de fazenda em Massachusetts do século XVIII, sugerindo que apesar de tudo o casal tinha gostos bastante provincianos.

UMA AGÊNCIA ONOMATOPEICA

O comediante Fred Allen observou brilhantemente que o nome BBDO soa como um "baú de viagem escorregando escada abaixo". A essas alturas, a agência tinha entrado na década de 40. Seu nome original era ainda mais de encher a boca: Batten, Barton, Durstine & Osborn. Mas isso é apressar um pouco as coisas. Antes da BBDO houve a BDO. Estão me acompanhando?

A verdade é que Bruce Barton se transformou no mais famoso publicitário da sua época. Filho de um ministro religioso, escreveu em 1924 uma biografia "moderna" de Jesus Cristo, chamada *The Man Nobody Knows*, que foi um best-seller nos Estados Unidos por dois anos seguidos. Nele, descrevia Jesus como o publicitário insuperável, que "escolheu 12 homens das classes profissionais mais baixas e os transformou numa organização capaz de conquistar o mundo". Barton aconselhava seus clientes a entrar em contato com a "alma" de suas companhias antes de começar a se comunicar com o público. Afinal de contas, se não tivessem fé na própria organização, como poderiam pregá-la aos outros? "Barton tinha uma relação com os negócios que cruzava a fronteira do respeito para a reverência", observa um artigo no *Advertising Age* ("Advertising's true believer", 3 de agosto de 1999).

Barton começou como jornalista na revista *Collier's Weekly*, onde ocasionalmente escrevia textos para anunciantes como Harvard Classics, com sua série de livros educativos. Mais tarde participou da produção de slogans para a Primeira Guerra Mundial, que foi como conheceu Alex Osborn e Roy Durstine, dois homens de propaganda. O trio trabalhou em conjunto num painel de planejamento da campanha United War Work. Em 1918, Osborn e Durstine convidaram Barton a se juntar à agência que estavam começando. Embora pensasse em si mesmo como escritor, Barton aceitou — imaginando que continuaria sendo um homem de letras no tempo livre.

Em seus primeiros anos, a BDO conseguiu uma série de contas fundamentais, como General Electric, General Motors e Dunlop. Mudou-se para escritórios mais espaçosos no número 383 da Madison Avenue, onde não era a única agência de propaganda: a outra era a George Batten Company.

Como vários pioneiros da propaganda, George Batten começara como uma agência de um homem só no final do século XIX. Mas sua empresa foi a primeira a oferecer o próprio serviço de impressão, já que acreditava no uso de tipos simples e de boa leitura para atrair a atenção dos leitores. Batten morreu em 1918, tendo construído uma agência de respeito. Em 1923, quando compartilhava a sede com a BDO, a Batten Company tinha 246 funcionários. Fundiu-se à BDO em 1928 para formar um dos gigantes da propaganda, com contas no valor de 32 milhões de dólares.

O inédito sucesso de agências como a JWT e a BBDO demonstra como os anos 20 foram de expansão para a propaganda. Em Londres, a década começou com uma Exposição Internacional de Propaganda em White City. O cartaz do evento mostrava uma plataforma do metrô de Londres com as paredes cobertas de anúncios e, entre os passageiros à espera do trem, vários personagens conhecidos da propaganda: Monsieur Bibendum (mais conhecido na Grã-Bretanha como The Michelin Man), os Bisto Kids, Nipper, o cão da pintura "A Voz do Dono" e o homem caminhando a passos largos que aparece nas garrafas de Johnnie Walker Black Label (desenhado pela primeira vez pelo cartunista Tom Browne). As marcas tinham entrado definitivamente na consciência do público.

Nos Estados Unidos, a introdução das prestações pôs artigos caros ao alcance de um grande número de novos consumidores. As vendas de rádios subiram de 60 milhões de dólares em 1922 para 850 milhões de dólares no final daquela década, enquanto o número de carros na rua subia de 6 para

23 milhões em 10 anos. Em 1928, a Ford substituiu seu Modelo T pelo Modelo A, com a campanha de lançamento a cargo da agência N.W. Ayer. Assim como a expansão da JWT para o exterior tinha sido acelerada pela General Motors, assim a Ayer foi impulsionada pela Ford, abrindo escritórios em Londres, São Paulo e Buenos Aires. Lentamente, as grandes agências começavam a se tornar globais.

Esse período viu também o fortalecimento de uma indústria que se transformaria numa fonte certa de ganhos para as agências de propaganda por muitos anos: a indústria do tabaco. Nos Estados Unidos, as firmas R.J. Reynolds (Camel), Liggett & Myers (Chesterfield) e American Tobacco (Lucky Strike) competiam ferozmente pelo mercado tradicionalmente masculino dos fumantes. Mas perceberam que uma nova geração de mulheres jovens e liberadas começava a fumar — mesmo que isso ainda fosse considerado socialmente inaceitável. Os fabricantes de cigarros fizeram esforços mirabolantes para atingir as mulheres: um cartaz que mostrava uma mulher contemplando um cartaz de Camel foi um exemplo típico; ou uma mulher dizendo a um homem que solta baforadas de um Chesterfield: "Sopre a fumaça na minha direção". A despeito dessa abordagem oblíqua, o número de mulheres fumantes nos Estados Unidos cresceu de 5 por cento do total em 1923 para 18 por cento 10 anos mais tarde.

Mas os lucros que as agências de propaganda colheram desses novos mercados não foram o suficiente para protegê-las do redemoinho financeiro que se aproximava.

RUBICAM VERSUS A DEPRESSÃO

Uma imagem criada pela agência de anúncios D'Arcy do Papai Noel vestido nas cores vermelho e branco da Coca-Cola (seu traje tradicional desde então) foi uma das únicas visões alegres nas ruas geladas dos Estados Unidos em 1931. O número de desempregados chegara a 8 milhões, tendo dobrado em um ano. O Crash de Wall Street, em outubro de 1929, tinha puxado o tapete da economia norte-americana fazendo tremer todo o mundo ocidental (particularmente a endividada Alemanha, atingida em cheio pela onda de choque). Por volta de 1932, o índice Dow Jones tinha perdido 89 por cento do seu valor — e não se recuperaria totalmente até 1954.

Como era de se esperar, as agências de propaganda estamparam um sorriso no rosto e pregavam o otimismo. As coisas vão melhorar, diziam elas. Mas, como relata Stephen Fox, Albert Lasker foi forçado a diminuir os salários da Lord & Thomas em 25% "e depois teve que demitir mais de 50 funcionários... a BBDO tentou conservar seu pessoal durante os tempos difíceis, ficando assim superdimensionada". As técnicas de venda ficaram mais agressivas e havia mais sexo na propaganda. Amargo, o público olhava com desdém os anúncios de produtos que não podiam mais comprar. Com o fim dos dias de glória dos anos 20, a propaganda jamais recuperaria seu charme coquete.

Mesmo assim, duas agências famosas se ergueram do atoleiro. Uma delas foi a Leo Burnett, que abriu em 1935 com uma tigela de maçãs sobre a mesa da recepção (Ver Capítulo 5, O estilo de Chicago). A outra foi a Young & Rubicam. Embora a agência já existisse desde 1923, foi uma das poucas a arrancar algum lucro da Depressão, quando desenvolveu também as técnicas que teriam um impacto duradouro na propaganda em geral.

Raymond Rubicam foi outro escritor frustrado num setor já saturado. Nascido no Brooklyn em 1892, era o caçula de oito irmãos e tinha apenas 5 anos quando o pai morreu de tuberculose. Como sua mãe não tinha como cuidar dele, viveu de lá para cá em lares adotivos de Ohio, Denver e Texas. Era uma criança brilhante mas indisciplinada e deixou a escola aos 15 anos, passando por uma série de ocupações — de vendedor a porteiro de hotel — enquanto pegava caronas ilegalmente em linhas férreas em seu caminho para o leste. Acabou chegando na Filadélfia, onde estavam as raízes de sua família. Aí, ajudado por parentes, conseguiu sobreviver a custo, com contos curtos e jornalismo.

Foi quando se apaixonou e percebeu que suas finanças precisariam de um empurrão se quisesse se tornar um homem de família. Depois de um curto e insatisfatório período como vendedor de carros, voltou a atenção para o ramo nascente da propaganda. Escreveu alguns anúncios de cigarros como amostra e os levou aos escritórios de F. Wallis Armstrong, o primeiro a pôr a agência na lista telefônica e um publicitário notoriamente intratável, fato que Rubicam ainda desconhecia. Armstrong concordou em receber o redator em formação, mas o deixou "esquentando a cadeira" por nove dias seguidos. No último dia, Rubicam foi para casa e escreveu uma carta zangada, explicando exatamente o que achava de tal tratamento. Foi uma carta, lembrou ele, "feita para produzir uma entrevista imediatamente, ou um olho roxo no autor" ("Leaders in Marketing", *Journal of Marketing*, abril de 1962). O talento de Rubicam deve ter irradiado do papel: Armstrong o chamou de volta ao escritório e o contratou.

Mas era improvável que Rubicam brilhasse no esquema antediluviano de Armstrong e lá ficou o suficiente para aprender os rudimentos da redação antes de mudar de novo — desta vez para a N. W. Ayer. Aí, para a conta dos pianos Steinway, Rubicam tocou a nota certa com um anúncio que descrevia o piano como "O Instrumento dos Imortais". Tempos depois, escreveu outro título campeão para a companhia farmacêutica E. R. Squibb: "O ingrediente impagável de todo produto é a honra e a integridade de seu fabricante".

O amigo mais chegado de Rubicam na Ayer era James Orr Young, um amável homem de atendimento sete anos mais velho, que também trabalhara na agência de Armstrong. Numa certa altura, os dois começaram a sentir que não havia muito espaço de manobra na Ayer, que se tornara enfadonha e complacente. Enquanto caminhavam pela Independence Square numa certa tarde, decidiram começar a própria agência.

No seu auge, a Y&R era o máximo que o mundo da propaganda já vira do estilo "livre" de agência, que acabaria por desencadear a "revolução criativa" dos anos 50. Refletindo sua falta de educação formal, Rubicam recrutava excêntricos e rebeldes talentosos em vez de intelectuais. Dificilmente alguém chegava antes das 10 da manhã, mas a agência se especializou em sessões criativas pela noite adentro, movidas a café e cigarro, conhecidas como gang-ups, ou "reuniões da quadrilha".

Ironicamente, a primeira campanha de sucesso da agência foi para um café descafeinado chamado Postum. As campanhas anteriores do produto tinham usado uma abordagem vagamente medicinal, apresentando o café sob uma luz negativa e falando de Postum como uma solução contra ansiedade, insônia e má digestão. Mas os anúncios nunca pegaram, de forma que Rubicam encomendou uma pesquisa para descobrir o que os consumidores realmente pensavam sobre a bebida. Descobriu assim que muitos tinham sido atraídos por um fator que ninguém havia imaginado — o sabor de Postum. Assim a nova campanha da Y&R para revistas acrescentou isso ao mix, apresentando o produto como uma bebida calmante e saborosa para a hora de dormir. As vendas de Postum decolaram. A General Foods, dona da marca, prometeu à agência mais trabalho se ela se mudasse para Nova York — e assim foi.

A Y&R tinha conquistado a fama de agência criativa, mas Rubicam era veemente ao enfatizar que até mesmo os mais ousados voos de fantasia se baseavam em sólidas pesquisas. "Ideias fundamentadas em fatos" tornou-se o seu mantra. Dizia que o objetivo de qualquer publicitário deveria ser "tentar saber mais do que os concorrentes sabem sobre o mercado e colocar esse conhecimento nas mãos de escritores e artistas com imaginação e ampla compreensão humana".

Para ajudar a desenvolver essa ideia, Rubicam contratou um acadêmico com experiência em pesquisa. George Gallup era professor de propaganda e jornalismo na Northwestern University. Tinha se tornado uma estrela no mundo da propaganda depois de publicar sua pesquisa sobre os hábitos dos leitores de revistas e — principalmente — sobre os aspectos dos anúncios em revistas que tinham mais impacto sobre os leitores. Descobriu que, embora a maior porcentagem de anúncios focalizasse a economia e a eficiência dos produtos, os que mais atingiam os leitores diziam respeito a qualidade, vaidade e sex-appeal. Outras agências tentaram roubar o pesquisador, mas Rubicam o convenceu, prometendo mais espaço para experimentação e liberdade de restrições financeiras.

Uma vez na Y&R, Gallup montou um departamento de pesquisa de mercado que era a inveja das outras agências. A certa altura, não menos de 400 pessoas em todo o país estavam envolvidas em trabalhos de pesquisa de campo para a Y&R, enviando informações sobre quais anúncios funcionavam e por quê. Gallup e Rubicam criaram também um procedimento para monitorar reações a programas de rádio, recrutando painéis de ouvintes em "igrejas e clubes de mulheres". No começo, as preferências e desagrados dos ouvintes eram registrados com a ajuda de um bloco de notas, um lápis e um questionário — mas depois a General Electric forneceu à Y&R uma máquina adaptada às necessidades da agência. Em 1935, ainda na Y&R, Gallup fundou o American Institute of Public Opinion — que depois se separou e se transformou na Organização Gallup, em 1958.

Nesse meio-tempo, em 1934, Young deixou a agência, reconhecendo efetivamente o domínio de Rubicam sobre a empresa. Um pouco mais velho do que o sócio, Young sempre fora menos apaixonado pela propaganda, preferindo passar seu tempo junto à família.

Rubicam continuou aumentando a agência por mais uma década. Sua fórmula campeã de fortes ideias criativas impulsionadas por pesquisa sólida parecia imune à recessão e à guerra. O faturamento continuou a subir: 6 milhões de dólares em 1927, 12 milhões de dólares em 1935, 22 milhões de dólares em 1937. Em 1944, quando Rubicam começou a pensar em se aposentar, a agência estava faturando 50 milhões de dólares por ano. Ele saiu sem remorso, esperando finalmente escrever aquele livro. Mas depois de brincar com jornalismo, concluiu que escrever era "uma vida penosa" e que os anos de trabalho no excitante ambiente de uma agência de propaganda o tinham incapacitado para uma existência tão solitária.

NOVAS VISÕES, NOVOS SONS

No Reino Unido, os cartazes de propaganda da década de 1930 chegaram a atingir ocasionalmente o nível de arte. Essa tendência foi estimulada por Jack Beddington, gerente de propaganda da Shell. Uma figura meio boêmia, Beddington tinha trabalhado durante 10 anos em Xangai quando chegou à Shell em 1928. Explorou a tradição filantrópica da companhia para dar rédeas soltas ao seu interesse pela arte, encomendando painéis de propaganda para as laterais dos caminhões de entrega ("lorry bills") e transformando assim a frota da Shell numa galeria móvel de arte. Ao longo dos anos, encomendou imagens de artistas como Graham Sutherland, Carel Weight e o surrealista Hans Schleger ("Zero"). Pode ser que tenha se inspirado em Frank Pick, gerente comercial do Metrô de Londres, que poucos anos antes tinha encomendado cartazes para artistas importantes.

Alguns artistas europeus também fizeram sucesso nos Estados Unidos. Em 1938, a N.W. Ayer encarregou o cartazista francês Adolphe Mouron — mais conhecido como "Cassandre" — de criar uma imagem para o novo Ford V8. Cassandre já era uma lenda, tendo transformado os cartazes na França com seus desenhos Art Déco arrojados e minimalistas. Em 1936, fez jus a uma exposição no Museu de Arte Moderna de Nova York. Procurado pela Ford depois desse evento, criou um olho surrealista com o "V8" gravado na pupila. Olhando de cima os pedestres apressados, o olho gigante pode ter sido a inspiração para o Big Brother. Era também um argumento a favor da ilustração, que estava sendo lentamente suplantada pelo olho penetrante da fotografia.

Alguns dos mais inovadores trabalhos nesse campo foram realizados por J. Stirling Getchell. Uma figura influente nos anos 30 que mal sobreviveu à década, Getchell morreu aos 41 anos quando seu coração, cronicamente doente, finalmente sucumbiu ao seu estilo de vida frenético.

Depois de passagens pela Lord & Thomas e pela JWT, entre outras agências, o agitado Getchell fundou a própria agência em 1931. Seu método era contratar os fotógrafos mais talentosos e criar anúncios em torno de suas imagens, preferindo uma abordagem de alto impacto, com texto *staccato* e títulos ardentes. Provavelmente seu anúncio mais conhecido foi para o lançamento do Chrysler Plymouth 1932. Mostrava uma fotografia de Walter P.

Chrysler, com um pé firmemente apoiado no para-lama do carro, acima da afirmação confiante: "Olhe para TODOS OS TRÊS". Chrysler parecia estar desafiando os leitores a comparar o seu automóvel com os dois veículos rivais — da Ford e da General Motors — para tomar uma decisão bem informada. Essa "honestidade" não ortodoxa agradou aos consumidores, com um resultado positivo nas vendas do Plymouth.

Getchell chegou a lançar uma revista chamada *Picture*. "Amplamente reputado como pioneiro no uso de fotografias de estilo jornalístico em anúncios (...) o Sr. Getchell (...) gosta de exposições ilustradas de tópicos como a vida de uma corista, os perigos do raio, 'Dietas Animais Estranhas' ou o que acontece a você num banho turco..." desdenhava a *Time*, sua rival (*Picture*, 27 de dezembro de 1937). Como era do seu feitio, Getchell prometeu dirigir a revista *no tempo livre* para continuar atendendo aos clientes na agência. Três anos depois ele se foi — deixando um corajoso estilo de anúncio para uma era mais dura.

Mas se a fotografia era uma evolução, a propaganda também estava às voltas com uma revolução tecnológica. Em poucos anos, tinha dominado um método inteiramente novo de difundir suas mensagens. A isso se juntaria em pouco tempo um outro meio de comunicação mais poderoso. E, como é o caso hoje, as maiores recompensas foram para as agências mais rápidas em se adaptar.

Nos Estados Unidos, o rádio foi um negócio comercial quase desde o começo. Já em 1922, uma estação de rádio de Nova York chamada WEAF, de propriedade da America Telephone & Telegraph, começou a oferecer espaços de 10 minutos de propaganda por 100 dólares. Em 1926, a WEAF tinha se transformado na National Broadcasting Company (NBC). A Columbia Broadcasting System (CBS) apareceu no ano seguinte. A BBC, lançada em 1922 no Reino Unido, permanecia sem anúncios, mas nos Estados Unidos o rádio se tornou o domínio quase exclusivo de anunciantes que patrocinavam e produziam os programas. Os resmungos obscuros sobre a propaganda "se intrometendo no círculo da família" foram submersos pelo som da orquestra Lucky Strike Dance.

O novo meio de comunicação também fez a fama de algumas agências. Os homens de rádio eram considerados modernos e não convencionais, os pioneiros pontocom daquela época. Uma agência chamada Benton & Bowles, que oscilara à beira da falência, ficou famosa por sua expertise em rádio ao lançar um programa de variedades chamado *The Maxwell House*

Showboat, que estimulou um crescimento de vendas da ordem de 85 por cento em um só ano.

Mas o principal nome do rádio foi Frank Hummert, criador de "soap operas" — (ou novelas de rádio, assim chamadas porque eram em geral patrocinadas por marcas de detergentes). Ironicamente reticente e pouco comunicativo em pessoa, Hummert era um gênio para a propaganda no rádio. Começou criando campanhas para esse veículo na Lord & Thomas antes de se juntar à Blackett & Sample (que logo se tornaria Blackett-Sample-Hummert) em 1927. Nessa época, o formato padrão de um programa de rádio patrocinado — especialmente se fosse dirigido às mulheres — era uma seleção de dicas domésticas. Mas Hummert decidiu experimentar uma coisa mais parecida com as séries de suspense publicadas nos jornais. Com sua colega de trabalho e futura esposa Anne Ashenhurst, ele criou, escreveu e produziu "dramas seriados". Alguns ficaram no ar durante anos. A série de aventuras *Jack Armstrong*, patrocinada pelo cereal matinal Wheaties, começou a ser transmitida em 1931 e continuou no ar até o começo da década de 1950. Mais impressionante ainda, uma novela chamada *Ma Perkins*, para o detergente Oxydol, foi transmitida por nada menos do que 37 anos. Graças aos royalties desses programas de rádio, em 1937 Hummert era o homem mais rico da propaganda.

O FIM DO COMEÇO

A propaganda voltou à guerra. Além de serem arregimentadas com a finalidade de levantar o moral, as agências de propaganda procuraram dar a impressão de que as marcas estavam no meio da luta. De um modo que hoje parece ser ainda mais de mau gosto do que na época, os produtos eram ligados ao esforço de guerra. O Cadillac, por exemplo, afirmava estar "na vanguarda da invasão", já que as peças fabricadas pela Cadillac podiam ser encontradas nos motores dos aviões de combate. A Texaco garantia aos motoristas que a gasolina de que eles eram forçados a abrir mão "estava sendo transformada em produtos de guerra para levar nossas forças à vitória". A imagem de bom gosto que acompanhava a mensagem era o brilho de uma bomba explodindo e alemães fugindo para se proteger.

No Reino Unido, as coisas foram levemente mais sutis. "Rico em alimentos para os nervos!", proclamava um anúncio para o chocolate em pó Fry's, com uma ilustração de um piloto de combate prestes a entrar na cabine. (Os leitores que souberem o que é um "alimento para os nervos" podem ficar à vontade para me escrever.) Num tom mais leve, a apreciadíssima campanha "Meu Deus, minha Guinness" {My goodness, my Guinness!}, da agência S.H. Benson cutucava a imagem da imperturbabilidade britânica. (Em um dos cartazes, um mecânico corre para impedir que sua garrafa de cerveja preta seja surrupiada por um irmão de armas num avião de combate, que mergulha avidamente sobre ela.)

No Reino Unido, como no resto do mundo, a voz do governo foi ouvida através da propaganda. No front doméstico britânico, os slogans diziam respeito ao medo da espionagem — "Falar à toa custa vidas" — e à necessidade de cultivar verduras para cidadãos vivendo de rações reduzidas: "Cave para a vitória". Os britânicos eram avisados para tomar cuidado no black-out e manter as máscaras contra gases sempre à mão.

Em *The Mirror Makers*, Stephen Fox estima que a indústria da propaganda norte-americana doou espaço no valor de um bilhão de dólares ao esforço de guerra. Ele cita Bruce Barton, que disse: "Não dizíamos a verdade, é claro. Simplesmente pusemos em texto e imagem os argumentos da Administração... Isso foi certo, patriótico e moral enquanto durou a guerra".

Leo Burnett sentiu que a Segunda Guerra Mundial foi uma demonstração do poder da propaganda moderna. "[O] governo ficou com uma ideia inteiramente nova da propaganda como meio eficaz de comunicação dirigido ao povo deste nosso grande país, e como ferramenta para fazer com que as pessoas façam as coisas de maneira voluntária e não compulsória. Em termos de relações públicas, isso não foi mau para a propaganda." Durante a guerra, argumentou ele, "a propaganda se revelou a si mesma". E acrescentou: "Muitas pessoas... descobriram que tinham uma obrigação moral para com a sociedade e que podiam usar suas técnicas com a mesma eficácia para vender ideias e para mascatear produtos".

A WNBT, afiliada à NBC, começou as transmissões comerciais de TV em 1941. Um ano depois, o tempo mínimo de programação exigido das estações de TV foi cortado de 15 para 4 horas por semana durante o período da guerra. Depois da guerra, as agências ficaram rodeando o novo veículo, sem saber ainda o que achar dele. "A televisão é a droga mais forte que já tivemos que distribuir", disse Leo Burnett ao National Television Council em 1949. "Talvez seja por isso que as nossas mãos tremem um pouco quando tiramos a rolha da garrafa, mas vamos superar isso."

Alguns foram mais duros do que os outros. Na BBDO, o carismático irlandês Ben Duffy — que tinha assumido a direção da agência em 1946, depois de Bruce Barton — era especialmente entusiasmado com a televisão.

Em 1949, segundo Stephen Fox, Duffy gastou 4 milhões de dólares com o novo veículo e o departamento de TV da agência aumentou de 12 para 150 funcionários. O total do gasto com propaganda televisiva nos Estados Unidos subiu de 12 milhões de dólares em 1949 para 158 milhões de dólares três anos depois. Tendo ocupado com sucesso a paisagem do rádio, as marcas agora haviam se estabelecido solidamente na televisão.

3

A aristocracia de Madison Avenue

"As organizações criativas são lideradas por indivíduos formidáveis"

Voei para Nova York agarrado a dois livros: *The Hidden Persuaders*, de Vance Packard (1957) e *Madison Avenue, USA*, de Martin Mayer (1958). O que mais gostei foi que consegui encontrar as edições originais — ex-exemplares de biblioteca, esfarrapados e com as folhas amareladas — de modo a efetivamente levá-las de volta à rua que as inspirou. Numa tarde de abril, caminhei metade da Madison Avenue, parando ocasionalmente para tomar um café e folhear suas páginas. No começo do livro de Packard, tinha uma anotação rabiscada em tinta azul: *Nova York, Natal 1960*. Deve ter sido o tempo e o lugar perfeitos para se trabalhar em propaganda.

O livro de Mayer nos informa que a Madison Avenue "é a única rua importante de Nova York que tem o nome de um presidente dos Estados Unidos". O autor admite que "o trecho que tornou a rua famosa ocupa um quinto da sua extensão, começando lá pelo número 200 e terminando no 650... formando o que vulgarmente é chamado de beco da propaganda ou 'ulcer gulch'...". Quando Mayer escreveu o livro, as agências na Madison Avenue controlavam metade dos gastos com propaganda dos Estados Unidos — enquanto boa parte do resto era administrado por suas filiais. A Madison Avenue era a sede não oficial da indústria da propaganda desde antes da guerra mas, nos últimos anos, uma explosão imobiliária sem precedentes a transformara num cânion resplandecente de empresas de comunicações. "A Madison Avenue, como se mostra hoje, é impressionantemente nova", escreve Mayer em 1958. "Mais de uma dúzia de novos edifícios comerciais, cada um com mais de 20 andares, foram construídos a partir da guerra..."

E como era o interior dessas agências monolíticas? Tendo feito o percurso todo, Mayer pode nos contar que os escritórios da Young & Rubicam eram predominantemente decorados em verde. A McCann-Erickson exibia "relaxantes tons pastel", mas a J. Walter Thompson era "uma categoria em si mesma". A elegância da agência não tinha empalidecido desde a década de 30, e redescobrimos com uma sensação de calorosa familiaridade a suíte de jantar "decorada como uma casa de fazenda colonial da Nova Inglaterra". As elegantes cadeiras Barcelona desenhadas por Mies van der Rohe podem ter sido um toque mais recente, no entanto.

Então, como agora, a Madison Avenue simbolizava a indústria da propaganda nos Estados Unidos. Phil Dusenberry, o antigo vice-chairman da BBDO, que veio trabalhar na rua como um jovem redator no começo dos anos 60, confirma: "Como Hollywood, ela se tornou uma ideia mais do que um lugar físico. Podemos dizer que a Madison Avenue *era* propaganda".

Nos anos 50, a propaganda era considerada uma profissão glamorosa — ainda que não fosse exatamente respeitável. A visão que se tinha dela na época é personificada pelo personagem de Cary Grant no filme de Hitchcock *Intriga internacional*, de 1959: um sofisticado homem da Madison Avenue que é confundido com um espião. No começo do filme, Grant diz à secretária: "No mundo da propaganda não existe essa coisa de mentira. Existe apenas exagero conveniente".

Formou-se toda uma mitologia em torno da propaganda nesse período. O protótipo do executivo de propaganda de Nova York era *o homem do terno de flanela cinza*, o personagem da novela de Sloan Wilson (1955), que na verdade trabalhava em relações públicas. Se é que um desses executivos usou alguma vez um terno de flanela cinza antes do livro se tornar um best-seller, certamente passou a evitá-lo depois disso, embora todos eles ganhassem o suficiente para se vestir com elegância. Sabe-se também que trabalhavam muito — às vezes absurdamente muito, até as primeiras horas da manhã — e daí toda aquela conversa sobre úlceras e doenças cardíacas na profissão. Combatiam o estresse com álcool, dando origem ao "almoço de três martinis", que efetivamente existia, de acordo com Phil Dusenberry. Com uma risadinha, ele recorda: "Eles o chamavam de 'prato fundo e gargalo largo'. Fazer uma parada para o almoço, especialmente se você estivesse com um cliente, era rotina naquela época".

Havia muitos restaurantes para escolher. Martin Mayer considera que, como conexão culinária, a Madison Avenue "não tinha igual na América e poucos na Europa — e pode-se dizer que os grandes restaurantes de Nova York estão aqui simplesmente para servir os homens de propaganda e comunicações". Menciona restaurantes como o Brussels, com o ar *fin de siècle* das tapeçarias de veludo vermelho, o Voisin, azul e branco, a "sombria intimidade" do La Reine e o caloroso exclusivismo do "21".

Uma figura que teríamos visto caminhando pela Madison Avenue a caminho do almoço — talvez com um jovem colega agarrado a cada uma de suas palavras — era um inglês alto e magro vestido em tweed no inverno ou, no verão, com um terno leve iluminado por um lenço no bolso do paletó. Elegante, charmoso e (pelo menos na aparência) dotado de uma irreprimível confiança em si mesmo, David Ogilvy foi uma das estrelas nesse cenário de Manhattan. E era um britânico.

UMA AGÊNCIA BRITÂNICA EM NOVA YORK

David Ogilvy teve um papel tão grande na criação de seu próprio mito que muitas vezes é difícil dizer onde termina a verdade e começa o trabalho de marca. No entanto, algumas poucas coisas sabemos com certeza. Ele nasceu em 1911 em West Horsley, Inglaterra, e foi educado no Fettes College, em Edimburgo — uma escola famosa por suas "disciplinas espartanas", segundo Ogilvy. Aparentemente destinado a ser historiador, ganhou uma bolsa para estudar em Christ Church, em Oxford — mas "estragou tudo", como ele mesmo admitia. Os motivos disso não são claros. No livro *Confessions of an Advertising Man* (1963), escreve casualmente: "estava preocupado demais para fazer qualquer trabalho e fui devidamente expulso". Mais tarde, revelou que tinha feito duas operações sérias na cabeça, nas apófises mastoides, que contribuíram para a sua falta de concentração ("David Ogilvy aos 75", *Viewpoint*, setembro/outubro 1986). Seja como for, o que Ogilvy sempre descreveu como "o grande fracasso da minha vida" ajudou a moldar sua personalidade paradoxal de empreendedor acadêmico e sonhador pragmático.

Tendo sido um ávido leitor de Mark Twain na escola primária, Ogilvy foi tomado pelo desejo de viajar. Embora seu objetivo final fosse a América do Norte, seu primeiro destino foi a França, onde arrumou emprego na cozinha do Hotel Majestic em Paris. "Sempre achei que se conseguisse entender como Monsieur Pitard, o *chef* principal, inspirava uma moral tão fervorosa, poderia aplicar o mesmo tipo de liderança à administração da minha agência de propaganda", escreveu ele mais tarde. Conclui que "nenhuma organização criativa... produzirá uma grande obra a menos que seja liderada por um indivíduo formidável".

Ogilvy se transformaria nesse indivíduo — mas isso ainda demoraria um pouco. No meio-tempo, foi atraído de volta à Inglaterra para vender fornos Aga, porque a companhia precisava de alguém que soubesse argumentar com os chefs franceses dos restaurantes londrinos. Ogilvy sustentou durante toda a sua carreira que a propaganda não passa de uma forma sofisticada de venda, e fechar uma venda foi algo de que se tornou adepto. Seu chefe, que o admirava, pediu-lhe para escrever um manual de vendas para os outros funcionários da Aga: mais tarde, esse manual se transformou num texto padrão para aspirantes a vendedores, despertando a admiração dos jornalistas da revista *Fortune* cerca de 30 anos depois. O irmão mais velho de Ogilvy, Francis, era executivo de atendimento na agência de propaganda Mather & Crowther, onde mostrou o vigoroso manual à direção. Não deu outra: David foi devidamente convidado a também se juntar à agência.

Com a combinação de charme e *chutzpah* que favoreceria sua ascensão em propaganda, em 1938 David convenceu a agência a enviá-lo a Nova York para estudar técnicas de propaganda transatlânticas. O garoto que tinha se deleitado com a leitura de *Huckleberry Finn* estava finalmente partindo para a América. "Ao ver a silhueta de Manhattan contra o céu, ele chorou de alegria", afirma Stephen Fox em *The Mirror Makers*.

Não é preciso dizer que Ogilvy não voltou para casa. Em vez disso, procurou o conselho de homens de propaganda conceituados de Nova York, como Rosser Reeves, nessa época redator na Blackett-Sample-Hummert. Embora Ogilvy admirasse Reeves, nunca aceitou totalmente a abordagem friamente científica à propaganda do seu novo mentor. Como Raymond Rubicam (outro dos seus heróis), acreditava que a propaganda eficaz tem que ser interessante, além de persuasiva. Em essência, o estilo de propaganda de Ogilvy era uma síntese de tudo o que tinha existido antes: a ciência de Claude Hopkins, a sofisticação da JWT nos tempos de Stanley Resor e a criatividade baseada em pesquisa da Young & Rubicam.

Como que para continuar sua educação em propaganda, Ogilvy arrumou um emprego com o pesquisador George Gallup e passou quase três anos viajando pela América do Norte e aprendendo sobre as esperanças, sonhos e hábitos dos cidadãos da sua pátria adotada. Talvez o que viu o tenha perturbado porque, depois do serviço de inteligência militar durante a guerra, deu um passo improvável em direção à vida rural, comprando uma fazenda *Amish* na Pensilvânia. Felizmente para a propaganda, seus esforços para cultivar tabaco tiveram tão pouco sucesso quanto sua tentativa de se tornar historiador, e ele percebeu que precisava voltar aos negócios. Percebeu também que provavelmente não conseguiria emprego numa agência de propaganda.

No livro *The Unpublished David Ogilvy*, um documento interno da agência compilado em 1986, uma curta nota autobiográfica captura sua difícil situação naquela época. "Será que alguma agência contrata esse homem? Ele tem 38 anos e está desempregado. Foi cozinheiro, vendedor, diplomata e fazendeiro. Nada sabe sobre marketing, nunca escreveu um anúncio. Diz estar interessado em propaganda como carreira (com 38 anos!) e está disposto a trabalhar por 5 mil dólares por ano. Duvido que alguma agência norte-americana o contrate." No entanto, uma agência de Londres o contratou.

Os fatos são um pouco mais complicados. Convencido de que jamais conseguiria um emprego numa agência dos Estados Unidos, Ogilvy decidiu iniciar a própria agência. Seu capital totalizava 6 mil dólares, mas felizmente a essa altura o seu irmão Francis era diretor administrativo da Mather & Crowther, que concordou em lhe emprestar dinheiro e o nome. David persuadiu também outra conhecida agência britânica, a S.H. Benson, a investir. Ao mesmo tempo, convenceu a filial norte-americana da Wedgwood China a entrar no negócio, nem que fosse só para estratégias de compra de espaço.

De início, os patrocinadores de Ogilvy acharam que a agência precisava de um representante norte-americano (e experiente). Assim, Anderson Hewitt foi convencido a deixar o escritório de Chicago da J. Walter Thompson, onde cuidava do atendimento, para se tornar presidente da nova agência. Hewitt, Ogilvy, Benson & Mather, "uma agência britânica em Nova York", nasceu em setembro de 1948. Ogilvy foi nomeado vice-presidente encarregado da pesquisa. Embora a parceria tenha se arrastado por uns quatro anos, ficou claro que Ogilvy queria muito caminhar com os próprios pés, e Hewitt finalmente saiu.

Nesse meio-tempo, Ogilvy tinha trabalhado para fazer o próprio nome como uma das estrelas emergentes do mercado. Se os seus patrocinadores em Londres imaginaram que seu "britanismo" arquetípico seria uma desvantagem em Nova York, estavam muito enganados. Como ele recordou na entrevista à *Viewpoint*, Ogilvy sabia se promover. "Tive uma vantagem fantástica quando comecei a agência em Nova York. Eu tinha sotaque inglês. Com tantas agências, tanta concorrência, eu tinha uma carta na manga — meu sotaque inglês, que me diferenciava dos outros. Agora há um monte de ingleses trabalhando em propaganda por aqui mas, naquele tempo, só tinha uns dois. Isso ajudou muito."

É claro que duas das campanhas que tornaram Ogilvy famoso foram baseadas exatamente nessa estratégia de criar uma personalidade para a marca. A primeira foi "o homem da camisa Hathaway". Em 1951, Ogilvy foi contratado pela Hathaway, uma empresa de confecções do Maine, para criar uma campanha nacional para uma linha de camisas de preço médio. Como o próprio Ogilvy explicou em *Confessions*, o tamanho modesto da conta não o impediu de ter ambições grandiosas. Estava determinado a criar uma campanha que superasse até a das camisas Arrow. "Mas a Hathaway podia gastar apenas 30 mil dólares, contra os 2 milhões de dólares da Arrow. A situação pedia um milagre."

O milagre acabou sendo um tapa-olho de pirata. Ogilvy queria que os anúncios transpirassem classe e sofisticação, e escolheu um modelo vistoso e de bigode, chamado George Wrangell. Antes, tivera a ideia de fazer George usar um tapa-olho de pirata, o que não foi aprovado por ser muito pouco ortodoxo. Finalmente chegou o dia de fazer a foto e, a caminho do estúdio, Ogilvy entrou rapidinho numa drogaria e comprou um tapa-olho por 1,50 dólar. "Por que isso se tornou um sucesso tão grande, eu nunca vou saber."

Mas Ogilvy sabia exatamente por que a campanha funcionou. É o que ele chamou de "story-appeal". O descolado tapa-olho era incomum e chamava a atenção dos leitores. "[O leitor] olha a fotografia e se pergunta: 'O que é isso?' Então lê o anúncio para descobrir. A armadilha está montada".

Sendo sempre o sonhador prático, Ogilvy usou a campanha Hathaway para recriar "uma série de situações em que gostaria de estar: dirigindo a Filarmônica de Nova York no Carnegie Hall, tocando oboé, copiando um Goya no Metropolitan Museum, dirigindo um trator, navegando, esgrimindo, comprando um Renoir e assim por diante".

Ao mesmo tempo, Ogilvy montou uma abordagem econômica e estrategicamente segura para comprar espaços de propaganda para a Hathaway. Os anúncios eram veiculados apenas na revista *New Yorker*, de alto prestígio, acrescentando um toque de classe a mais. Como observa Stephen

Fox em *The Mirror Makers*, depois de quatro anos "a campanha era tão conhecida que Ogilvy podia veicular um anúncio sem texto e até mesmo sem o nome do produto — só uma fotografia do homem com seu tapa-olho. Os consumidores estavam comprando uma imagem, não um argumento de vendas".

Ogilvy repetiu o processo para a água tônica Schweppes, recrutando dessa vez o gerente de propaganda da empresa com sua barba luxuriante, o Comandante Edward Whitehead, como estrela da campanha. Essa figura de aparência náutica prendeu a imaginação do público exatamente como o homem da camisa Hathaway tinha feito, com proporcional aumento nas vendas.

Mas a imagem não era a única chave para um anúncio bem-sucedido. Ogilvy era também um redator craque, trabalhando muitas vezes até as primeiras horas da manhã para polir um texto perfeito. O resultado era invariavelmente instigante. Joel Raphaelson, um redator que foi para a agência de Ogilvy em 1958, recorda: "Apesar do ar de finura e sofisticação, David nunca usava palavras complicadas se podia usar palavras simples. Uma vez, ele leu um anúncio que escrevi, que dizia 'lugares privilegiados ainda à venda', e perguntou: 'Por que você não diz *bons* lugares e pronto?' Os anúncios da Hathaway sempre usavam palavras como 'feitas' ou 'costuradas' — nunca 'manufaturadas'".

Quando ganhou a conta da Rolls Royce em 1957, Ogilvy produziu 26 títulos diferentes para o primeiro anúncio. O cliente escolheu: "A 100 por hora, o barulho mais alto do novo Rolls Royce é o do relógio elétrico". Provavelmente por coincidência, um anúncio para automóveis Pierce Arrow da BBDO tinha usado mais ou menos o mesmo slogan 25 anos antes. Ogilvy insistiu que tinha passado três semanas pesquisando o novo cliente antes de começar a escrever e que o título tinha sido inspirado num artigo de revista.

Seja como for, ninguém podia duvidar de sua dedicação. Quando conseguia uma conta, achava que precisava aprender o máximo possível sobre a companhia, acreditando, como Claude Hopkins, que esse era o melhor caminho para chegar a insights de vendas. Trabalhava todas as horas enviadas por Deus, inclusive nos finais de semana. "Ninguém morre de trabalhar muito", gostava de dizer, citando seu pai.

Felizmente, sabia também como motivar os funcionários. Joel Raphaelson conta: "Quando me juntei à agência, David devia estar com 46 ou 47 anos e tinha uma figura elegante. Depois de cerca de uma semana, ele me chamou para conversar sobre um anúncio para a Filarmônica de Nova York — ele era do conselho e fizemos alguns anúncios com o objetivo de angariar fundos. Disse-me ele: 'Vamos falar sobre isso no almoço', e pediu à secretária para ligar para o Pavillon, que era *o* restaurante mais luxuoso de Nova York naquela época".

Mas, como Monsieur Pitard na cozinha do Majestic, Ogilvy jamais esqueceu que um gerente eficaz deve ser formidável. "Ele me deixou muito assustado umas duas vezes", diz Raphaelson. "Era temperamental e não deixava barato. Uma vez, ele me mandou um recado que dizia: "Joel, acho que você prometeu me mostrar os anúncios da Sears na terça-feira passada. Você está trabalhando neles há três meses — mais do que o período de gestação dos PORCOS".

Ogilvy podia parecer arrogante, embora essa arrogância possa ter sido um disfarce para a insegurança. Era inteligente o bastante para saber encarar isso com humor. "Sou um pateta miserável em tudo, exceto em propaganda", diz ele em *Confessions*. Mas poucas linhas depois acrescenta: "Quando a *Fortune* escreveu um artigo sobre mim com o título 'David Ogilvy é um gênio?' eu pedi ao meu advogado para processar o editor por causa do ponto de interrogação". Uma vez, depois de uma palestra no Bombay Advertising Club, lhe perguntaram: "Senhor Ogilvy, a propaganda indiana tira sua inspiração da Madison Avenue. E a Madison Avenue? Qual é a sua fonte?" E Ogilvy respondeu: "A modéstia me proíbe de responder".

O cineasta e ex-publicitário Sir Alan Parker pinta uma imagem levemente caricatural de Ogilvy no prefácio da reedição de 1983 de *Confessions*. "Suspeito que as camisas Turnbull & Asser e as baforadas de cachimbo de Ogilvy eram uma concocção egrégia, tanto quanto o tapa-olho que ele tornou famoso, mas quem não seria seduzido por um pouco de narcisismo britânico misturado com uma habilidade de vendas tão norte-americana, prática e interesseira?"

Embora seja às vezes associado ao período louvado nos meios da propaganda como "revolução criativa", Ogilvy desconfiava da ideia de criatividade. Seu resumo conciso do papel do homem de propaganda era: "Venda — ou venda". Ele dizia ter uma "mente razoavelmente original, mas nem tanto. Pensava como os clientes pensam". Num livro posterior, *Ogilvy on Advertising* (1985), escreveu: "Ocasionalmente uso a horrível palavra *criativo* por falta de coisa melhor". Disse também: "Se me perguntar qual das minhas peças publicitárias foi a mais bem-sucedida, direi que foi o primeiro anúncio que escrevi falando do desenvolvimento industrial de Porto Rico.

Não ganhou um prêmio de 'criatividade', mas persuadiu um grande número de industriais a montar fábricas naquela ilha assolada pela pobreza".

Citava seu velho amigo Rosser Reeves: "Você quer uma escrita bonita? Quer obras-primas? Ou quer que a maldita curva de vendas comece a subir?"

Joel Raphaelson diz: "David pouco fazia para corrigir o equívoco de que era supercientífico em propaganda. Ele simplesmente não gostava de anúncios que vendessem mais o criativo do que o produto. Achava que as coisas que alguns dos mais jovens estavam fazendo eram um pouco tolas. Conhecia a história da propaganda e compreendia o que em geral funciona — e achava que qualquer profissional devia saber disso".

Em vez de tentar transformar a propaganda numa forma de arte, Ogilvy se empenhou em elevar seu status profissional. "Acho que ele fracassou nessa tentativa, mas ela é um dos motivos pelos quais ele continua sendo uma figura festejada no meio publicitário, mesmo que outros tenham tido uma influência maior sobre o desenvolvimento da propaganda."

Ogilvy brincava com sua aparência cavalheiresca — uma coisa de que os clientes classe A gostavam. Mas no fundo continuava sendo um vendedor, promovendo constantemente sua agência em palestras, em livros e socialmente. Embora não gostasse de festas e coquetéis, obrigava-se a ir, dizendo que "sentia cheiro de faturamento". Na entrevista que deu em seu aniversário de 75 anos à *Viewpoint* (a revista interna da agência), relembrou: "Uma vez eu fui a uma... uma coisa chamada Conselho Escocês. Eles deram um almoço em Nova York... E nesse almoço eu acabei conseguindo a Shell porque Max Burns, então presidente da Shell, estava no almoço".

Na verdade, foi preciso um outro almoço, desta vez em Londres — para onde Ogilvy voou com o objetivo de pegar Burns de jeito quando soube que ele tinha dispensado a agência que o atendia —, para conseguir a conta. Mas a história faz justiça ao charme de Ogilvy: e ele alegava ter conseguido três outros clientes no mesmo almoço.

Praticamente desde o primeiro dia, Ogilvy foi abordado por agências rivais que queriam "comprar seu passe". Ao longo dos anos, rechaçou ofertas de quase todos os grandes nomes do mercado: Interpublic, J. Walter Thompson, BBDO, Leo Burnett... "Acho que a verdadeira razão era bem pessoal", disse ele à *Viewpoint*. "Eu gostava da Ogilvy & Mather. Achava que estava a caminho de se tornar a melhor agência da história do mundo. E não queria misturá-la com nenhuma outra agência."

Quando a WPP finalmente comprou a agência em 1989, Ogilvy tomou isso como uma afronta pessoal. Ainda assim se acalmou o bastante para aceitar o posto de chairman não executivo, ainda sem conseguir abrir mão de tudo. Morreu em 1999, uma lenda da propaganda que começou a carreira quase com 40 anos.

A CIÊNCIA DE VENDER

No processo de montar sua agência, Ogilvy falava muitas vezes da necessidade de "reformar" a propaganda, sabendo muito bem que as pessoas se sentiam repelidas e ao mesmo tempo fascinadas por ela. Isso não era uma surpresa, já que graças à televisão estavam sendo mais bombardeadas do que nunca por mensagens de propaganda.

Isso também explica o sucesso de *The Hidden Persuaders*, que se tornou um best-seller ao expor as técnicas de "pesquisa motivacional" que as agências usavam para sondar a mente dos consumidores. "Estão sendo feitos esforços em grande escala", advertia Packard, "para canalizar nossos hábitos inconscientes, nossas decisões de compra e nossos processos de pensamento..." Afirmava que cientistas estavam fornecendo às agências de propaganda "ferramentas assustadoras" e que, assim, "muitos de nós estão sendo influenciados e manipulados, muito mais do que percebemos, nos padrões da vida cotidiana".

Quase que dá para ouvir o lamento sinistro do teremim na trilha sonora. Em retrospecto, o livro acaba sendo uma leitura divertida — como aqueles filmes B paranoicos da década de 1950, em que cientistas de aventais brancos combatem alienígenas pouco convincentes. ("É claro que era tudo bobagem", diverte-se John Hegarty, cofundador britânico da Bartle Bogle Hegarty. "Se tudo o que o livro diz fosse verdade, poderíamos vender qualquer coisa para qualquer um.") Mas *The Hidden Persuaders* não era, de maneira alguma, fantasia pura. O pai da pesquisa motivacional foi Ernest Dichter que, no final dos anos 30, foi pioneiro no uso de "entrevistas em profundidade" para investigar as atitudes dos consumidores com relação aos produtos. (O trabalho de Dichter tem fama de ter inspirado diretamente um anúncio para o sabonete Ivory: "Lave seus problemas" {Wash your troubles away}. Sujeira, culpa, ansiedade... você percebe a ideia.) Na década de 50, algumas agências — McCann Erickson, Foote, Cone & Belding e Leo Burnett entre elas — estavam usando técnicas de pesquisa motivacional para aprimorar suas campanhas.

A McCann Erickson é considerada a primeira agência a contratar uma equipe de pesquisa psicológica. A agência desenvolveu uma reputação de eficiência produzida mais por dados do que por talento criativo sob o comando de seu chefe no pós-guerra, Marion Harper Jr. Esse homem meio correto demais (não se engane com o "Marion") começou a trabalhar na agência em 1939 como office boy e chegou a chefe de pesquisa em apenas seis anos. Dois anos depois, aos 32 anos, foi posto no comando da agência pelo seu fundador, Harrison King McCann, que se tornou chairman.

McCann iniciara sua agência — então chamada H.K. McCann — em 1911, quando a Standard Oil se dividiu por determinação do governo dos Estados Unidos, roubando-lhe assim o emprego de gerente de propaganda da companhia. Sua agência era na verdade um subproduto do departamento de propaganda da Standard Oil. Atendendo às empresas formadas a partir da divisão da Standard, assim como novos e importantes clientes como a General Motors e a Coca-Cola, a McCann conseguiu se expandir rapidamente para os mercados do exterior, tornando-se rival da J. Walter Thompson no âmbito global.

McCann proclamava acreditar em "marketing total", introduzindo a agência em disciplinas como relações públicas e promoção de vendas. Em 1930, a Depressão o forçou a uma fusão com a agência A. W. Erickson. Albert Erickson tinha começado seus negócios em 1902, quando largou o emprego no escritório de propaganda de uma loja de departamentos. Embora sua agência tenha tido um sucesso limitado, ganhou uma fortuna investindo em outros negócios — incluindo a empresa que inventou o filme Technicolor. Erickson morreu quatro anos após a fusão (The Advertising Century: Adage.com/century/people).

Com McCann agora num papel quase simbólico, Marion Harper podia se dedicar à missão de transformar a agência numa máquina de vendas supereficiente. Dizem que ele tinha na sua sala uma pintura mexicana de um galo de briga, como metáfora da indústria da propaganda. Incentivou a ênfase em psicologia do consumidor e motivações de compra, assim como no estudo do efeito sobre as vendas das inserções na mídia. De acordo com a citação de Stephen Fox em *The Mirror Makers*, Harper sentia que o pessoal de propaganda tinha que basear seu trabalho em estatísticas, em vez de "dançar em volta do pau de fita da criatividade". "Os anunciantes não gastam bilhões para embelezar a mídia", dizia ele. "Suas mensagens não se destinam a ser ornamentais."

Esse ponto de vista deu a Harper algo em comum com outro notável publicitário dos anos 50 — Rosser Reeves, antigo mentor de David Ogilvy, trabalhando agora na agência Ted Bates. Mas Reeves tinha pouco tempo para pesquisa motivacional ou qualquer outra teoria grandiosa sobre comportamento do consumidor. Sua maior preocupação era fazer com que suas marcas fossem notadas em meio ao dilúvio de mensagens de propaganda que agora afogava os consumidores. Um forte defensor da teoria de Claude Hopkins de que a propaganda era apenas a corporificação da hard sell, ele desenvolveu a Unique Selling Proposition (USP) {Proposição Única de Vendas}: um único argumento que separava uma marca das suas concorrentes. Seus anúncios se reduziam a essa única mensagem, sem frescuras criativas e repetida muitas vezes. Na verdade, ele definia os elementos que distraíam o público da mensagem básica de um anúncio como "vampiros". No final de cada campanha, ele ouvia milhares de consumidores em todo o país para ver se eles lembravam do argumento. E em geral lembravam.

Foi dessa maneira que Reeves conduziu o sucesso da agência Ted Bates, fundada em 1940 pelo discreto executivo de atendimento que tinha o nome na porta. Ambos dirigiram juntos a agência, mas ninguém tinha qualquer dúvida acerca de quem tinha mais energia e carisma. Reeves publicou suas teorias em 1961 num livro chamado *Reality in Advertising*, que foi o anti-*Hidden Persuaders*, cheio de senso comum. Diz ele: "A propaganda começou como arte e muitos homens de propaganda querem que continue assim, uma terra do nunca onde possam dizer: isto está certo porque sentimos que está certo".

Mas a insistência de Reeves em usar a propaganda como simples instrumento entrava em conflito com seu lado sensível e oculto. Fanático por xadrez, dono de uma enorme biblioteca e interessado em uma ampla gama de hobbies — incluindo velejar e voar —, foi outro na longa lista de redatores que acalentaram o sonho de escrever o Grande Romance Americano. Na verdade, quando se aposentou, escreveu um livro ambientado na boêmia Greenwich Village — e escreveu poesia durante toda a vida. Um conhecido subdimensionou esse hobby chamando-o de "surpreendente".

Se a história da propaganda tem um tema dominante, é esse cabo de guerra entre as duas escolas: os criativos, que acreditam que a arte inspira o consumidor a comprar; e os pragmáticos, que vendem com base em fatos e chegam armados com montes de pesquisa. Nos anos 50, a antítese de Rosser Reeves (e até mesmo do cavalheirismo de David Ogilvy) foi Bill Bernbach. Sua nova e impetuosa agência, Doyle Dane Bernbach, desencadeou a revolução criativa.

4

Revolucionários criativos

"Vamos demarcar novas trilhas"

"Na Nova York do final dos anos 50, quem falava 'Bill' queria dizer Bill Bernbach", escreve Mary Wells Lawrence, relembrando o tempo em que trabalhava na DDB antes de montar a própria agência (*A Big Life in Advertising*, 2002). Bernbach era um figurão na cidade porque tinha resolvido desafiar as agências monolíticas do pré-guerra, que agora dominavam a Madison Avenue. De acordo com Wells, Bernbach sentia que os anúncios dessas agências tinham se tornado "desonestos, chatos, insultantes — e até mesmo insanos". Argumentava que as táticas repetitivas de gente como Rosser Reeves tinham reduzido a propaganda a "um único anúncio cansado" e que as agências gigantes estavam "transformando seu pessoal de criação em mimeógrafos". A menos que a propaganda sacudisse suas ideias, alertava ele, ela se tornaria invisível, com impacto zero sobre os consumidores. E Bernbach não estava disposto a deixar que isso acontecesse.

Bernbach tinha saído da Grey Advertising para fundar a própria agência com um bando de companheiros revolucionários: Ned Doyle (atendimento). Maxwell "Mac" Dane (um mago das promoções), Bob Gage (diretor de arte) e Phyllis Robinson (redator). O próprio Bernbach era essencialmente um redator com um forte senso visual — mas acima de tudo era uma máquina de ideias. Em 1949, a Doyle Dane Bernbach abriu suas portas à sombra das grandes agências da Madison Avenue. Não ficaria lá por muito tempo.

Não que Bernbach desse a impressão de alguém prestes a pôr fogo nos negócios. Mary Wells Lawrence escreve que ele "era mais baixo do que sugeria sua voz", ostentava um "meio sorriso cauteloso, olhos leitosos de vaca, pele clara [e] ombros arredondados". Mas confirma que sua aparência enganava. "Comunicava uma presença interior tão poderosa que aniquilava quem estivesse por perto. Havia algo de vulcânico, algo inquietante acontecendo... Nos seus melhores anos, muita gente tinha medo dele."

Bernbach nasceu no Bronx, Nova York, no dia 13 de agosto de 1911, filho de Rebecca e Jacob Bernbach. Embora gostasse de sugerir que vinha de um meio desprivilegiado — dizendo, por exemplo, que só tinha um sobrenome porque seus pais não tiveram dinheiro para comprar outro — sua família era na verdade sólida e respeitável. Em *Bill Bernbach's Book*, de 1987, escrito pelo amigo e ás da redação da DDB, Bob Levenson, há uma citação em que ele descreve o pai como um criador de roupas femininas "austeras mas elegantes".

Depois de frequentar escolas públicas, Bill entrou na Universidade de Nova York, onde estudou um trio incomum de assuntos: música, administração de negócios e filosofia. (A propaganda talvez seja a única profissão em que alguém pode ter que recorrer ao conhecimento dos três.) Também tocava piano. Embora fosse "fisicamente pouco atraente", era "brilhante, observador, articulado e podia sentir com razão que estava acima da maior parte das pessoas à sua volta". Seu ego superdimensionado — comum entre os que têm uma mente marcante alojada num corpo inconveniente — nunca o abandonou. Numa anedota conhecida sobre Bernbach, um colega comenta que o dia está muito bonito — e Bernbach responde: "Muito obrigado".

Bernbach conseguiu um emprego como mensageiro na Schenley Distillers Company, onde escreveu de improviso um anúncio para uma marca chamada Schenley's American Cream Whiskey, e o entregou pessoalmente no departamento de propaganda da empresa. O anúncio foi veiculado e Bernbach deu um jeito de fazer com que o presidente da companhia, Lewis Rosenstiel, soubesse quem o tinha escrito. O jovem Bernbach foi imediatamente promovido para o departamento de propaganda. Em 1939, trabalhou como redator para a Feira Mundial de Nova York. Mas foi muito mais influenciado pelo emprego seguinte, na agência William H. Weintraub, onde trabalhou como redator ao lado do lendário designer gráfico Paul Rand.

A agência Weintraub e o próprio Rand foram modelos para o método Doyle Dane Bernbach. Em 1941, William H. Weintraub tinha criado a primeira agência "étnica" de Nova York, como alternativa à esmagadora cultura WASP (*white Anglo-Saxon protestant*: branca, anglo-saxã e protestante) da Madison Avenue. Suas contas incluíam Dubonnet, Revlon e Schenley

Liquors — o que provavelmente explica como Bernbach acabou trabalhando lá. Rand era o diretor de arte agitador, que chegou aos 27 anos exigindo (e conseguindo) o controle exclusivo do departamento de arte. Influenciado pelo cubismo, pelo construtivismo e pelo De Stijl, Rand trouxe uma sensibilidade europeia para o design gráfico norte-americano. Suas imagens eram incisivas e despojadas —perturbadoramente espartanas pelos padrões da época. (Muito mais tarde criou o logotipo da IBM, entre centenas de outras imagens icônicas.) "Paul era a revolução criativa", diz outro designer da Weintraub na biografia *Paul Rand* (2000), de Steven Heller. "É como Cézanne. Depois de Cézanne vieram Braque e Picasso e inventaram o cubismo. Mas tudo começou com Cézanne."

De maneira muito incomum para a época, Bernbach trabalhava em dupla com Rand, seu texto vigoroso tornando as imagens do diretor de arte duplamente eficazes. Foi o nascimento da "dupla de criação". Nas pesadas agências tradicionais, redatores e diretores de arte ainda trabalhavam em departamentos separados — muitas vezes em andares diferentes, tentando valentemente juntar imagens e palavras com pouca ou nenhuma discussão. Mas Rand e Bernbach desenvolviam conceitos juntos desde o começo. Quando Bernbach abriu sua agência, foi nessa base: redatores e diretores de arte trabalhando lado a lado.

Embora Bernbach e Rand fossem amigos próximos na Weintraub, a lenda da Madison Avenue diz que o mentor de Bernbach nunca o perdoou por preferir a fotografia à ilustração em seus anúncios. Rand se interessava por estética, ao passo que Bernbach procurava o impacto.

Nesse meio tempo, Bernbach deixara a Weintraub para prestar serviço militar. Ao voltar, foi contratado pela Grey Advertising que, como a Weintraub, também tinha uma postura não WASP e multiétnica. Lá, ascendeu de chefe de redação a vice-presidente e diretor criativo "em questão de meses", de acordo com Bob Levenson, que assim explica a ascensão de Bernbach: "Ele era um visionário com fervor visionário. E era um provocador. Era uma combinação sensacional".

Na Grey, conheceu o diretor de arte Bob Gage, com quem teve o mesmo encontro de mentes e talentos que tivera com Paul Rand. Gage sentia a mesma coisa, contando à sua mulher que esperava um dia trabalhar com Bernbach. Esse momento se aproximou em maio de 1947, quando Bernbach escreveu uma carta famosa aos seus chefes na Grey: "Temo que vamos cair na armadilha da grandeza, que estamos começando a venerar as técnicas em vez do conteúdo... Há muitos grandes técnicos em propaganda... Mas há um probleminha. Propaganda é fundamentalmente persuasão e acontece que persuasão não é uma ciência, mas uma arte... Vamos demarcar novas trilhas. Vamos provar ao mundo que bom gosto, boa arte e boa escrita podem ser boas vendas".

Como ideologia, era perfeito. Mas não o bastante para os patrões de Bernbach, que, parece, ignoraram a carta. E assim Bernbach decidiu "demarcar novas trilhas" com uma agência sua. Levou consigo uma conta inicial — da loja de departamentos Ohrbach's — e um colega, vice-presidente e executivo de atendimento da Grey, chamado Ned Doyle, com quem tinha desenvolvido uma "relação de respeito mútuo", nas palavras de Doyle. Tempos depois, Doyle estava entre as primeiras pessoas que a jovem aspirante a redatora Mary Wells conheceu ao chegar à DDB. Ela o descreve como "o mais irlandês possível... um homem esguio e mais velho, com cabelos grisalhos, olhos frios e rosto esculpido".

Doyle trouxe Maxwell Dane, que tinha então uma pequena agência. Mac Dane começara a carreira como secretário do gerente de propaganda de uma empresa varejista de Nova York chamada Stern Brothers. Depois de trabalhar como gerente de promoção de varejo do *New York Evening Post* e executivo de atendimento e redator na agência Dorland International, tornou-se gerente de propaganda e promoções da revista *Look*, onde conheceu Doyle. Depois chefiou a área de propaganda e promoção da estação de rádio WMCA (onde introduziu o conceito de boletins de notícias atualizados de hora em hora, uma inovação na época), antes de montar a própria agência em 1944. Agora, juntava forças sem remorsos com seu velho amigo e seu escritório apertado num prédio sem elevador na Madison Avenue se transformou na primeira sede da nova agência.

Assim nasceu a Doyle Dane Bernbach. A falta de vírgulas foi outro rompimento com a norma. "Nada ficará entre nós", explicava Bernbach. "Nem mesmo a pontuação."

A agência pegou o ritmo da época — parecia mais uma banda de hip-jazz do que uma agência de propaganda. Uma vez, Bernbach comparou seu trabalho ao do grande pianista de jazz Thelonius Monk. Dando o tom no começo estava o chefe da loja de departamentos N.M. Ohrbach: "pouco educado, inseguro e grande", como Bernbach o descrevia. No entanto, foi Ohrbach, antes cliente da Grey, que estimulara Bill a montar a própria agência. Concordara também em pagar adiantadas as primeiras campanhas da agência, para que Bernbach pudesse cobrir suas despesas. "Ohrbach era um empreendedor voraz e Bernbach fez soar sua caixa registradora", observa

Bob Levenson. Mas a relação não era sem atrito: "Pelo menos um pouco do aço dos olhos azuis de Bill foi martelado na forja de Ohrbach".

Mesmo assim, a Doyle Dane Bernbach produziu uma série de imagens irresistíveis para a loja de Ohrbach, todas elas atendendo ao posicionamento de marca da loja, de alta moda a preços acessíveis. Uma das mais famosas mostra um homem levando uma imagem da esposa recortada em cartão debaixo do braço: "Traga sua esposa e, por alguns poucos dólares, nós lhe daremos uma nova mulher", dizia o texto. Uma imagem de impacto e um texto engenhoso em perfeito equilíbrio — era esse o estilo da DDB. Era movido pela escrita ágil de Phyllis Robinson e pelo desenho amplo de Bob Gage, talvez o primeiro diretor de arte moderno da propaganda.

A conta seguinte da agência, Levy's Bakery, confirmou seus talentos. A Levy's fazia pão de centeio, um produto essencialmente judaico. Sabendo que dificilmente o pão pré-embalado teria um sabor tão bom como o pão fresco "da padaria judaica da esquina", Bernbach sugeriu visar o público não judeu, que tinha menos probabilidade de fazer a comparação. Daí a primeira campanha: "Você não precisa ser judeu para gostar de Levy's". E era esse o único texto, sob as fotos de um policial irlandês e de um garoto negro, entre outras. Mais uma vez os anúncios eram limpos e diretos e vendiam o produto em poucos segundos. Uma versão ainda mais simples mostrava três fotos da mesma fatia de pão. Na primeira fatia faltava uma mordida — na terceira foto restavam apenas a casca e algumas migalhas. "Nova York está comendo ele todinho!", dizia o texto.

O uso habilidoso da fotografia pela agência entrou em cena de novo com a campanha que criou para a Polaroid, uma nova e estranha câmera que produzia instantâneos. Os anúncios anteriores do produto eram atravancados e bandeirosos, a execução barata em contradição com o preço elevado da câmera. A Doyle Dane Bernbach jogou o texto no lixo. Nas palavras de Bob Levenson: "A Polaroid estava vendendo fotos, então a campanha mostrava fotos grandes e bonitas em anúncios sem enfeites, totalmente diretos". A agência também atacou com propaganda de TV ao vivo para dramatizar o apelo de receber uma imagem colorida em apenas um minuto.

Se a campanha da Polaroid era singularmente sentimental — focalizando momentos de emoção da vida do consumidor — o estilo da Doyle Dane Bernbach era habitualmente sardônico e espirituoso, como só um nova-iorquino poderia ser. "Dê um cinto caro ao seu pai", diz o texto sob uma foto do dito acessório enrolado negligentemente em torno de uma garrafa de whisky Chivas Regal. O título de um anúncio impresso para a Avis, "Nós tentamos com mais empenho", levava a um texto que explicava que essa locadora de automóveis era a número dois do mercado e por isso não podia se dar ao luxo de ser complacente. O texto foi tão eficaz que, segundo dizem, os diretores da Avis se queixaram a Bernbach, preocupados com a possibilidade de não atingirem os altos padrões que o anúncio prometia.

Mas a campanha mais famosa da Doyle Dane Bernbach foi também seu maior desafio. Era para a Volkswagen.

PENSANDO PEQUENO

"Queriam que vendêssemos um automóvel nazista numa cidade judaica", é o resumo tipicamente cáustico do diretor de arte George Lois, que foi trabalhar na Doyle Dane Bernbach mais ou menos na época em que ela conseguiu a conta da Volkswagen. Lois (de quem ouviremos falar muito mais) trabalhou nas campanhas da perua VW e colaborou nas do Fusca. Mas a tarefa de vender esse pequeno veículo alemão de formato estranho à América do final dos anos 50 coube inicialmente ao diretor de arte Helmut Krone e ao redator Julian Koenig, supervisionados pelo próprio Bernbach.

Não por coincidência, Krone era um germano-americano de primeira geração. "Peguei a Volkswagen porque era o único que já tinha ouvido falar do carro", diz ele segundo *Helmut Krone. The Book*, de Clive Challis (2005). "Tive um dos primeiros Volkswagens dos Estados Unidos, provavelmente um dos cem primeiros, muito antes de ir trabalhar [na DDB]."

Influenciado por Paul Rand e Alexey Brodovitch — o pioneiro diretor de arte da *Harper's Bazaar* — Krone tinha mais interesse em design do que em propaganda. Tinha trabalhado na revista *Esquire* antes de ir para a Doyle Dane Bernbach em 1954, aos 29 anos de idade. Teimoso e meticuloso, seu foco era a beleza e o impacto da imagem, acima e além de quaisquer preocupações de vendas. Sempre "procurando uma página nova", trabalhava firmemente rumo à perfeição. Numa história contada por Challis, Krone trabalhava num rótulo para uma marca de vinho chamada Thunderbird quando Ned Doyle entrou na sala e disse: "Desistimos dessa conta há meses!" E Krone respondeu: "Não importa. Ainda não está bom".

Julian Koenig era meio hippie. Usava ternos escuros estilosamente amarrotados, gravatas estreitas e camisas oxford com o colarinho desabotoado. Segundo Challis, ele largou a escola de direito para escrever um romance e ficar à toa no Metropolitan Museum of Art, antes de "cair na propaganda". Na agência Herschon Garfield, escreveu os comerciais "teste de tortura" da

Timex, incluindo a clássica frase "Leva uma surra e continua funcionando" {Takes a licking and keeps on ticking}.

Esse par descombinado criou a mais influente campanha de propaganda de todos os tempos. Krone foi contra a natureza da DDB ao selecionar o que era considerado "o layout da Ogilvy" para um anúncio impresso: título, imagem e texto tão bem arrumados quanto um gramado de bairro fino. "Ao adotá-lo, Krone deve ter deixado Bernbach muito aborrecido", escreve Challis. "Mas estava absolutamente certo: impassível, despretensioso, contido."

E enquanto as imagens de Ogilvy eram sempre temperadas com detalhes intrigantes, Krone usou imagens nuas. Escolheu também um tipo de letra brutalmente simples, sem serifas. O texto do anúncio era sem emoção mas irônico, presumindo tacitamente a inteligência do leitor.

Um dos primeiros anúncios focalizava o motor refrigerado a ar do "Fusca". Mostrava o carro fotografado de cima e coberto com bolhas de sabão. O título dizia: "A única água que o Volkswagen precisa é a que você usa para lavá-lo". Já aqui havia uma pequena revolução — mesmo que tenha passado despercebida pela grande maioria das pessoas. O título terminava num ponto final. Clive Challis explica: "Pôr um ponto final num título era um ato de sedição. Quebrava o ritmo e convidava à inspeção — talvez até mesmo à circunspecção — do enunciado. É claro que era exatamente isso que Krone queria: ele tinha enunciados a fazer e queria que fossem examinados".

Todos esses elementos — a total simplicidade, o efeito dramático do ponto final, o texto factual e ainda assim interessante — se juntavam no mais icônico anúncio da série. Começou como um anúncio corporativo para a imprensa especializada, com um texto meio longo que terminava com as frases: "A Volkswagen tornou-se o quinto maior fabricante automotivo do mundo pensando pequeno. Mais e mais pessoas estão fazendo a mesma coisa."

Para o título, Julian Koenig pinçou as palavras: "Pense pequeno."

Parece que Krone não se impressionou muito com a ideia no começo, embora a interpretação visual fosse óbvia: "Suponho que você deseja que eu faça o carro pequeno?" Todo mundo no departamento de arte — incluindo George Lois e Bob Gage — parece ter opinado sobre o assunto, mas Krone finalmente colocou um pequeno Fusca no canto superior esquerdo de uma página em branco, num leve ângulo. O anúncio foi tão bem recebido que uma versão ligeiramente adaptada — desta vez com um texto ainda mais enxuto de Levenson — foi veiculada na imprensa meses mais tarde. Incentivar os consumidores a "pensar pequeno" na terra do grande, onde os automóveis eram do tamanho de ônibus, era subversivo.

Outro celebrado anúncio da série mostra uma foto simples de um Fusca novo e brilhante acima da palavra "Lemon" {Limão, com sentido de "abacaxi"}. O texto do anúncio, escrito por Julian Koenig, explica: "Esse Volkswagen perdeu a vez. O friso cromado do porta-luvas está manchado e precisa ser substituído". E concluía: "We pluck the lemons; you get the plums." {Nós recolhemos os abacaxis: você fica com a cereja}. Em seu livro, Mary Wells afirma que o anúncio foi aprovado pelo cliente alemão porque ele não entendeu o jogo de palavras — e ficou com vergonha de admitir. Bernbach reconheceu mais tarde que o ousado título de uma única palavra mudou o destino da agência. "Suponha que tivéssemos dito simplesmente que "Todo VW passa por uma rígida inspeção?"

Bob Levenson escreve que a campanha da DDB para a Volkswagen tem sido "imitada, copiada, atacada, deturpada e admirada mais do que qualquer outra campanha antes ou depois". Mas seu segredo está no foco firme de Bernbach no produto. "Ele via o carro Volkswagen como ele é: honesto, simples, confiável, sensato, diferente. E queria que a campanha também fosse assim." Assim, os imitadores estavam condenados "porque não estavam vendendo Volkswagens e ele estava".

O pessoal de propaganda tende a ficar empolgado demais com os anúncios da DDB para a VW. Mas não há como negar que seu humor iconoclástico e (vamos admitir) precisão teutônica resistiram ao teste do tempo. Quando o *New Beetle* foi lançado em 1998, a campanha homenageou o original de 1959, com algumas poucas modificações no layout clássico de Helmut Krone. Isso diz em alto e bom som que a campanha antiga ainda era superior.

MURDERERS' ROW: A LINHA DE MATADORES

George Lois era um dos brigões de rua da revolução criativa. Filho de um florista grego do Bronx, era o arquétipo do bando de nova-iorquinos de fala rápida e cheios de confiança que queriam frustrar os planos protestantes da Madison Avenue. Quando o conheci em seu apartamento em Greenwich Village, sua fala de abertura foi: "Na Doyle Dane Bernbach [no final dos anos 50] você tinha os quatro melhores diretores de arte do mundo: Bob

Gage, Bill Taubin, Helmut Krone — e eu. Era uma linha de ataque matadora: a *murderers' row*".

Lois admite que era "muito agressivo e apaixonado". Tinha aprendido o valor do trabalho duro com seu pai florista, que terminava cada dia com os dedos lacerados com arranhões. E sendo um garoto grego numa vizinhança irlandesa, George se acostumou a brigar pelo seu espaço. Talentoso desde o começo ("Eu estava sempre rabiscando e desenhando letras 3D em tudo"), com o incentivo de um professor organizou um portfólio e conseguiu entrar na prestigiosa High School of Music and Art (uma escola pública fundada em 1936 pelo prefeito de Nova York, Fiorello H. LaGuardia, para estudantes que se destacassem em artes). "A melhor escola do mundo, influenciada pela Bauhaus", conta Lois.

Quando apareceu, embora soubesse que desejava ser designer, a propaganda "ainda era um solo estéril" no final dos anos 40. "As coisas que estavam fazendo eram medonhas. A gente aprendia seis layouts básicos." Depois de ser convocado para a Guerra da Coreia e voltar incólume, trabalhou na CBS para o diretor de criação Bill Golden, desenhando anúncios e materiais gráficos para a rede.

"Mas eu ainda tinha aquela ideia de que dava para fazer alguma coisa em propaganda. Bill me aconselhou a não ir. Disse-me: 'Não faça isso, George — propaganda é um mundo de segunda.' Ele achava que eu era louco".

Por sorte, Lois conseguiu um emprego na Sudler & Hennessy, onde o diretor de arte era Herb Lubalin, o altamente influente designer gráfico. "Mas mesmo então, era óbvio que o lugar certo para mim era a Doyle Dane Bernbach. Na verdade, Bob Gage já tinha tentado me contratar para o departamento de promoções da agência, mas recusei — disse-lhe que queria fazer minha própria propaganda. Quando voltei lá, dois anos depois, foi como diretor de arte."

Lois conta que a DDB era "a única agência criativa do mundo" naquela época. "O setor ainda era muito branco-anglo-saxão-protestante. Tinha alguns garotos fazendo coisas inovadoras em design, mas fora isso era pura bobagem. A Ogilvy era criativa, mas de maneira diferente — tinha uma visão tradicional, sem espaço para um diretor de arte respirar. Havia um milhão de regras; eu não tinha regras."

Mesmo no ambiente de intensa atividade intelectual da Doyle Dane Bernbach, Lois se destacou. "Quando fui para a Doyle Dane por volta de 1958, ganhei de imediato a reputação de ser um tipo muito diferente de diretor de arte. Meu trabalho era inovador, mas com uma espécie de sensibilidade da rua. Era bastante surpreendente, mesmo pelos padrões da Doyle Dane."

Além do mais, Lois era muito vibrante. Sua linguagem colorida e seu temperamento incendiário são lendários. Ele conta que uma vez, na Sudler & Hennessy, o patrão e alguns clientes entraram na sala no exato momento em que ele estava envolvido numa briga com um atendimento. "Eu peguei o cara pelo cangote e o expulsei do andar. Sudler virou para o cliente e disse: 'Todos os nossos diretores de arte são indivíduos muito apaixonados'."

Outra de suas histórias favoritas se refere ao fato de que, na Doyle Dane Bernbach, os diretores de arte não tinham permissão de falar com os clientes. "Mudei essa regra sozinho. Nas minhas primeiras semanas, produzi um cartaz de metrô para a Goodman's Matzo [snacks]. Era basicamente um matzo gigante... uma imagem realmente espantosa. O contato a levou para o cliente, o Senhor Goodman. Quando voltou, disse-me: "Ele não gostou. Faça outro". Eu disse "F**k!" peguei o cartaz e fui eu mesmo ao cliente.

"Goodman estava lá, sentado num grande escritório envidraçado, cercado pelos netos. Estavam todos olhando o cartaz e dizendo: 'Sabe, isso parece legal, a gente devia ficar com isso'. E o velho continuava vociferando: 'Eu não gosto disso!' Até que eu perdi a paciência, fui até o janelão, abri as duas folhas e me debrucei para fora segurando o cartaz, como se fosse me jogar. E gritei: 'Percebe o que o senhor me dá vontade de fazer? Vocês fazem os matzos — eu faço os anúncios!' Ele gritou para eu sair da janela, praticamente tendo um ataque do coração. Começaram a abaná-lo, deram-lhe um comprimido e um copo de água. Quando conseguiu respirar de novo, disse: 'Tudo bem, garoto, tudo bem: esse maldito cartaz está aprovado. E se algum dia você for despedido, volte aqui para falar comigo. Eu lhe darei um emprego de vendedor de matzos'."

Depois de algumas semanas na DDB, uma pequena delegação de diretores de arte e redatores procurou Bernbach para pedir que Lois fosse demitido. "Eles achavam que eu não combinava com a Doyle Dane. Mas foi a jogada errada porque Bernbach tinha gostado de mim desde o primeiro dia, quando veio à minha sala para me cumprimentar. Eu tinha pintado tudo no final de semana e trazido essa cadeira Mies van der Rohe. E estava trabalhando num anúncio para um removedor de cera de ouvido — tinha feito uma foto enorme de um ouvido prestes a ser atacado por lápis e clipes de papel, que Bernbach adorou. Então, quando tentaram me pôr para fora,

Bernbach me fez o maior elogio da minha vida. Ele disse: 'Vocês estão brincando? Esse cara é uma mistura de Paul Rand e Bob Gage!'"

Como se dizia, nem a Doyle Dane Bernbach era grande o bastante para conter a personalidade de Lois. No final de 1959, ele procurou o redator da DDB, Julian Koenig, com a ideia de montar "a segunda agência criativa do mundo". Eles se juntariam a Fred Papert, que tinha saído de uma agência chamada Kenyon & Eckhardt. "Quando contei a Bernbach que estava indo embora ele ficou muito chocado", recorda Lois. "Foi como se eu tivesse lhe dado um murro na boca. Ele me disse de um jeito muito sério: 'Mas George, você não compreende, *não pode haver duas agências criativas*'."

Sem se deixar intimidar por esse desafio, a Papert Koenig Lois se estabeleceu no novo edifício Seagram em janeiro de 1960. A agência manteve o espírito da DDB, com o mesmo desdém pela pesquisa e ênfase no talento bruto. "Foi a primeira vez em que o diretor de arte assumia o papel mais importante da agência", conta Lois. "Daí em diante, todo garoto descolado queria trabalhar em propaganda como diretor de arte. Éramos como astros do rock."

Imediatamente bem-sucedida, a PKL conseguiu trabalhos da Peugeot e da Xerox. Sua campanha de TV para a Xerox mirou a simplicidade da máquina, mostrando um chimpanzé fazendo cópias. "Antes se tinha uma ideia de que diretores de arte não sabiam fazer comerciais de TV, de forma que os caras de TV eram basicamente produtores de TV fracassados. Mas eu pensava diferente: achava que um diretor de arte com grandes ideias podia fazer qualquer coisa. TV era apenas pegar uma grande ideia e lhe dar movimento."

Em 1962, a agência se tornou a primeira a abrir o capital. Depois de protestar, alegando que as coisas não são bem assim na indústria da propaganda, agências como Foote, Cone & Belding e DDB também abriram seu capital a acionistas (prenunciando uma corrida semelhante ao mercado de ações no Reino Unido). Em 1964, a agência faturava 30 milhões de dólares. Em *The Mirror Makers*, Stephen Fox descreve a PKL como "multiplamente inovadora... a primeira nova agência realmente bem-sucedida desde que Bernbach e Ogilvy começaram no final dos anos 40". Era também a primeira "hotshop" a se expandir para o exterior, abrindo uma filial em Londres.

"Nós fomos realmente o começo da revolução criativa", argumenta Lois. "Uma única agência não é uma revolução. Doyle Dane Bernbach foi o tronco, mas nós fomos o primeiro galho."

A REVOLUÇÃO VAI PARA A TV

Outros galhos logo apareceram. Outro desertor, Carl Ally, rompeu com a PKL em 1962 para criar a própria agência com a conta da Volvo, de 1 milhão de dólares. Piloto de caça durante a Guerra da Coreia, o combativo Ally queria fazer uma propaganda que arrebatasse as pessoas. Ele pendurou uma exortação na parede: "Conforte os aflitos; aflija os confortados". George Lois recorda: "Quando ele veio para a PKL, era o único cara de atendimento que conhecíamos que era tão louco quanto nós". Ally ganhou a conta da locadora de veículos Hertz e virou a campanha da DDB contra ela mesma. "Há anos a Avis tem dito a você que a Hertz é a número um", dizia o texto instigante. "Agora vamos lhe contar por quê." Mais tarde, para a Volvo, sua agência criou o título "Dirija-o como se o odiasse" {Drive it like you hate it}.

A nova geração se deleitava com essa irreverência. O redator Jerry Della Femina resumiu essa atitude poucos anos mais tarde, ao escrever um livro cujo título foi tirado de um slogan que ele maldosamente havia sugerido a uma firma japonesa de produtos eletrônicos: "Dessa gente maravilhosa que lhes trouxe Pearl Harbour".

Em 1967, o redator Ed McCabe se juntou a Sam Scali e Marvin Sloves para formar a Scali McCabe Sloves. McCabe começou a trabalhar na sala de correspondência da McCann Erickson aos 15 anos de idade e foi em frente, até se tornar um dos melhores e mais respeitados redatores do mercado. "É preciso um homem durão para fazer uma galinha macia" foi um de seus títulos, para a Perdue.

A criatividade, em outras palavras, estava irrompendo em toda parte. Como diz Lois: "Até as agências tradicionais foram ficando criativas pelas beiradas".

No centro estava uma das mulheres mais importantes na história da propaganda: Mary Wells, cofundadora da Wells Rich Greene. Em seu apanhado geral sobre o Século da Propaganda, a *Advertising Age* a chama de "primeira superestrela internacional da propaganda". Se Lois pensava na propaganda televisiva em termos de arte em movimento, Mary Wells a considerava uma forma de teatro. É provável que ela tenha sido a primeira executiva de propaganda a descobrir o potencial da propaganda televisiva como espetáculo.

Nascida em Youngstown, Ohio, Wells poderia ter sido atriz. Como revela em sua biografia, sua mãe — que claramente queria que ela se destacasse

— lhe arrumou uma professora de dicção quando ela tinha 5 anos. Aos 10 anos, também incentivada pela mãe, representou seus primeiros papéis na Youngstown Playhouse. Mais tarde, matriculou-se na Neighbourhood Playhouse School of Theatre em Nova York, e continuou a estudar teatro no Carnegie Institute of Technology em Pittsburgh. Então, percebeu de repente que "Além de não ligar a mínima para ser atriz... eu não sabia o que queria estudar ou ser, ou quem eu era".

Durante esse período, ela conheceu e se casou com Bert Wells, um estudante de desenho industrial na Carnegie Tech. Abandonou a escola e voltou a Ohio, determinada a "ganhar o dinheiro que eu e Bert precisaríamos para viver em Nova York". Conseguiu um emprego de redatora numa loja de departamentos chamada McKelvey's onde, ainda adolescente, tinha vendido chapéus. Vera Friedman, que chefiava o departamento de propaganda da loja, contratou Wells "porque eu tinha formação em teatro e sabia datilografar — a combinação perfeita de recursos, pensava ela, para uma redatora estagiária".

Friedman logo descobriria que tinha razão. Estimulada pela ideia de que suas palavras podiam induzir as pessoas a comprar roupas, Mary descobriu a profissão. Em 1952, estava de volta em Nova York com Bert, onde arrumou um emprego no departamento de propaganda da Macy's. Ela tinha o dom de romantizar o mundo, o que era perfeito para comercializar roupas. "Moda é... vestir seus sonhos", escreve ela. Sua nova parada foi a McCann Erickson — mas sua carreira engrenou em 1957, quando foi trabalhar na Doyle Dane Bernbach.

No início, nem Wells nem Bernbach tinham certeza de que a agência era o lugar certo para ela. Para começar, ela não era dada a trocadilhos espertos. "O meu forte, teatralizar a vida com sonhos, o irritava." Mas Bernbach começou a se referir a ela como "a mercadora de sonhos da agência" e levava os clientes para ver sua sala personalizada, com piso de vinil laranja e móveis de palhinha. Esse oásis era um descanso para os olhos na agência notoriamente precária, que se orgulhava de sua normalidade esculhambada como contraste com o brilho dos monolitos da Madison Avenue.

Wells passou sete anos na DDB, trabalhando em contas como Max Factor, General Mills e o Escritório de Turismo Francês. (Para este último, Wells contratou o fotógrafo Elliot Erwitt, que fez uma foto clássica de um pai com seu garotinho, ambos de boina, deslizando de bicicleta por uma estrada francesa ladeada de árvores, com uma *baguette* amarrada à bicicleta. Para uma geração inteira, a imagem romantizava os prazeres simples da vida campestre na França — e há pouco tempo, quando vi uma cópia numa exposição em Paris, a imagem ainda me surpreendeu.)

Em 1964, Wells deixou a DDB instigada por Marion Harper, que estava envolvido com a construção do império de marketing Interpublic (ver Capítulo 11, "Incorporação"). Harper tinha montado um "catalisador de ideias para propaganda", a Jack Tinker & Partners, que esperava transformar numa agência genuinamente criativa. Wells o ajudaria a fazer isso.

Ela acertou em cheio logo no começo com uma série de vinhetas de TV para Alka-Seltzer, a pastilha efervescente que aliviava a má digestão. Wells avaliou que qualquer um com um estilo de vida realmente anos 60 não podia evitar o desconforto estomacal: isso era uma consequência inevitável de tanto trabalho, tantas festas, tanta comida nova, exótica e temperada. Em outras palavras, todo mundo precisava de Alka-Seltzer. A primeira vinheta mostrava uma montagem insolente de estômagos de diferentes tamanhos ao som de um jingle que se tornou um grande sucesso. "Não importa a forma do seu estômago" {No matter what shape your stomach's in}, era o bem-humorado texto final. Pouco tempo depois, a agência acrescentou a icônica cena de dois tabletes sendo jogados num copo de água: "plop, plop, fizz, fizz".

A história do Alka-Seltzer revela outra das contribuições de Wells para a revolução criativa: além de injetar vitalidade nos comerciais de TV, ela era uma consultora de marcas natural, capaz de persuadir os clientes a mudar sua estratégia de marca, de modo a concordar com seus anúncios. Quando ela reposicionou o Alka-Seltzer como produto de estilo de vida, a Miles Laboratories, dona da marca, criou "embalagens aluminizadas portáteis com dois Alka-Seltzer cada uma e passou a vendê-las em novos locais: bancas de revista, bares, restaurantes... e, naturalmente, começou a vender duas vezes mais Alka-Seltzer".

Essa sensibilidade para o marketing integrado se destacou mais ainda na outra campanha de sucesso da agência, para a Braniff Airlines. Nessa altura, lembra Wells, todos os aviões "ou eram metálicos ou eram brancos com uma faixa pintada no meio". Os terminais eram cinzentos e sem alma. Voar, que deveria ser uma experiência emocionante, era deplorável.

Um dia, num terminal austero, Wells imaginou a Braniff "num banho de cores bonitas". Então, fez com que a frota de aviões da Braniff fosse pintada com cores pastel brilhantes. O designer de moda da hora, o italiano Emilio Pucci, foi contratado para redesenhar os uniformes das aeromoças. (Partes do uniforme podiam ser tiradas quando o avião voava em climas mais quentes; depois, Wells criou um comercial provocador, dramatizando esse recurso como "The Air Strip" {um trocadilho entre strip-tease e pista de decolagem}, que foi um grande sucesso ao ser exibido durante o Super Bowl.) O designer de interiores Alexander Girard, que tinha decorado um dos restaurantes favoritos de Wells — "uma montagem de mexicano e moderno em cores de alta octanagem" — deu uma nova aparência ao interior dos aviões. "O fim do avião sem graça", dizia o anúncio impresso. Wells e sua equipe tinham criado a companhia aérea mais esperta, mais sexy — e mais anos 60 — que existia.

Em seu divertido livro *Fast and Louche* (2002), o ex-produtor de comerciais de TV Jeremy Scott lembra que conheceu Wells por essa época. Depois de admitir que estava superintimidado, ele a descreve como "de trinta e poucos anos, pequena, bonita, elegante e com roupas caras". Em sua opinião, "ela tinha subido do banco de reservas na Doyle Dane até sua atual posição de poder total através da certeza apaixonada de que podia conseguir *qualquer coisa*".

Certamente havia muita firmeza sob sua natureza romântica. Quando Marion Harper se recusou a torná-la presidente da Jack Tinker & Partners, ela se demitiu. Harper lhe ofereceu um milhão de dólares ao longo de 10 anos, mas ainda assim ela se demitiu. Levou com ela os diretores de arte Stewart Greene e Dick Rich — o primeiro calmo e reconfortante, o segundo impaciente e contemporâneo — e a conta da Braniff. A Wells Rich Greene abriu suas portas no dia 4 de abril de 1967.

Depois de mudar de sua base temporária no Hotel Gotham, a agência encontrou um espaço apertado na Madison Avenue. "Não tivemos tempo para decorá-lo", escreve Wells, "mas enchemos as paredes com pôsteres, espalhamos almofadas psicodélicas e deixamos Mick Jagger cantando 'Have You Seen Your Mother, Baby?' na sala de espera." Mas o mais importante é que a Wells Rich Greene começou a contratar rapazes e moças "que tinham o dom do uso cinematográfico da televisão".

E este foi o segredo simples e complexo da Wells Rich Greene. A imaginação Technicolor de Wells e de seu leal diretor de criação Charlie Moss gerou anúncios altamente atraentes para clientes como Benson & Hedges, American Motors, Procter & Gamble e Ford. O sucesso anterior de Wells com a Braniff atraiu uma fila de contas de companhias aéreas: TWA, Continental e Pan Am. Em meados da década de 70 ela era a mulher mais bem paga em propaganda, ganhando mais de 300 mil dólares por ano. Nessa mesma década, ela deu uma grande ajuda à cidade que testemunhou sua ascensão. Sua agência popularizou um slogan do qual nenhum visitante de Nova York consegue escapar, ainda hoje.

"Já perdi a conta da quantidade de pessoas que dizem ter inventado a frase 'I love New York'", escreve Wells sobre sua campanha dos anos 70 para levar os turistas de volta à cidade. "Ninguém criou a expressão: é o que as pessoas dizem desde sempre..."

Mas naquela época Nova York era uma cidade difícil de amar: falida, tomada pelo crime e malcheirosa, depois de uma greve dos lixeiros. Talvez só Mary Wells pudesse imaginar uma campanha parecida com um musical da Broadway, com todo mundo, de Gregory Peck (impressionantemente) a Henry Kissinger (surpreendentemente) e Frank Sinatra (inevitavelmente) aparecendo na tela para ressaltar o quanto adoravam a cidade.

O toque final foi cortesia do designer Milton Glaser, que apareceu na Wells Rich Greene com uma seleção de pôsteres. Enquanto a equipe os examinava, "ele tirou um pedaço de papel amassado do bolso e disse: "Eu gosto disso, o que vocês acham?" Era o logo "I Love New York" com um coração no lugar da palavra 'Love'.

Da próxima vez que se deparar com uma caneca ou uma camiseta com as palavras "I ♥ New York", reserve um pensamento para Milton Glaser.

A agência continuou com outros triunfos e foi só no finalzinho dos aquisitivos anos 80 que Wells começou a pensar em vender a agência e partir para outra. A indústria da propaganda se consolidara, o alcance global era a chave do sucesso e — para Wells, pelo menos — parte do romance se desfizera. Ela tinha conversado com a DDB e a Saatchi & Saatchi, mas agora estava atraída pela BDDP, uma agência francesa com "um estilo arrojado, jovem e sofisticado", que a tinha procurado com uma sugestão de sociedade. As discussões foram ficando mais sérias e, depois de muita autoanálise e hesitação, ela vendeu a Wells Rich Greene para a BDDP em 1990, por 160 milhões de dólares ("A Rainha da propaganda conta tudo", *USA Today*, 2 de maio de 2002).

A recém-batizada Wells BDDP estava prestes a disparar como um foguete. A essa altura, o mundo da publicidade era um lugar muito diferente.

5

O estilo de Chicago

*"O anunciante quer ideias, precisa de ideias
e paga por ideias"*

Pode ser que seja apenas boa propaganda, mas Chicago imediatamente me impressionou como uma cidade amigável. Ventava um pouco naquela manhã de outono. Quando parei no meio da rua com um mapa aberto tentando me tapar o rosto, três pessoas diferentes vieram me perguntar se eu precisava de informações. Depois de insistir duas vezes que estava tudo bem, finalmente desisti e admiti para o terceiro transeunte que estava completamente perdido. "Leo Burnett?", repetiu o homem. "É na West Wacker Drive. Você está na East Wacker. É só voltar na direção de onde veio e continuar andando: não tem como errar."

Enquanto caminhava, percebi que não tinha perguntado ao homem se ele trabalhava em propaganda — apenas tinha aceitado o fato de que ele sabia tudo sobre a Leo Burnett. Enquanto Ogilvy e Bernbach não são parte da mitologia da cidade de Nova York, Burnett entrou para o folclore de Chicago. Ele continua sendo tão maior-que-a-vida quanto os personagens criados por sua agência, do Jolly Green Giant, da Green Giant, ao Tony the Tiger, da Kellogg's — para não mencionar o caubói da Marlboro.

O Leo Burnett Building, na 35 West Wacker Drive, é um arranha-céu de 50 andares com um saguão tão grande que pode provocar agorafobia. Um elevador muito rápido leva os visitantes a uma recepção em forma de crescente onde há fileiras de telas de televisão, uma bateria de recepcionistas vestidos de preto, uma travessa com apetitosas maçãs vermelhas e — suspenso no teto — um lápis preto gigante. O significado desses dois últimos itens será discutido brevemente. Além da área da recepção fica o labirinto de escritórios, incluindo a toca de Tom Bernardin, presidente e CEO da agência.

A Leo Burnett Worldwide sempre foi considerada uma agência sólida, confiável e despretensiosa. Sob a liderança de Bernardin, seu posicionamento de marca é uma curiosa mistura de domesticidade com o que há de mais avançado: uma multinacional com uma atmosfera familiar. Bernardin diz: "Minha intenção desde que cheguei [em 2004] tem sido enfatizar nossa herança única e os valores centrais de nossa companhia, demonstrando ao mesmo tempo que essas mesmas qualidades, adequadamente aplicadas, podem ser valores totalmente modernos e relevantes".

Talvez a Leo Burnett deva algo de sua cultura corporativa à própria cidade. Será que existe uma escola de propaganda de Chicago?

"Acho que sim — o que pode ser bom ou ruim. Com a sede aqui, podemos ficar de fora da principal comunidade da propaganda, a de Nova York. Por outro lado, é uma vantagem, um ponto que nos diferencia da corrente principal. Mas deixando Chicago e Nova York de lado, tenho trabalhado para reforçar o fato de que somos uma companhia global, muito mais do que uma companhia sediada em Chicago com filiais em todo o mundo."

E talvez seja meio injusto ligar inextricavelmente Leo Burnett e Chicago. Afinal de contas, o homem nem nasceu na cidade. "Fui chegando aos poucos, parando nas cidades vizinhas", disse Leo Burnett uma vez. "Quando finalmente cheguei aqui, tinha 40 anos e já estava emperrado no meu jeito coloquial."

UM COMEÇO SEM PRESSA

Leo Noble Burnett, o primeiro dos quatro filhos de Noble e Rose Clark Burnett, nasceu em St. Johns, Michigan, no dia 21 de outubro de 1891. Noble Burnett tinha uma loja de tecidos e Leo cresceu vendo o pai desenhar anúncios para a loja sobre a mesa da sala de jantar. O lojista usava "grandes folhas de papel de embrulho (...) um grande lápis preto e uma régua grande", lembrava Burnett. Em seu livro de 1995, *Leo Burnett, Star Reacher*, o antigo diretor de comunicação corporativa da agência, Joan Kufrin, explica que foi assim que Leo descobriu os enormes lápis pretos Alpha 245, que usou ao logo de toda a carreira — e que a agência adotou como parte de sua identidade de marca.

Leo também desenhou alguns dos anúncios para a loja do pai embora não tivesse vontade de trabalhar lá, de modo que acabou arrumando um emprego como aprendiz na gráfica do jornal local — primeiro limpando as impressoras e mais tarde como tipógrafo e operador de máquinas. Depois disso, tornou-se repórter. "Raramente passava uma semana sem que eu atropelasse o jornal rival com um obituário quente", dizia ele com sarcasmo.

Em 1914, recebeu uma oferta de emprego no *Peoria Journal,* mas depois de um ano, como muitos jornalistas em início de carreira, ele foi atraído pela perspectiva de um emprego mais bem pago escrevendo textos de propaganda, neste caso para a Cadillac Motor Car Company. Burnett teve a boa sorte de chegar no momento em que o celebrado redator Theodore F. MacManus estava criando anúncios inovadores para a empresa. "MacManus... me ensinou o poder da verdade dita com simplicidade", dizia Leo. Inspirado, ele percebeu que a propaganda era o seu negócio.

Burnett foi promovido a gerente de propaganda da Cadillac, que manteve o cargo à sua disposição mesmo durante os seis meses em que serviu como marinheiro de segunda classe na Primeira Guerra Mundial (construindo um quebra-ondas no Lago Michigan, o que "sem dúvida causou uma grande agitação entre o Alto Comando Alemão", como ele observou).

Em 1919, Burnett se mudou para Indianápolis para trabalhar numa nova empresa automobilística chamada LaFayette Motors, fundada por um ex-executivo da Cadillac. A LaFayette acabou saindo do negócio em 1924, mas Burnett permaneceu em Indianápolis, conseguindo seu primeiro emprego em agência na Homer McKee. Embora seja justo dizer que McKee não teve o mesmo impacto na história da propaganda que Theodore MacManus, ele foi um importante mentor de Burnett. Leo foi sem dúvida influenciado por algumas das regras básicas de MacKee em propaganda, que incluíam: "Não tente vender adubadeiras com sotaque de Harvard" e "Se uma criança não consegue entender, não é bom".

Burnett podia ter cedido à complacência e ficado em Indianápolis, mas a quebra da Bolsa de Wall Street em 1929 parece ter lhe dado uma sacudida. Um dos maiores clientes da Homer McKee, os automóveis Marmon, estava em dificuldades e Leo previu que seu tempo na agência estava para terminar. "Na minha idade... achei que era melhor me mandar de Indianápolis se quisesse algum dia ser alguma coisa em propaganda."

Burnett tinha mantido contato com Art Kudner, um redator que trabalhara com a conta da LaFayette, na filial de Chicago da agência Erwin, Wasey & Company. Agora, aproveitando uma oferta anterior, Leo ligou para

Art e lhe perguntou se tinha algum emprego para ele na agência. Assim, no final de 1930, com sua mulher Naomi grávida do terceiro filho deles, Leo Burnett se viu de mudança para Chicago no meio da Depressão.

Um pântano fervilhante de jazz, gângsters, proibição e pobreza, Chicago deve ter apresentado um contraste dramático com Indianápolis. Em *Star Reacher*, Joan Kufrin diz que havia 750 mil desempregados na cidade. "No outono de 1930, a International Apple Shippers Association, diante de um superestoque de maçãs, teve a brilhante ideia de vendê-las por atacado aos desempregados que podiam revendê-las a 20 centavos de dólar cada. Tinha um vendedor de maçãs em cada esquina." Como disse Naomi Burnett a Kufrin, "Todo mundo que conhecíamos tinha sofrido financeiramente e muitos homens não tinham emprego. Achava que [Leo] era um trabalhador milagroso".

Burnett levou a família para o confortável bairro de Glencoe e começou a trabalhar como editor chefe de texto na Erwon, Wasey & Company, com sede no esplêndido Union Carbide Building. Ocupado com contas como Minnesota Valley Canning Co. (que depois se transformou na Green Giant), lingerie Real Silk e Hoover, Burnett não podia saber que uma das maiores agências do mundo estava para começar um lento declínio. Um executivo se referiu a isso como "a queda do Império Romano na propaganda". No final de 1931, a agência perdeu a conta da fabricante de rádios Philco. Na primavera do ano seguinte, perdeu também a General Foods e os cigarros Camel.

Por essa época, os clientes de Burnett começaram a lhe sugerir discretamente que montasse a própria agência. Um colega, Jack O'Kieffe (que Burnett tinha contratado originalmente como redator, ainda no tempo da Homer McKee), também o incentivava a tentar a sorte sozinho. Mas, dada a situação do mundo, Burnett achou que tinha muito a perder. "Eu até achava que sabia alguma coisa de propaganda, mas não sabia praticamente nada de administração e de todas as outras coisas envolvidas na direção de uma agência, grande ou pequena."

Mas em 1935 ele mudou de ideia. Tempos depois, escreveu a um amigo: "O que realmente me empurrou para uma decisão foi o fato de não aguentar mais os anúncios produzidos pelas agências de Chicago (...) eu sabia muito bem que podia fazer coisa muito melhor e algumas pessoas próximas (...) também achavam".

Numa imitação inconsciente do pai, Burnett rascunhou o plano da nova agência na mesa de pingue-pongue de sua casa. Antecipando a revolução que varreria a Madison Avenue dez anos depois, esse documento ressaltava a importância da criatividade disposta a correr riscos. "O anunciante quer ideias, precisa de ideias e está pagando por ideias", escreveu Burnett. "Vamos seguir o princípio de que cada centavo da receita de uma conta deve ser empregado em esforços criativos e produtivos nessa conta."

Burnett começou sua agência com 50 mil dólares: metade era um empréstimo do banco e metade um investimento de Lazure Goodman, um dos fundadores da Real Silk (Leo levou 10 anos para comprar a parte dele). Além da empresa de lingerie, a Minnesota Valley Canning e a Hoover foram suas contas iniciais. Levou com ele algumas pessoas da Erwin, Wasey, incluindo o redator e "homem de ideias" Jack O'Kieffe. A agência iniciou seus negócios oficialmente na 360 North Michigan Avenue numa segunda-feira, 5 de agosto de 1935, com uma travessa de maçãs vermelhas na mesa da recepção. Além de dar vida ao local, o agradável oferecimento da fruta era uma forma de dizer aos visitantes, nas palavras de O'Kieffe: "É um prazer você ter vindo — sirva-se de uma maçã enquanto espera". Hoje, há uma travessa de maçãs sobre a mesa da recepção de cada agência Leo Burnett no mundo inteiro.

UMA FIGURA E TANTO

Dizer que Leo Burnett não parecia o chefe de uma agência arrojada é minimizar as coisas. Enquanto Ogilvy tinha aquela aparência pedante e Bernbach parecia o cara da esquina, Leo era pra lá de comum. Amarrotado, calvo, com a silhueta de um travesseiro e queixo duplo, os óculos com pesados aros de chifre empoleirados no nariz de batata, era o oposto do executivo elegante. Seus ternos eram invariavelmente azul-marinho ou cinza, muitas vezes com os botões do paletó abotoados do jeito errado. Uma foto famosa de Burnett o mostra saindo para uma reunião com sua fiel pasta de portfólio preta, usando uma capa de chuva que teria feito Columbo erguer as sobrancelhas. Também não era um grande orador — embora fizesse a palavra escrita decolar da página, um colega uma vez descreveu sua voz como um "ribombo médio-baixo com um leve sobretom gorgolejante".

Teimoso e infatigável, construiu uma agência com base em valores familiares, trabalhando tanto que raramente estava em casa. Para a exasperação dos colegas, ele não hesitava diante de prazos impossíveis ou noites em claro. O único momento em que esquecia completamente da propaganda era quando estava nas pistas de corridas, uma de suas poucas diversões.

Quando um jornalista lhe pediu que se resumisse, escreveu que "tinha respeito ingênuo pelas verdades e virtudes simples, mas temeridade na busca de ideias novas... Direto e franco, mas murmura as palavras". Na verdade, preferia enviar telegramas e memorandos. Ao vivo, seus elogios não passavam de um "muito bom". Não gostava de confrontos e odiava despedir pessoas. Nas reuniões, a equipe media sua opinião sobre o material que lhe era mostrado pelo IPL — ou "Índice de Protrusão do Lábio". Quanto mais seu saliente lábio inferior se projetava para a frente, maior era a encrenca.

Mas não há dúvida de que Leo era capaz de inspirar uma afeição imensa: sua mulher Naomi, relembrando quando o conheceu no restaurante de sua mãe, descreve seus atrativos: "Ele não era alto, bonito, esse tipo... mas havia alguma coisa na sua personalidade e no seu jeito que me intrigou... Ele era charmoso: o *mais encantador* senso de humor".

Ele acreditava em lealdade e a retribuía — mesmo quando se tratava de clientes. Uma vez, desmaiou devido a uma queda de glicose antes de uma reunião e um colega correu para lhe arrumar uma barra de chocolate. Caído no chão, Leo grasnou: "Veja se é da Nestlé".

Num certo sentido, o contraste entre as desvantagens aparentes de Burnett — origens humildes, aparência pouco atraente — e suas realizações é resumido na logomarca original da agência, que mostra uma mão tentando alcançar as estrelas. Jack O'Kieffe teve a ideia logo depois da fundação da agência. Inspirou-se num verso da *Eneida* de Virgílio: "Então o homem escala as estrelas".

Alguns anos depois, Leo perguntou ao diretor de redação da agência, John Crawford, o que ele achava que a logomarca queria dizer. Crawford respondeu de imediato: "Bem, Leo, quando você tenta alcançar as estrelas, pode ser que não pegue nenhuma, mas também não vai voltar com a mão cheia de lama". Burnett anotou a explicação e a usou daí em diante — mas nunca esqueceu quem disse a frase pela primeira vez.

Ainda hoje, os funcionários da Leo Burnett ocasionalmente se referem a si mesmos como "buscadores de estrelas". "E não achamos que seja cafonice", diz um deles.

Muito mais um corredor de longas distâncias do que um velocista, Burnett conseguiu fazer a agência atravessar os magros anos da década de 30. "Até quem saía à meia-noite para trazer café para o pessoal sabia que estava ajudando a tocar as coisas", recordou ele tempos depois, confirmando sem querer a fama que a agência tinha de trabalhar duramente. É difícil acreditar que tinha trabalho suficiente para merecer tantas horas de agonia: novos clientes iam e vinham, mas a agência estava longe de ser um sucesso estrondoso. A renda líquida da agência em 1937 foi de apenas 5.889 dólares, de acordo com os registros fornecidos por Kufrin. No final de 1938, a agência tinha ganho algumas novas contas — incluindo a Pure Oil Company, a Brown Shoe Company e a Standard Milling Company — e o faturamento chegou a 1,3 milhão de dólares.

Os anos da guerra não foram menos difíceis para a agência — especialmente porque alguns dos funcionários mais jovens saíram para lutar — mas havia alguns pontos de luz na escuridão. Em 1942, Leo Burnett ganhou a conta da linha férrea Santa Fé. Mas foi só em 1949 que a agência recebeu os dois telefonemas que mudariam seu destino, impulsionando-a finalmente para a primeira divisão. Foram da Procter & Gamble e da Kellogg.

FLOCOS DE MILHO E CAUBÓIS

O chamado da P&G tratava apenas de um projeto, mas qualquer contato com a companhia de Cincinatti, Ohio, tinha que ser levado a sério. A P&G era o maior anunciante dos Estados Unidos, com cerca de 18 produtos para o lar e vendas de 696 milhões de dólares. Na verdade, naquele exato momento, um comitê do Congresso norte-americano discutia o impacto das grandes corporações na concorrência comercial, o que deixava compreensivelmente a P&G nervosa. A companhia contratou Leo Burnett para examinar maneiras de se defender de potenciais críticas. Burnett recomendou uma série de anúncios de uma página a serem veiculados em revistas importantes, como *Time* e *Life*, explicando como a ampla gama de produtos inovadores e de preço acessível da P&G beneficiava os consumidores.

Os métodos de trabalho da P&G e da Leo Burnett eram diametralmente opostos. A P&G não aprovava orçamentos sem pesquisa, enquanto Leo Burnett tinha fundado sua agência com base no princípio da livre criatividade. Cliente e agência discordaram desde a primeira campanha — a P&G queria testar os anúncios em mercados menores antes de os veicular em revistas como *Time* e *Life*, enquanto Leo preferia confiar nos próprios critérios. No fim, a campanha não se mostrou eficaz e foi cancelada. Uma campanha de TV baseada na mesma ideia foi um pouco mais bem-sucedida — e a P&G ficara impressionada o bastante para entregar à agência a conta da marca de sabão Lava, em 1953. Ao longo dos anos, a Procter & Gamble transformou a Leo Burnett Company numa organização de marketing mais madura, incentivando-a a reforçar a sua criatividade com pesquisas sólidas. A relação sobrevive até hoje.

Também em 1949, Leo foi chamado para uma reunião com W.K. Kellogg, o fundador de 89 anos de idade de uma companhia supostamente dedicada a melhorar a dieta dos norte-americanos através de alimentos nutritivos para o desjejum. Will Keith Kellogg tinha percebido o potencial de mercado dos flocos de milho na virada do século, ao descobri-los numa estação de águas dirigida por seu irmão John. (Os irmãos eram Adventistas do Sétimo Dia, o que exigia uma dieta estrita e total abstinência de álcool e tabaco.) Depois de uma tentativa malograda de se associar a John — que se opunha à adição de açúcar a produtos alimentícios saudáveis — W.K. decidiu se estabelecer sozinho. Fundou a *The Kellogg Company* em 1909, promovendo cereais matinais como uma alternativa saudável aos ovos com bacon.

Depois de conhecer Leo (que ficou impressionado pelo compromisso inquebrantado do velho Kellogg de prover "melhor nutrição para a humanidade"), Kellogg entregou à agência as marcas Corn Pops e Corn Soya. Burnett propôs campanhas pela televisão: a recomendação da agência foi tão convincente que Kellogg também lhe confiou a conta do Rice Krispies.

Foi redesenhando a embalagem de Rice Krispies que a agência teve a ideia de usar a própria caixa como recurso de propaganda. Até então, os pacotes de cereal eram dominados por letras de forma identificando o produto. A agência criou uma série de opções, com lettering reduzido e ilustrações coloridas no espaço restante. Foi uma revolução na embalagem — e rendeu para Leo Burnett a conta de Corn Flakes. Pouco tempo depois, em 1952, a Kellogg's entregou à agência toda a sua propaganda, nos Estados Unidos e no Canadá.

Foi para o Frosted Flakes da Kellogg's que a Leo Burnett Company criou um dos seus mais duradouros ícones de marca, Tony o Tigre. Como já vimos, a agência se especializou em dar vida a tais personagens, do Jolly Green Giant (com seu estrondoso "ho, ho, ho") ao Pillsbury Doughboy. "Nenhum de nós pode subestimar o poder inexorável da familiaridade amável", disse Burnett aos executivos em 1955.

Mas a invenção de mais sucesso da agência foi um personagem duro, genioso e introspectivo.

O Homem de Marlboro surgiu para enfrentar um problema de marketing. Em 1954, uma delegação da Philip Morris se reuniu com Leo Burnett para explicar que a companhia queria mudar a imagem do cigarro Marlboro com filtro, considerado uma marca feminina. A companhia também estava entusiasmada com a nova embalagem flip-top que tinha inventado. No fim, Leo mudou a embalagem e reposicionou a marca.

Ele era certamente o homem certo para o trabalho. Anos antes, consciente do fato de que sua família sempre havia vivido em casas alugadas, Leo comprara uma fazenda de 71 acres. Embora trabalhar na terra fosse uma das poucas coisas que o distraíam da propaganda, a vida profissional transbordava inevitavelmente para casa e as sessões de brainstorm de final de semana na fazenda já eram uma tradição. Foi aí que alguns colegas o encontraram numa manhã de sábado, brandindo uma revista com um caubói na capa. "Vocês conhecem alguma coisa mais masculina do que um caubói?", perguntou retoricamente.

Além de criar uma nova imagem vigorosa para a marca, Leo também deu ao lettering de Marlboro um "M" maiúsculo e mudou a cor: as faixas vermelhas e brancas deram lugar a um sólido vermelho. Escreveu aos executivos da Philip Morris: "O caubói é um símbolo quase universal de masculinidade admirada... Parece até que o doutor Freud está no nosso Conselho de Planejamento. Mas não está. Fomos guiados por pesquisas e um antiquado bom senso".

Nada de técnicas fantasiosas de motivação psicológica para Leo. De acordo com Joan Kufrin em *Star Reacher*, "O anúncio em preto e branco do caubói, intitulado 'O Xerife', irrompeu nos jornais de Nova York, Flórida, Califórnia, Texas, Washington D.C. e Filadélfia em janeiro de 1955, seguido pelo lançamento do novo cigarro Marlboro em 25 cidades importantes, durante vários meses". Cita ainda Joseph F. Cullman, vice-presidente de marketing da Philip Morris na época: "Marlboro se tornou a marca número um na grande Nova York 30 dias depois do lançamento, com base apenas nesse único anúncio impresso".

Versões subsequentes usaram outros tipos rudes e tatuados que não eram caubóis, mas também não eram modelos. Mas a agência acabou voltando às imagens de caubóis e se fixou nelas. Dessa maneira, transformou o Marlboro no cigarro mais vendido do mundo.

Seria ingenuidade evitar aqui a discussão das implicações morais da propaganda de cigarro. Ao longo dos anos, a resposta padrão das agências tem sido que são contratados para persuadir as pessoas a mudar de marca, não a começar a fumar. Dizem que têm o direito de comercializar produtos legais. Isso se tornou uma questão controversa desde meados da década de 90, quando a condenação pública aos anunciantes de cigarros atingiu um tal ponto que foram introduzidas duras restrições à propaganda de cigarros nos Estados Unidos e na Europa. As vendas de cigarro continuam a crescer na Ásia, mas a oposição ao marketing do tabaco está crescendo lá também.

A visão pessoal de Leo é de conhecimento público. Já em 1965, a revista *New Yorker* escreveu a ele anunciando que não mais veicularia anúncios de cigarro. Leo escreveu em resposta: "Como leitor de longa data da *New Yorker*, sempre me considerei capaz de fazer meus próprios julgamentos dos produtos que me são expostos nas páginas de propaganda de sua revista, sem nunca recorrer a ela em busca de pregações, proteção ou indulgência". Depois de desfilar seu vocabulário, acrescentou: "Acho que está na hora de outro Marlboro".

É claro que a sensibilidade acerca do marketing de cigarros subiu a um nível bem mais alto nas décadas subsequentes. Mas os funcionários da Burnett não são obrigados a atender à Philip Morris. E a Philip Morris mudou suas táticas de marketing. Um artigo de 2003 da *Adweek* comenta: "O Homem de Marlboro, que já foi uma figura ubíqua cavalgando pelas páginas das publicações norte-americanas, desapareceu completamente da imprensa. Proprietária do Marlboro, a Philip Morris... começou a tirar os dólares das revistas em 1999 e agora está virtualmente fora da imprensa" ("The Party's Over", 5 de maio de 2003). Um artigo mais recente, no *The New York Times*, diz que a Philip Morris "não veicula anúncios em jornais ou revistas desde 2004" ("For Tobacco, Stealth Marketing Is the Norm", 10 de março de 2003). No entanto, em 2006, um levantamento da companhia de pesquisas Millward Brown Optimor ainda classificava Marlboro como a número cinco numa lista das marcas mais valiosas do mundo, com um valor estimado de mais de 38 milhões de dólares.

No fim das contas, seja como você se sinta sobre o marketing de tabaco, não há como negar o status do Homem de Marlboro como ícone da propaganda — e um exemplo superlativo de imagem de marca simples e eficaz.

A ERA INTERNACIONAL

Em 1956, a Leo Burnett Company se mudou para uma nova sede no Prudential Building, ocupando um espaço de mais de 30 mil metros quadrados. "Quando olho para os nossos corredores aparentemente intermináveis, às vezes preciso esfregar os olhos", escreveu Leo em sua mensagem de final de ano aos funcionários. Dois anos depois, a agência ultrapassou a marca dos 100 milhões de dólares de faturamento. Burnett tinha 67 anos de idade — e ainda relutava em se aposentar.

Os anos 60 foram tão auspiciosos para a Leo Burnett Company quanto o foram para outras grandes agências. United Airlines, Parker Pen, Kentucky Fried Chicken, Vick Chemical e Nestlé são algumas das contas que entraram durante essa década frenética. Em 1969, o faturamento da agência tinha subido mais uma vez, para 269 milhões de dólares.

No meio-tempo, Leo tinha finalmente começado a soltar as rédeas, admitindo que as operações do dia a dia estavam seguras nas mãos do seu segundo em comando, Phil Schaff. Em junho de 1967, Schaff se tornou chairman e CEO, e Leo adotou o novo título de chairman fundador. Um momento mais difícil foi quando lhe pediram para não mais participar do Comitê de Revisão Criativa (CRC) — o grupo que tinha a palavra final sobre a maior parte do trabalho criativo que emergia da agência. Agora com mais de 70 anos, Leo concordou que já era tempo de se afastar. Mas Schaff resumiu a realidade da situação numa entrevista com Joan Kufrin. "Fosse qual fosse o título de Leo, chairman do CRC ou não chairman do CRC, chairman do conselho ou chairman fundador, seu nome era Leo Burnett e ele era uma lenda, e as pessoas prestavam atenção nele e não em quem estivesse encarregado da reunião criativa."

No dia 1º de dezembro de 1967, no café da manhã anual da agência, Burnett fez um discurso que seria considerado sua última entrada em cena. É conhecido como o discurso "Quando tirar meu nome da porta" e é uma espécie de lenda dentro da agência. Começava assim: "Em algum ponto do percurso, quando eu finalmente não estiver mais por aqui, vocês — ou os seus sucessores — talvez queiram tirar também o meu *nome* daqui... Mas deixem-me dizer a vocês quando posso *exigir* que tirem o meu nome da porta".

O discurso foi uma inspiradora evocação da filosofia de Burnett. Leo disse ao seu pessoal que queria que seu nome fosse removido "quando passarem mais tempo tentando fazer dinheiro e menos tempo fazendo propaganda — o nosso tipo de propaganda... Quando perderem a paixão por ir até o fim, o ódio por pontas soltas... Quando seu interesse principal se tornar uma questão de tamanho só para ser grande — e não o trabalho bom, difícil, maravilhoso... Quando começarem a dizer da boca para fora que são uma agência criativa — e deixarem de sê-lo...". Leo acrescentou que se esses e outros horrores viessem a acontecer, seu pessoal podia "jogar todas as malditas maçãs no poço do elevador". Quando terminou, vários espectadores estavam em lágrimas.

Mas Leo ainda não tinha deixado o prédio — e teve um último capítulo para cuidar. No estilo Burnett, tipicamente lânguido, a agência tinha levado mais tempo do que muitas de suas rivais para se tornar global. Na verdade, Leo desdenhava a política expansionista de grupos como a Interpublic, a que ele se referia como "Interplanetária". Mas, nos fins da década de 1960, muitas agências rivais estavam colhendo um grande percentual do faturamento fora dos Estados Unidos — chegando a 46 por cento no caso da McCann Erickson. Reconhecendo que seus clientes precisavam de alcance global, em maio de 1969 a Leo Burnett Company se fundiu à London Press Exchange — uma agência com 23 filiais em todo o globo. Burnett ficou hesitante no começo, mas acabou dando sua bênção à fusão, numa decisiva reunião do conselho. Quase da noite para o dia, a Leo Burnett se tornou a quinta maior agência de propaganda do mundo, com um faturamento de 373 milhões de dólares. Num folheto enviado com sua carta de final de ano, Leo observava: "Vejo em esforços como o nosso um avanço modesto em direção ao mundo como 'uma só família', de que tão terrivelmente precisamos". Por mais que fosse um homem de idade, Burnett ainda conseguia vislumbrar o futuro.

Em 1971, com 79 anos de idade, Leo ainda ia ao escritório quatro dias por semana. No dia 7 de junho, ditou uma carta a Jack O'Kieffe, dizendo que planejava reduzi-los a três.

Morreu de ataque cardíaco naquela mesma noite, na casa da fazenda.

A VIDA DEPOIS DE LEO

Seria muito difícil ficar à altura de um personagem como Leo Burnett — e de certo modo a agência nem tentou. Tendo passado a vida criando ícones de marca para os outros, Leo se tornou ele mesmo uma marca: um logotipo, uma filosofia, uma identidade. Até hoje seu retrato está nas paredes da agência, seus lápis pretos nas escrivaninhas. No website da agência há um trecho de filme mostrando o momento em que ele fala sobre tirar seu nome da porta. Em 2002, um artigo em *Advertising Age* descreve a Leo Burnett como "uma agência tão imersa na tradição que os novos empregados são recebidos com um vídeo de 1967 de Leo Burnett e os lápis pretos que ele preferia" ("Burnett retools its legacy", 1 de julho de 2002). Como já se disse antes, o CEO Tom Bernardin reconhece totalmente a importância de Leo.

Outro de seus fãs é Jack Klues, que dirige a operação de compra de mídia da agência, Starcom. "Não o conheci, mas a gente tem a impressão que ele ainda anda pelos corredores. Todos nós lemos livros sobre ele e tentamos viver de acordo com os seus ideais. Ele tinha respeito pelas pessoas, um alto grau de integridade e era comprometido com os clientes para quem trabalhava. Gosto do que ele defendia e do tipo de pessoas que sua companhia parece atrair."

Ainda assim a vida mudou na Leo Burnett. Para começar, hoje ela é propriedade de franceses. É difícil imaginar o que Leo, franco e direto como era — que gostava de imaginar que os redatores de Chicago "cospem nas mãos" antes de pegar o lápis —, teria pensado desse desenvolvimento. Na primavera de 2002, o *Chicago Daily Herald* anunciou mal disfarçando o alarme: "A holding de uma das mais famosas empresas domésticas, a Leo Burnett Worldwide Inc., está sendo vendida para o Publicis Groupe SA, com sede em Paris, por 3 bilhões de dólares" ("Merger reshapes ad world", 8 de março de 2002).

Mas o jornal também observava que a Publicis não estava adquirindo diretamente a Leo Burnett. Estava adquirindo a Bcom3, o desajeitado nome de um grupo de propaganda que reúne várias agências (ver Capítulo 11, Incorporação). Antes, em 1999, o Grupo Leo tinha se fundido com o The MacManus Group. Os historiadores da propaganda ficarão contentes ao ver que esse grupo descende da agência formada em 1911 pelo velho mentor de Leo Burnett, Theodore MacManus. A indústria da propaganda é no mínimo incestuosa.

Quando foi feito o negócio com o grupo Publicis, a agência que Leo Burnett planejara sobre sua mesa de pingue-pongue tinha se transformado num conglomerado com um faturamento de 1,8 bilhão de dólares. Permitindo-se um momento de orgulho nostálgico, o *Chicago Daily Herald* observou que quando o publicitário pôs a travessa de maçãs sobre a mesa da recepção, "os críticos zombaram de suas ambições, dizendo que logo teria que vender as maçãs na rua".

Faz tempo que Burnett rechaçou os que dele zombavam. E seu nome continua na porta.

6

A quadrilha britânica

"Ralação, cigarro, bebida e moda"

Era só uma questão de tempo para que a revolução criativa atravessasse o Atlântico. "Não há dúvida de que o que aconteceu em Nova York levou ao que hoje é visto como a idade de ouro da propaganda britânica", confirma o experiente publicitário Alfredo Marcantonio, que trabalhou em algumas das mais conhecidas agências do Reino Unido. Num cenário que poderia muito bem ter sido tirado do período que estamos discutindo, nosso encontro acontece num restaurante italiano no Soho, em Londres. Lá fora está caindo uma melancólica garoa de inverno — mas aqui dentro há um calor aconchegante de nostalgia.

"Agências como a Doyle Dane Bernbach nos mostraram como usar nossa própria linguagem", diz Marcantonio. "É claro que naquele tempo a propaganda norte-americana não era difundida tão amplamente ou tão rapidamente quanto hoje. Entusiasmados, os jovens criativos corriam às bancas logo que saíam revistas como *New Yorker* e *Esquire* porque era nelas que encontravam os anúncios mais inteligentes."

Marcantonio trabalhava na Volkswagen britânica quando a DDB começou a produzir seus anúncios inovadores para o Fusca. O impacto desses anúncios foi tão profundo que ele largou o emprego no departamento de marketing da VW para ir trabalhar numa agência. "O que aconteceu então foi admirável: em vez de copiar cegamente a revolução criativa norte-americana, os publicitários britânicos começaram a própria revolução, que era totalmente diferente mas que também rompia com o passado."

Era também um produto do seu tempo. O começo dos anos 60 lutava para sair da sombra da década anterior, com sua carga pós-guerra de austeridade e introspecção. Mas quando agências norte-americanas como a Doyle Dane Bernbach e a Papert Koenig Lois abriram filiais em Londres, sua nova abordagem da propaganda era compatível com a experimentação que ocorria na música, na moda, na fotografia e no design gráfico. É claro que não foram elas as primeiras agências norte-americanas a chegar às praias inglesas: a J. Walter Thompson e a McCann Erickson tinham feito suas primeiras incursões no mercado na década de 20. Bem mais tarde, a Ted Bates, a BBDO, a Grey e a Leo Burnett também montaram postos avançados em Londres. A Ogilvy & Mather acabou comprando a venerável S. H. Benson, que tinha entrado com parte de seu dinheiro inicial. Mas essas agências eram apenas reflexos vagos dos monolitos da Madison Avenue, enquanto a DDB e a PKL tentavam injetar o humor cáustico, que era sua marca registrada, no cenário sonolento da propaganda britânica.

O primeiro British Design & Art Direction (D&AD) Awards aconteceu em 1963. Em 1968, como que para confirmar que a indústria da propaganda tinha um novo propósito, foi lançada a revista *Campaign* — com o design inteligentemente minimalista do tipógrafo suíço Roland Schenk. Na introdução do livro *Rewind: Forty Years of Design & Advertising* (2002) (baseado nos arquivos da D&AD), Jeremy Myerson e Graham Vickers afirmam que "no começo dos anos 60... a propaganda britânica tinha tudo a aprender com os norte-americanos em geral e com a Doyle Dane Bernbach em particular... uma década depois Londres seria o centro mundial da grande propaganda".

Muitos nomes e agências estão associados à revolução criativa britânica, mas há uma agência que logo se destaca em qualquer conversa sobre essa época: a Collett Dickenson Pearce.

A HOTSHOP BRITÂNICA

O número de anúncios impressos, comerciais de TV e slogans famosos criados pela CDP no final dos anos 60 e durante toda a década de 1970 é impressionante. Até hoje, para quem cresceu nesse período, uma menção a eles provoca um arrepio de reconhecimento. Metáforas visuais incríveis para os cigarros Benson & Hedges, "Felicidade é um cigarro chamado Hamlet"; "Heineken, Refresca as partes que as outras cervejas não alcançam"; carros Fiat, "Feitos à mão por robôs"; Cinzano sendo espirrado sobre uma indiferente Joan Collins... Como se não bastasse criar anúncios impressos para as lingeries Pretty Dolly, perturbadores para um garoto, a CDP conseguiu fazer com que os calçados Clark parecessem sexy. O cofundador da agência, John Pearce, uma vez resumiu suas principais áreas de especialização: "ralação, cigarro, bebida e moda".

Com um dom para o impacto que era um bom auspício para os futuros clientes, a Collett Dickenson Pearce abriu suas portas no "Dia da Mentira", 1 de abril de 1960. A agência não foi fundada por um bando de jovens impulsivos: seus fundadores já estavam na meia-idade quando se associaram. John Pearce e Ronnie Dickenson se conheceram na Hulton Publishing, quando Pearce era gerente geral e Dickenson trabalhava na *Picture Post*, uma das mais influentes revistas de notícias da época. (Pearce tinha também ajudado a lançar a lendária revista em quadrinhos *The Eagle*.) Depois disso, Dickenson foi controlador de programação na pioneira emissora de televisão ATV e Pearce foi diretor administrativo da agência Colman Prentis e Varley — a mais próxima de uma hotshop que a Inglaterra conheceu antes da chegada da CDP.

Segundo o livro *Inside Collett Dickenson Pearce* (2000), compilado por dois ex-funcionários — o vice-chairman John Ritchie e o diretor de criação John Salmon — a faísca motivadora veio de Dickenson. Uma noite, ele "apareceu para um drinque" no apartamento de Pearce em Devonshire Place e disse casualmente: "Por que a gente não abre uma agência de propaganda?" Em vez de começar do zero, a dupla comprou a agência de John Collett, a Pictorial Publicity, que estava "atravessando uma fase muito difícil" e tinha um único cliente grande: uma empresa de vendas de produtos populares pelo correio, que oferecia um sortimento de equipamentos para uso ao ar livre, de binóculos a botas de borracha.

Montar a agência foi ideia de Dickenson, mas Pearce sabia que havia um vazio no mercado. Como dizem Salmon e Ritchie: "John Pearce sentia que havia uma necessidade premente de uma agência que produzisse resultados incomumente eficazes para clientes que não tinham uma fortuna para gastar. Achava que o grosso da propaganda, mesmo com base em estratégias sólidas, acabava sendo maçante (...) [Ele] sentia que havia uma oportunidade para uma propaganda inspiradora, empreendedora e acima de tudo visível".

O golpe de mestre de Pearce foi levar com ele, da Colman Prentis & Varley, um lacônico cidadão de Yorkshire chamado Colin Millward, que se tornou o diretor de criação e a força imaginativa da CDP. Muitos nomes famosos passaram pela CDP — e todos eles prestam homenagem a Millward. Entre eles está o diretor cinematográfico Sir Alan Parker, que diz: "Ele era sem dúvida a pessoa mais importante da agência. A sua energia, a sua visão e o seu bom gosto fizeram da CDP o que ela era. Ele teve também o bom senso de empregar todos nós no seu departamento de criação".

Várias fontes descrevem Millward como "direto", "excêntrico", "atento", "obstinado", "sábio" e "brilhante". Uma vez, lhe perguntaram por que tantos diretores de arte talentosos vinham de Yorkshire e ele respondeu que a poluição cobria todas as superfícies horizontais com uma camada de fuligem, de modo que dava para desenhar em qualquer lugar.

Em *Inside CDP*, outra figura famosa, David Puttnam, recorda uma reunião típica com Millward. "Eu tinha ido até sua sala com um anúncio para ser aprovado e ele ficou sentado roendo as unhas por algum tempo, e então disse com aquela voz estranha: 'Não está muito bom, não acha?' Perguntei: 'Não está?' E ele respondeu: 'Não, não mesmo'. Perguntei de novo: 'Do que você não gosta?' E ele: 'Você vai descobrir. Leve isso embora. Faça de novo. A gente se vê amanhã'". Puttnam aprendeu com Millward que "competência é um ponto de partida, não um ponto de chegada".

Como que para enfatizar a afinidade com a Doyle Dane Bernbach, a CDP foi uma das primeiras agências britânicas a pôr juntos os diretores de arte e os redatores — nas outras, eles ainda trabalhavam em departamentos separados. Na verdade, a DDB tentou comprar a agência dois anos depois de sua criação, mas Dickenson e Pearce não quiseram vendê-la, embora nesse estágio a CDP ainda estivesse cheia de dívidas.

Dois fatores tiraram a agência da zona de perigo: a insistência de John Pearce na importância da inserção na mídia e o lançamento da *Sunday Times Colour Supplement*, a primeira revista em cores a ser distribuída gratuitamente com um jornal britânico. Com sua formação editorial, Pearce sabia que a escolha correta da mídia e a qualidade — e não a quantidade — do público eram vitais para o sucesso de uma campanha. O suplemento do *Times* se tornou então uma vitrine dos anúncios impressos extravagantes e espirituosos da CDP para clientes como Benson & Hedges, Harveys Bristol Cream e Whitbread Pale Ale. Animados com a perspectiva de uma receita extra, outros jornais logo lançaram seus suplementos em cores. Fazendo eco a J. Walter Thompson em 1920, Pearce achava que revistas em papel brilhante eram veículos ideais para os anunciantes, já que ficam em mesinhas de cento — e nas salas de espera dos dentistas — à espera de serem folheadas por um leitor ocioso.

ARRASA-QUARTEIRÕES NO PORÃO

Quando chegou em 1968, Alan Parker via a CDP como uma pequena agência que fazia anúncios magníficos para revistas. Tinha começado aos 18 anos na Maxwell Clark, uma agência tão obscura que muitos empregados achavam que ela devia mudar o nome para "Maxwell Quem?", porque era o que lhes perguntavam sempre que diziam que trabalhavam lá. No começo, as responsabilidades de Parker se limitavam à "expedição de textos", o que significava recolher provas em vários departamentos e obter o carimbo de aprovação. Mas, transitando pela agência, viu que o departamento de criação era "de longe o lugar mais gostoso para trabalhar", de modo que ficou de olho para ver se arranjava um trabalho por lá.

"Tinha um diretor de arte chamado Gray Jolliffe, que depois se tornou um cartunista famoso e um grande amigo meu. Na época eu era apenas um garoto, mas ele me incentivou passando anúncios para eu fazer e dando nota: 'seis, tem que se empenhar mais', esse tipo de coisa. Os anúncios foram ficando bons e eu virei redator júnior. Isso aconteceu quando a Doyle Dane Bernbach e a Papert Koenig Lois abriram e todo mundo queria trabalhar lá. Fui fazer uma entrevista na DDB e não consegui entrar — mas Peter Mayle [que depois escreveu *A Year in Provence*], que era redator-chefe na PKL, me contratou para trabalhar lá."

As diferenças culturais entre a agência britânica e sua progenitora norte-americana logo tornaram a PKL um lugar desconfortável para trabalhar, de modo que Parker resolveu partir para outra. Mayle o incentivou a tentar uma entrevista na CDP: deu certo e Parker começou a trabalhar lá na mesma semana que um certo Charles Saatchi. "A agência atraía muita gente boa porque tinha a reputação de pagar bem", diz Parker. "Por exemplo, pegou gente da DDB, que era uma agência incrível, mas pagava muito pouco. A CDP percebeu que para arrumar gente criativa e talentosa era preciso pagar um salário decente, e rompeu com as estruturas de remuneração do mercado. Tínhamos escritórios notoriamente mambembes em Howland Street — pareciam a cantina de uma escola moderna — mas John Pearce dizia que preferia pagar por pessoas do que pagar por mobília. Assim, acabou conseguindo Ross Cramer, Charlie Saatchi, Tony Brignull... esse departamento de criação cinco estrelas."

Mas Parker admite que os rebeldes criativos nunca teriam seus trabalhos muitas vezes chocantes aprovados pelos clientes se não fosse pela liderança "fantástica, excêntrica e não ortodoxa" de John Pearce. "A filosofia da agência era que o pessoal de atendimento tinha que vender qualquer coisa que fizéssemos. Não tinham qualquer envolvimento no processo criativo: não havia pesquisa. Eram simplesmente grandes vendedores. Era um paraíso criativo — e sem dúvida um período único na história da propaganda britânica."

Exigente na melhor das hipóteses, Millward exercia ainda mais pressão sobre seus criativos dividindo-os em três grupos e, como Parker observa, "colocando-nos uns contra os outros". "No meio do corredor estreito da nossa mísera sala, pendurei um barbante com um aviso que dizia: 'O departamento de criação começa aqui'. O problema é que Ross Cramer tinha escrito a mesma coisa no outro lado."

A mais importante contribuição de Parker foi transformar a CDP, que era uma agência que fazia excelentes anúncios impressos, numa agência igualmente hábil em trabalhos para a televisão. Ao contrário da filial londrina da DDB, que manteve seu foco na palavra escrita por muito tempo, a DCP conseguiu reconfigurar sua criatividade para a telinha. E Parker foi o catalisador.

"Nessa época, a televisão comercial na Grã-Bretanha era relativamente nova e os comerciais eram muito sem graça: eram cartuns tolos ou alguém segurando uma embalagem de sabão em pó. Não tínhamos nenhuma experiência em comerciais de TV, mas eu queria tentar. Então perguntei a Colin Millward se a gente podia arrumar uma verba para comprar uma câmera de 16 milímetros e um gravador e começarmos a experimentar no andar térreo. Por algum motivo, o porão na Howland Street era apenas um grande espaço vazio, ocupado pela metade com lixo e caixas de papelão. Então usei a outra metade para filmar comerciais."

A abordagem inicial de Parker foi instintiva, para dizer o mínimo. "Meu diretor de arte, Paul Windsor, era bom em iluminação, e tínhamos outro cara para operar a câmera. Em outras palavras, eu era o único que não sabia fazer nada. Mas como era eu que escrevia as coisas, obviamente era eu que gritava 'Corta!'. Logo comecei a organizar todo mundo: 'Você faz isso, você faz aquilo... OK, vamos tentar de novo'. Eles olhavam para mim com as sobrancelhas levantadas, como que dizendo 'Olha só!'. Mas, naquele momento eu me tornei um diretor. É estranho, porque minha única ambição nessa época era me tornar o diretor de criação da agência."

Fazendo os outros funcionários participarem como atores, Parker foi se envolvendo cada vez mais em suas experiências. Ele se inspirava em Howard Zieff, que fazia comerciais para a Doyle Dane Bernbach e a Wells Rich Green nos Estados Unidos. Mas as leis trabalhistas diziam que os comerciais de Parker tinham que ser refilmados por uma empresa produtora profissional. "Era frustrante porque eu achava que, crus como eram, nossos trabalhos eram melhores do que as refilmagens. Tudo mudou quando, num belo dia, John Pearce estava mostrando a agência para um cliente. Entraram no departamento de mídia e não tinha ninguém lá — a sala estava deserta. Ele perguntou, 'Onde está todo mundo?'. E alguém respondeu: 'Estão lá embaixo filmando um comercial com o Alan'. Eu estava fazendo um comercial do fumo para cachimbo Benson & Hedges, ambientado numa embaixada russa de antes da revolução: todos os caras do departamento de mídia estavam vestidos de embaixadores e as moças do atendimento com vestidos longos e tiaras... era uma coisa ridiculamente elaborada."

No dia seguinte, Parker se viu numa sala com John Pearce, Colin Millward e Ronnie Dickenson. "Eles disseram: 'Alan, queremos que você vá embora'. Pensei: 'Meu Deus! Nunca fui despedido em toda a minha vida!' Então falaram: 'Queremos que você abra uma produtora de televisão. Vamos lhe fazer um empréstimo sem juros para começar e vamos lhe passar alguns trabalhos'. Devo ter demonstrado muito menos entusiasmo do que eles esperavam porque tudo o que eu desejava àquela altura era o emprego de Colin Millward. No que me dizia respeito, eles estavam me dando um pontapé da forma mais elegante possível."

A Alan Parker Film Company passou a filmar comerciais premiados para clientes como Birds Eye Beefburgers e Heinz Spaghetti. "Quase tudo era em 30 segundos naquela época — só com sorte se conseguia 45 segundos ou até um minuto. Conseguir contar uma história, expor uma ideia, fazer alguém rir e vender alguma coisa num tempo tão curto é realmente uma forma de arte. Também pode ser frustrante — é por isso que meus comerciais se pareciam cada vez mais com filmes em miniaturas."

No livro *Rewind* (Jeremy Myerson e Graham Vickers, 2002), Parker é aplaudido por introduzir "um novo estilo, mais 'realista' de comerciais de TV: usando minidramas que traziam um toque de inteligência e credibilidade aos mais fantasiosos argumentos". Com o musical de sucesso *Bugsy Malone* (1976), Parker se tornou um dos primeiros diretores de comerciais britânicos a passar para filmes de longa metragem. Mas outros estavam nos seus calcanhares.

LOWE E ALÉM

A CDP não atraiu apenas redatores, fotógrafos e diretores de filmes talentosos, mas também as pessoas que os alimentavam. Tomemos por exemplo o diretor de atendimento David Puttnam. Como relembra Parker: "Ele acreditava tanto nos fotógrafos a quem entregava seus anúncios que decidiu dedicar seu tempo exclusivamente a promovê-los. As pessoas tendem a se esquecer disso, mas ele foi o primeiro agente profissional de fotógrafos de Londres".

Tempos depois, Puttnam produziu *Bugsy Malone*, assim como o segundo longa metragem de Parker, o antiteticamente corajoso *Midnight Express* (1978). Puttnam também produziu *The Duellists*, o *début* de um outro diretor de comerciais na tela grande, Ridley Scott. Para a CDP, Scott filmou uma série de comerciais nostálgicos para o pão Hovis, ambientado nas ruas de pedra de uma arquetípica aldeia inglesa.

"Ridley começou a filmar logo depois de mim, mas continuou a fazer comerciais, coisa que não fiz", diz Parker. "Fiquei irritado com uma das primeiras críticas, que dizia 'Alan Parker vem da propaganda, o que nos dá um taco para bater nele'. Diretores que saíam da propaganda eram considerados estúpidos — não éramos cineastas de verdade. Ridley dizia que os críticos estavam com ciúme porque ganhávamos mais dinheiro do que eles."

Os dois conversavam ocasionalmente sobre montar juntos um negócio. "Ridley fazia os filmes bonitos e eu fazia os que tinham diálogos, de maneira que achávamos que tínhamos tudo sob controle. Mas ficávamos discutindo se a produtora devia se chamar Scott Parker ou Parker Scott, de modo que a coisa nunca aconteceu."

Em 1968, Scott abriu a produtora RSA Films, com seu irmão Tony. Ela continua sendo uma das principais produtoras do mundo, com escritórios em Londres, Nova York e Los Angeles.

Como diretor de comerciais, o trabalho de Scott foi defendido por outro diretor de atendimento da CDP — Frank Lowe. Embora os executivos de atendimento recebessem ordens para não interferir no departamento de criação, eles eram de fato a arma secreta da agência, já que tinham sido encarregados de vender aos clientes até mesmo o mais esquisito e provocador dos trabalhos. De acordo com Parker, Lowe não apenas defendia, mas *pedia* trabalhos abusivamente criativos.

"Quando ele foi trabalhar na agência, disseram que eu não ia gostar dele porque ele tinha opiniões", diz Parker com uma risadinha. "Eu disse 'Aqui isso não vai dar certo'. No dia em que o conheci ele estava todo de preto porque era o aniversário do desastre aéreo que matou o time do Manchester United [em 6 de fevereiro de 1958]. É claro que nos demos bem desde o começo e até hoje ele é um dos meus amigos mais próximos. Era um defensor apaixonado do bom trabalho criativo."

No começo da década de 70, a CDP não era mais uma agência pequena. Grande demais para as instalações apertadas de Howland Street, mudou-se para um espaço maior em Euston Road. E se tornou global graças a uma parceria com a agência FCA de Paris e outras semelhantes com empresas de Bruxelas, Amsterdã, Milão e Tóquio. O papel criativo de Colin Millward aumentou quando John Salmon assumiu a direção de criação do escritório de Londres. Felizmente, os padrões de Salmon eram em tudo tão elevados quanto os do seu colega.

John Pearce teve um ataque cardíaco em 1971 — e embora tenha voltado para a agência quando se recuperou, passou a ter um papel mais consultivo. E Frank Lowe acabou sendo posto no comando. "Para a maior parte do pessoal de criação da agência, Frank era o melhor atendimento que conheciam", contam Salmon e Ritchie em *Inside CDP*. "Ele se preocupava apaixonadamente com o trabalho e só apresentava aos clientes o que considerava espetacular."

Em sua contribuição ao livro, Lowe reafirma a inspiração que vinha do determinado Colin Millward e da galáxia de talentos que girava em torno da agência. Mas Lowe também faz questão de elogiar os clientes da CDP. Ele escreve: "[Eles] pareciam valorizar a opinião de sua agência e, no balanço geral, concordavam com ela. Não ficavam discutindo sobre dinheiro, tentando o tempo inteiro deixar as coisas mais baratas — queriam apenas o melhor, porque sabiam que ia funcionar para eles. Sempre achavam algum tempo a mais quando a agência sentia que não tinha resolvido o problema. Isso sempre parecia compensar."

Depois de uma década de ouro, os anos 80 começaram sombrios para a CDP. Frank Lowe deixou a agência para montar o próprio negócio com o planejador Geoff Howard-Spink e vários integrantes do departamento de criação (incluindo Alfredo Marcantonio). Segundo a *Campaign*, Howard-Spink "estava jogando fliperama na festa de Natal da agência quando Lowe apareceu e lhe perguntou se queria se juntar a ele num esquema novo que estava planejando. Ele disse que sim sem tirar os olhos da bolinha" ("Where are they now?", 8 de agosto de 2003). Entre várias outras realizações, a agência de Lowe criou uma campanha duradoura para aquela marca de cerveja lager "tranquilizadoramente cara", a Stella Artois.

No dia 10 de setembro de 1981, aos 68 anos, John Pearce teve um segundo ataque cardíaco — dessa vez fatal. A história não tinha terminado, mas tinha terminado uma era.

Como qualquer outra hotshop da história da propaganda, a CDP não poderia manter seu domínio criativo para sempre. Embora continuasse a produzir trabalhos excelentes ao longo dos anos 80, os refletores se moveram lentamente para longe da agência para iluminar outras áreas da cena da propaganda londrina. No final da década, a recessão começou a mostrar os dentes. Clientes foram embora e houve corte de empregos. Em 1990, a agência japonesa Dentsu comprou 40 por cento de uma CDP enfraquecida, pagando entre 13 e 20 milhões de libras, segundo a *Campaign* ("Dentsu confirms deal with CDP", 2 de novembro de 1990). Essa foi a mais significativa incursão japonesa no Reino Unido até então — um lance altamente incomum, pois as agências gigantes do Japão eram consideradas como obstinadamente insulares (ver Capítulo 12, "Gigantes japonesas").

Mesmo com o reforço da Dentsu, a CDP continuou a vacilar. Três anos depois do negócio, a revista *Marketing* anunciou que um "iconoclástico" gerente de 30 anos chamado Ben Langdon tinha sido destacado para pôr a agência novamente em ordem ("CDP offers top spot to Langdon", 28 de outubro de 1993). Nos anos seguintes, ele conseguiu estabilizar o negócio e torná-lo novamente lucrativo. Mas os dias de glória tinham terminado muito antes da sua chegada. Uma linha na matéria da revista *Marketing* resume a questão com clareza: "A oferta marca a conclusão de um exercício de reposicionamento de dois anos feito pela agência, que passou de uma hotshop criativa a uma abordagem mais pragmática e orientada ao marketing".

A velha CDP tinha ido embora para sempre.

O MESTRE PLANEJADOR

Embora não deixasse a desejar no fronte criativo, a outra hotshop britânica dos anos 70 deixou sua marca na história do mundo da propaganda com o desenvolvimento de uma arte mais esotérica. Stanley Pollitt da agência Boase Massimi Pollitt, é considerado em geral o pai do planejamento.

Na verdade, para se fazer justiça, ele divide essa honra com Stephen King, da JWT. Para complicar as coisas, o termo "planejamento de conta" foi concebido por um terceiro homem, Tony Stead, numa sessão de brainstorm na JWT em 1968. Isso levou à fusão dos departamentos de marketing, planejamento de mídia e pesquisa da agência numa só unidade com o nome de planejamento de conta. Mas, por uma questão de concisão, vamos nos concentrar em Pollitt — um personagem atraentemente colorido — e na notável agência que fundou com Martin Boase e Gabe Massimi.

Fisicamente, Stanley Pollitt lembrava um cruzamento do comediante britânico Eric Morecombe com o jornalista norte-americano A. J. Liebling (tinha até a mesma paixão de Liebling pelo boxe). Sério, calvo, com excesso de peso, mal arrumado, e de óculos, raramente era visto sem um cigarro e gostava de um copo de vinho no almoço. Mas seu jeito teimoso de se vestir e sua inabilidade nas apresentações (é descrito como "desarticulado e com jeito de cientista louco") não conseguiam disfarçar sua inteligência arguta. Um colega o descreveu como "uma mente em ordem num corpo caótico". Não teve um passado difícil: filho de um pintor, nasceu em Paris em 1930. Estudou no St Paul's College e depois em Cambridge, pretendendo ser advogado. Mas, através de um contato da família, acabou indo trabalhar na agência de propaganda londrina Pritchard Wood & Partners. Foi aí que desenvolveu o conceito de planejamento de conta.

Felizmente para nós, planejamento de conta é mais interessante do que parece. Tem a ver com trazer a voz e os desejos do consumidor para o processo da propaganda. Nos anos 60, isso significava tirar os pesquisadores das "salas do fundo" das agências e colocá-los junto às equipes de atendimento às contas durante o desenvolvimento das campanhas. No livro *Pollitt on Planning*, editado por Paul Feldwick em 2000, isso é descrito como "a maior inovação nas práticas de trabalho das agências desde que Bill Bernbach juntou os diretores de arte e os redatores nos anos 50".

Para resumir a definição do próprio Pollitt, o planejador é um especialista em pesquisa que recorre a entrevistas diretas e a dados para desenvolver uma compreensão profunda dos consumidores. O planejador forma um "trio" com o gerente da conta e o criativo, e espera-se que expresse um ponto de vista claro sobre a direção da campanha em vez de apenas fornecer estatísticas úteis. O insight de um planejador pode inspirar uma equipe de criação. O planejador analisa também a eficácia das campanhas.

Nos anos 50, as agências de propaganda tinham o próprio departamento de pesquisa ou trabalhavam com subsidiárias de pesquisa. Isso se modificou nos anos 60, quando as companhias de bens de consumo começaram a criar departamentos de pesquisa internos ou a comprar estudos detalhados sobre consumidores-alvo. Refletindo essa mudança, as agências começaram a reduzir suas equipes de pesquisa. Assim como mais tarde os departamentos de mídia se tornariam entidades separadas (ver Capítulo 10, Os subprodutos da mídia), algumas agências viram seus departamentos de pesquisa se separarem para formar companhias independentes disputando os negócios no mercado. Ao mesmo tempo, os métodos de pesquisa e os meios de análise de dados estavam se tornando mais sofisticados. Isso criou um paradoxo. Pollitt escreveu: "[À medida que] chegavam mais dados relevantes para um planejamento de propaganda mais definido, mais pessoas qualificadas para manipulá-los deixavam as agências".

Trabalhando com as contas da Pritchard Wood, Pollitt percebeu que havia o risco das agências começarem a selecionar apenas os dados que lhes interessavam, distorcendo-os para que se adequassem ao que pensavam, e não o contrário. "Decidi então que um pesquisador treinado tinha que ficar ao lado do atendimento em todas as contas. Tinha que ficar ali de direito, com o mesmo status, como parceiro de trabalho." Pollitt se referia a esse novo tipo de pesquisador como "consciência do atendimento".

Em 1968, quando montou a agência BMP com dois colegas, ela foi estruturada desde o primeiro dia prevendo a formação de equipes compostas por gerente de atendimento e planejador de atendimento. "Na BMP, acrescentamos desde o começo uma nova e importante dimensão ao papel do planejador, que quase se tornou o dominante... começamos a envolvê-lo cada vez mais no desenvolvimento de ideias criativas."

UMA AGÊNCIA DE ARRASAR

A Boase Massimi Pollitt começou no melhor estilo do final dos anos 60. Para divulgar a nova agência, uma frota de Mini Coopers cor de chocolate, exibindo as iniciais BMP, percorreu a cidade de Londres. O *The Sunday Times* se referiu à start-up como "a maior cisão que a indústria de propaganda de 500 milhões de libras deste país já viu". O atendimento Martin Boase, o criativo Gabe Massimi e, naturalmente, o planejador Stanley Pollitt, saíram da Pritchard Wood & Partners com sete outros funcionários da agência. Todos os 10 eram sócios da nova empresa.

Martin Boase — o cavalheiro inglês arquetípico, lacônico e imperturbável — tinha começado a trabalhar na Pritchard Wood em 1961, chegando a ser diretor administrativo. A agência era de propriedade do grupo norte-americano de comunicações Interpublic, a progenitora da McCann Erickson (ver Capítulo 11, Incorporação). No final dos anos 60, Boase ficou sabendo que a Interpublic — que atravessava uma fase financeira muito difícil — planejava vender a Pritchard Wood. Tentou organizar a compra da agência por seus diretores mas, quando a Interpublic aceitou o plano, o interesse entre seus colegas seniores tinha esfriado. Transpirou então que a Interpublic tinha mudado de ideia sobre vender a agência. Agora determinados a trabalhar por conta própria, Boase e os outros que tinham se interessado pela compra saíram para começar o próprio negócio.

Boase diz, "Estávamos determinados a produzir não apenas um trabalho criativo original, mas também uma propaganda com bases sólidas, o que tinha levado à ideia de planejamento de conta. Naquele tempo havia uma terrível quantidade de propaganda convencional com bases sólidas e muito trabalho original mas altamente indulgente. Pollitt percebeu que introduzindo o planejador no processo criativo, era possível ser original e ao mesmo tempo estratégico. Muitas start-ups são formadas por pessoas que querem dirigir as coisas sozinhas ou simplesmente ganhar dinheiro. Nós estávamos numa cruzada: queríamos criar um tipo de agência totalmente novo".

Só que até então era um novo tipo de agência sem clientes. Boase, Massimi e Pollitt viajaram para Birmingham para tentar ganhar a conta da Cadbury. Dez dias depois, disseram-lhes que tinham ganho a conta dos biscoitos de chocolate (o que explica a cor dos Minis) e de uma marca de purê de batatas instantâneo chamada Smash. Com suas primeiras contas na mala, a agência mudou para um conjunto de escritórios de quase 280 metros quadrados em Goodge Street. Uma placa na porta dizia: "Antes de entrar, imagine a mais moderna agência de propaganda do mundo, formada pelas pessoas mais brilhantes que você já viu. O lugar todo é belamente eficiente e uma delícia de visitar. Conseguiu ver essa imagem? Então guarde-a na cabeça — porque ainda vai levar alguns meses para ficar assim".

Stanley Pollitt ficou desapontado com suas tentativas iniciais de transformar sua monótona equipe de pesquisa em planejadores novos em folha. Então, decidiu criá-los a partir de "graduandos capazes de lidar com números, mas de mente aberta". A BMP admitiu estagiários desde os primeiros dias e adquiriu a fama de ser o aprendizado perfeito para estilos de propaganda. Boase diz: "Houve um momento, no começo dos anos 70, em que 2 por cento de todos os graduandos do Reino Unido se candidatavam para estagiar na agência. Ficávamos com cerca de meia dúzia a cada ano: nenhuma outra agência investia de tal forma em jovens talentos".

Gabe Massimi saiu da agência depois de uns dois anos de sua fundação. Foi substituído como diretor de criação por John Webster, que também tinha vindo da Pritchard Wood. Webster era considerado um gênio da propaganda — especialmente na área de comerciais de TV — e acabou sendo um dos criativos mais reverenciados do mercado inglês. (Infelizmente, faleceu pouco antes de eu iniciar a pesquisa para este livro.)

Como no caso dos trabalhos da CDP, qualquer um que foi criança na Grã-Bretanha dos anos 70 tem os comerciais de TV de Webster gravados na memória. Ele criou e animou o urso polar de óculos de sol para o refrigerante Cresta (É espumante, cara!); um enorme mas benigno Yeti de pelos laranja chamado The Honey Monster para o cereal matinal Sugar Puffs ("Não se esqueça do mel, mamãe"); os Humphreys ladrões de leite ("Cuidado, há um Humphrey por aí") e — o melhor de todos — os marcianos Smash. Esses homens de lata animados rolavam de rir vendo filmes de terráqueos lavando, descascando e cozinhando batatas. Os marcianos, é claro, usavam o purê de batata instantâneo Smash — é só pôr água fervente e misturar um pouco. Alguma coisa em suas risadas zombeteiras tornou-os irresistíveis para os irônicos britânicos — e são muito citados entre os personagens de propaganda mais amados de todos os tempos.

Webster acreditava muito na criação de personagens originais para usar em campanhas. Como observou no livro *Rewind*: "A CDP podia usar [o ator de seriado] Leonard Rossiter e Joan Collins, mas criando os próprios personagens, como fizemos, as pessoas os associam aos produtos... não dizem que é um anúncio do Leonard Rossiter para... o que mesmo?"

A ironia dos comerciais de TV de Webster — temperados com uma dose sutil de surrealismo — combinavam os ingredientes principais da propaganda clássica britânica. No apogeu de Webster, as pessoas diziam que os comerciais eram a melhor coisa da televisão. Muitos comerciais britânicos ainda põem o entretenimento em primeiro lugar — e muitas vezes acabam dando a impressão de que não estão vendendo nada. Martin Boase diz: "A propaganda norte-americana é tradicionalmente às claras, mas os britânicos não gostam que lhes vendam as coisas".

No final da década de 70, a BMP criou um posto avançado em Paris. Não deu certo, mas a ligação com Paris continuou e, em 1977, o conglomerado francês de comunicações Havas comprou 50 por cento da BMP. Dois anos depois, Stanley Pollitt morreu de um ataque cardíaco aos 49 anos de idade. Foi um choque que forçou os outros fundadores da agência a repensar sua direção futura. Boase diz: "Queríamos ampliar a sociedade para a geração que viera para a agência depois de nós". Margaret Thatcher estava no poder, a taxação pessoal tinha sido reduzida e o mercado de ações começou a parecer uma opção atraente. Por 1,2 bilhão de libras, a BMP recomprou a parte vendida para a Havas e abriu seu capital. Depois de dois anos, tinha uma capitalização de mercado de 50 milhões de libras.

Nos anos 80, a BMP foi envolvida numa tempestuosa rodada de negociações com outra agência francesa, a BDDP (ver Capítulo 8, A conexão francesa), que estava comprando agressivamente suas ações. Boase deu fim a essa aquisição hostil vendendo a agência para a companhia que fora antes a Doyle Dane Bernbach. Nessa época, o ramo londrino da DDB não estava tão bem quanto a BMP, de forma que a fusão tinha sentido. Assim, em 1980, a agência se transformou em BMP DDB: um desses não nomes confusos tão típicos do mundo da publicidade. A identificação da BMP foi eliminada em 2004 e ela é agora o posto avançado em Londres da DDB Worldwide. Continua sendo uma das mais premiadas agências de Londres. E Martin Boase comenta com orgulho: "Há um fio muito forte da BMP correndo por toda a rede da DDB".

COMEÇA A SAGA DA SAATCHI

A agência com o intrigante sobrenome duplo veio depois: no começo ela se chamava Cramer Saatchi. Charles Saatchi e Ross Cramer se conheceram na filial londrina da agência norte-americana Benton & Bowles, onde Saatchi começou a trabalhar em 1965. Charles era o redator da dupla. Tendo abandonado a escola aos 17 anos e ido para os Estados Unidos, Charles, como todas as estrelas da propaganda de sua geração, estava eletrificado pelo trabalho feito por gente como Bill Bernbach. Quando voltou à Inglaterra, estava pronto para dar uma injeção de ânimo na cena londrina. No excelente livro *Saatchi & Saatchi: The Inside Story* (1995), Alison Fendley escreve: "De imediato, [ele] fez um trabalho que atraiu as atenções e aniquilou as fórmulas". Fendley cita o respeitado publicitário britânico e ex-CDP Robin Wight, presidente da agência WCRS, que observa: "Charles Saatchi pegou a retidão e sinceridade da abordagem norte-americana e a britanizou — acrescentou finura, acrescentou um estilo pautado pela arte, acrescentou ironia".

Saatchi tinha 22 anos quando chegou na Benton & Bowles — um ano mais velho que outra futura estrela, John Hegarty, que já trabalhava na agência. Hegarty pensou que Saatchi fosse um nome italiano. ("Eu esperava um cara que não sabia escrever e que ainda morava com a mãe", comenta bem-humorado hoje em dia.) Na verdade, Charles e Maurice Saatchi e seu irmão mais velho, David, nasceram em Bagdá, filhos de um casal iraquiano israelita,

Nathan e Daisy. Forçados a sair de um Iraque cada vez mais antissemita depois da Segunda Guerra Mundial, a família mudou para o Reino Unido, onde Nathan montou uma empresa têxtil. Assim, os irmãos cresceram na frondosa Hampstead e tiveram uma infância perfeitamente inglesa.

Depois de um tempo trabalhando com Hegarty na Benton & Bowles, Charles foi posto para trabalhar com o diretor de arte sênior Ross Cramer. Em pouco tempo, começaram a achar a atmosfera na Benton & Bowles muito estultificante para suas ideias radicais e foram para onde estava a ação: a Collett Dickenson Pearce. Aí a dupla produziu uma série de anúncios notáveis, incluindo vigorosos anúncios para a Ford — comparando modelos da Ford a carros rivais, uma técnica norte-americana desconhecida no Reino Unido naquela época — ou anúncios bem-humorados, como para as lojas de departamentos Selfridges e Lewis's. Os prêmios D&DA começaram a chover. Dezoito meses depois de sua chegada à CDP (e de um breve mas insatisfatório período numa agência menor), Cramer e Saatchi entraram no mercado com sua própria "consultoria criativa".

A Cramer Saatchi ficava em cima de um fast-food em Goodge Street — no mesmo prédio em que David Puttnam tinha montado sua agência de fotografia e a BMP ocupava um andar. A dupla recrutou gente como John Hegarty e um outro jovem publicitário chamado Jeremy Sinclair. Este último teria um grande impacto na saga da Saatchi ao criar um dos mais famosos anúncios impressos da Grã-Bretanha.

A motivação para o anúncio que alimentou a lenda da Saatchi não podia ter sido mais trivial. À espera do filho no portão da escola, Ross Cramer começou a conversar com uma das mães, que trabalhava no Conselho de Educação Sanitária. Ao descobrir o que Cramer fazia para viver, ela lhe contou que seu chefe estava precisando de uma agência de propaganda. E logo a Cramer Saatchi estava aplicando suas potentes palavras e imagens em campanhas da saúde pública. Um anúncio impresso era a fotografia de um repugnante caldo marrom sendo derramado num pires, acompanhado da frase: "O alcatrão e os outros resíduos que se acumulam nos pulmões de um fumante médio". A campanha antitabagista atraiu uma considerável cobertura de imprensa — mas não tanto quanto o melhor anúncio da agência para a HEC — talvez seu melhor anúncio e ponto final.

É a imagem admiravelmente simples de um jovem com um suéter de gola em V. Sua mão repousa suavemente na enorme barriga grávida e ele olha para a câmera com uma expressão dolorosa e resignada. O texto diz: "Você seria mais cuidadoso se fosse você que ficasse grávido?" Capturando ao mesmo tempo o aspecto negativo da permissividade e o nascente movimento de liberação feminina, o anúncio pressagiava os anos 70, mais atentos depois da longa festa dos anos 60. Ele também rendeu para a agência de Saatchi páginas e mais páginas de cobertura de imprensa. Anos mais tarde, a BBC elegeu a imagem como um dos 10 melhores anúncios britânicos do século (news.bbc.co.uk, 15 de outubro de 1999). O número 1 era outro anúncio de Saatchi: "O Trabalhismo não está funcionando" {Labour isn't working}. Mas a essa altura a agência tinha se expandido.

Quando Ross Cramer saiu da agência em 1970 para embarcar na carreira de diretor de comerciais, havia um candidato óbvio para substituí-lo. Maurice Saatchi tinha seguido um caminho diverso mas convergente ao do irmão. Menos extravagante e mais estratégico, tinha se formado na London School of Economics e começado a trabalhar numa pequena editora dirigida ao trade, chamada Haymarket Publishing. Foi encarregado do relançamento de um aborrecido periódico chamado *World Press News*, dirigido a jornalistas e ao pessoal de propaganda. Foi essa publicação que a Haymarket transformou na *Campaign*, a revista da indústria da propaganda. Provocativa e vigorosa, com igual peso em fofoca e notícias, a *Campaign* era o espelho da atividade que retratava. Transformou-se rapidamente na bíblia da propaganda (coisa que ainda é). Maurice foi um sucesso. Segundo Alison Fendley, "aos 24 anos, [ele] ia para o escritório num vistoso Corvette 1966, quando muitos jovens ficariam felizes de ter uma lata velha".

Ainda assim, tinha confiança suficiente na capacidade do irmão para sair da Haymarket e se tornar cofundador da Saatchi & Saatchi — um nome "tão esquisito que ninguém vai se esquecer dele tão já", como disse Charles. Nos anos seguintes, revistas rivais murmurariam sobre o "relacionamento especial" dos irmãos Saatchi com a *Campaign*, como se a publicação nunca tivesse escrito uma palavra negativa sobre eles; mas não há dúvida de que a ligação de Maurice com a Haymarket foi útil no começo. (Os gracejadores da propaganda diziam que "Cam" se referia a Charles e Maurice, e que "pain" {dor} era o que a publicação provocava no resto.)

Em 11 de setembro de 1970, a *Campaign* dizia na primeira página: "Saatchi começa agência com um milhão de libras". Fendley, entre outros, acha duvidoso que as novas contas da agência totalizassem mais de um quarto dessa quantia — mas não importa: a realidade logo estaria à altura das ambições da Saatchi & Saatchi. Os irmãos também publicaram um anúncio de uma página no *The Times*. Essa deve ter sido a única vez que precisaram pagar por espaço de página. Os Saatchis eram notícia e continuariam a ser por muitos anos.

A AGÊNCIA DE PROPAGANDA DE MARGARET THATCHER

Juntamente com pessoas como John Hegarty e Jeremy Sinclair — que estavam lá desde a época da Cramer Saatchi — a nova agência atraiu um impressionante time de jovens talentosos. Um deles era o australiano Bill Muirhead, um exuberante homem de atendimento, que conta: "Todos eram mais ou menos da minha idade e tinham uma certa atitude. Eu tinha passado pela Ogilvy, onde tinha toda aquela coisa de livro de regulamentos. Mas nós pegávamos as regras e as jogávamos pela janela. Estávamos sempre aos socos com os órgãos reguladores".

Outro recruta foi um bem apessoado diretor de mídia chamado Tim Bell. Altamente carismático, Bell se tornou tempos depois um dos profissionais de relações públicas mais notáveis da Grã-Bretanha. Mas, na história da propaganda, o nome de Bell é mais frequentemente associado ao de Margaret Thatcher — e à campanha eleitoral do Partido Conservador em 1979. Embora Charles Saatchi dirigisse o trabalho criativo, foi Bell que apresentou esse trabalho ao líder do Partido Conservador. No que dizia respeito a Margareth Thatcher, Tim Bell era a cara da agência.

A Saatchi & Saatchi foi escolhida pelos Conservadores por recomendação de Gordon Reece, o diretor de comunicações do partido e o homem que costuma receber o crédito por suavizar a imagem de aço de Margaret Thatcher. Como agência britânica de bom tamanho, que tinha conquistado a reputação de criativa, a Saatchi & Saatchi preenchia todos os requisitos do partido. Bell fez a sua primeira apresentação a Thatcher em junho daquele ano.

Grande parte do trabalho de Saatchi para os Conservadores foi exemplar, mas o cartaz que a BBC elegeu como a imagem de propaganda do século XX foi ideia do diretor de criação Andrew Rutherford (mais tarde um dos fundadores da WCRS — Wight Collins Rutherford Scott). Foi ele que sobrepôs o título "Labour isn't working" à foto de uma fila impossivelmente longa, dando voltas do lado de fora de uma agência do seguro-desemprego. (Os Trabalhistas denunciaram publicamente a foto como falsa, o que não vinha ao caso: como toda boa propaganda, o cartaz cristalizava uma verdade percebida.) Na verdade, o pôster foi posto em poucos lugares, mas o furor que provocou na mídia o transformou num dos anúncios mais rentáveis da história. Não foi exatamente a campanha da Saatchi & Saatchi que ganhou a eleição para os Conservadores — isso foi obra das greves e da agitação durante o "inverno do descontentamento" — mas foi por certo um dos fatores da vitória. Quando Margaret Thatcher chegou ao poder no dia 4 de maio de 1979, os Saatchis tinham ao menos uma parte do crédito.

Alguns anos antes, em 1975, a Saatchi & Saatchi tinha se fundido a uma agência com ações nas bolsas de valores chamada Compton, parte da Compton Advertising, de Nova York. O negócio dava à agência de Nova York 26 por cento da empresa resultante da fusão — e o acesso da Saatchi & Saatchi a uma suculenta lista de clientes, incluindo Procter & Gamble e Rowntree Mackintosh. Significava também que a Saatchi & Saatchi tinha aberto seu capital.

Nessa época, a companhia ganhou um jovem e afiado diretor financeiro na pessoa de Martin Sorrell, educado em Cambridge e Harvard. A perspicácia de Sorrell em negócios ajudaria os Saatchis a realizar seus planos de expansão cada vez mais ambiciosos. Como que para confirmar que uma era de crescimento e prosperidade estava para começar, a agência se mudou de sua sede em Regent Street e foi para os escritórios maiores da Compton, em Charlotte Street.

Em 1982, a Saatchi & Saatchi ganhou a conta da British Airways — que renderia alguns de seus trabalhos mais marcantes. A descoberta de que a British Airways transportava mais passageiros a um maior número de destinos do que qualquer uma das concorrentes sugeriu o novo slogan: "A linha aérea favorita do mundo" {The world's favourite airline}. O primeiro comercial de TV era espetacular. Começava com uma sombra ominosa passando sobre as ruas da Grã-Bretanha como se uma gigantesca nave espacial estivesse prestes a tocar o solo. As pessoas saíam de suas casas para olhar ansiosamente o céu. Finalmente, a ilha de Manhattan aterrissava no Aeroporto Heathrow. O texto final dizia: "Todos os anos a British Airways transporta mais passageiros através do Atlântico do que toda a população de Manhattan".

O grandioso filme para a televisão estava à altura da magnitude das ambições globais da Saatchi & Saatchi. Tinham começado os anos 80.

7

Extravagâncias dos anos 80

"Uma questão de prestígio"

Os anos 80 são considerados em geral a idade de ouro da propaganda na televisão. A televisão a cabo ainda estava na infância, as caras campanhas globais estavam na moda e as agências tinham condições de contratar os melhores diretores, muitos dos quais estavam aperfeiçoando sua arte, criando imagens cintilantes para vídeos musicais. A propaganda e a MTV — lançada em 1981 — vendiam os produtos e o estilo de vida que seduziam uma nova classe de consumidores jovens e em rápida ascensão. Essa, então, era a época do yuppie.

Nos Estados Unidos era como se o mundo estivesse de cabeça para baixo — a criatividade florescente de Londres inspirava a Madison Avenue. "Por muito tempo, os comerciais de TV não passaram de anúncios impressos em movimento", diz Phil Dusemberry, que era a influência criativa por trás da BBDO, nesse período e depois. "Lembro-me de estar sentado numa sala escura, na década de 70, assistindo a um monte de comerciais ingleses e dizendo para mim mesmo: 'É esse o tipo de coisa que deveríamos estar fazendo!' Era muito mais interessante do que a maior parte da propaganda criada nos Estados Unidos na época. A propaganda na TV não entrou no ritmo até os anos 80. Por volta de 1984, estava realmente chegando lá."

Mas não era só a um frenesi de criatividade que as agências londrinas estavam se entregando. Todos os bares e restaurantes do Soho pareciam servir unicamente o pessoal de propaganda e mídia — e os que queriam se banhar na sua glória regada a champanha. Agências jovens e espertas como a Saatchi & Saatchi e a Bartle Bogle Hegarty tinham escolhido o Soho como base em vez dos antigos centros de gravidade da indústria da propaganda, Mayfair e Covent Garden. Isso aconteceu principalmente porque todas as salas de montagem e estúdios de fotografia estavam no Soho — o status tradicional da área como zona de prostituição, cuja aparência cafona sobrevivia nos pontos mais afastados, significava que se pagava muito pouco de aluguel por grandes espaços. O Soho se tornou a Madison Avenue de Londres.

Neil French, um conhecido redator que trabalhou na agência londrina Homes Knight Ritchie no final dos anos 70 e no começo dos 80, diz nostalgicamente: "Acho que o que tornou aquela época especial foi que muitos tipos eruditos e talentosos estavam no lugar certo na hora certa, quando a arte da comunicação se limitava à imprensa, aos cartazes e à TV — e ao rádio, se você conhecesse um comediante famoso para interpretar o script. A vida era muito mais simples e as únicas distrações eram os pubs, o Zanzibar e as hordas de microssaias."

Escrevendo para *The Independent*, Stephen Bayley se referiu à imagem "Porsche, champanha e cocaína" da propaganda dos anos 80 ("Goodbye to all that", 22 de dezembro de 1996). Relembrando o período, Bayley observa: "À medida que as agências de propaganda do Reino Unido lutavam para conquistar o número crescente de contas de bilhões de dólares das multinacionais que decidiram centralizar seus negócios em Londres nos anos 80, entreter os clientes foi se tornando prioridade máxima. Assim como as equipes de entretenimento. A capacidade de promover festas mostrada por uma agência passou a simbolizar sua capacidade de fazer o resto: ganhar negócios, atrair a melhor equipe, fazer anúncios... Era tudo uma questão de prestígio".

Um artigo publicado em *Campaign* poucos anos depois trazia relatos anônimos de comportamentos insensatos. "Na época, meu diretor de criação bebia gim como se fosse água de torneira", disse um diretor de arte. "Afinal, como você pode criar uma grande campanha ou ter uma ideia original a menos que esteja sob a influência de algum tipo de droga?" Uma jovem assistente afirmou que ao entrar para a área de propaganda, por volta de 1982, "a cocaína era considerada uma droga relativamente inofensiva" ("The plague of addiction", 2 de outubro de 1992).

Mas para a maioria das pessoas envolvidas os anos 80 tiveram muito mais a ver com dinheiro do que com cocaína. Na década a partir de 1978, as despesas totais com propaganda no Reino Unido cresceram em 315 por cento. Era uma época de megafusões, de abrir capital e de obter alcance global. E no centro disso tudo estava a Saatchi & Saatchi. Como escreveu Stephen Bayley, "Tudo o que a agência fazia naquela época era maior, mais audaz e mais confiante do que em qualquer outra agência".

A SAGA DA SAATCHI CONTINUA

Na primavera de 1986, uma matéria entusiasmada da revista *Time* comentava: "Nesta era do empreendedor, quase todo mundo está pensando grande. Mas Charles e Maurice Saatchi, os publicitários mais bem-sucedidos de Londres, estão pensando enorme" ("The British admen are coming!", 28 de abril). A revista confirmava que os irmãos estavam a caminho de transformar a Saatchi & Saatchi na maior agência de propaganda do mundo.

O assunto principal do artigo era a aquisição "estimada em 100 milhões de dólares" pela Saatchi & Saatchi da agência norte-americana Backer & Spielvogel, mais conhecida pela campanha da cerveja Miller Lite. O negócio punha a Saatchi & Saatchi na terceira posição na lista das maiores agências do mundo, atrás da Dentsu do Japão e do monolito da Madison Avenue, Young & Rubicam. A mesma matéria definia a imagem dos irmãos na mídia. Dizia: "O solitário Charles vai para o escritório todos os dias acompanhado apenas por seu cão Schnauzer e costuma passar o intervalo de almoço jogando xadrez". "Maurice, mais expansivo, se especializou em procurar financiamento externo para o rápido crescimento da empresa."

Seja a imagem correta ou não, foi ela que se fixou na mente dos jornalistas: Charles criando nos bastidores enquanto o extrovertido Maurice, com os óculos de armação grossa como marca registrada, representava a companhia. Eram os publicitários mais famosos da Grã-Bretanha, dirigindo uma organização que não era mais uma simples agência, mas um império global. Seu lema era: "Nada é impossível". E parece que era o caso.

Além da Backer & Spielvogel, o grupo abocanhou outra agência norte-americana, a Dancer Fitzgerald, e a gigante Ted Bates Advertising — um negócio que lhe custou 450 milhões de dólares. Comprou também empresas de consultoria administrativa, pesquisa e marketing direto. Sua política era pagar metade do preço pedido adiantadamente e o resto em parcelas, garantindo a lealdade da administração do momento por um período determinado.

No final de 1986, a Saatchi & Saatchi PLC tinha investido 1 bilhão de dólares na aquisição de 37 empresas. Tinha 18 mil empregados em 500 filiais em 65 países. Mas os norte-americanos estavam cada vez mais desconfiados do grupo, que tinha invadido o ambiente estável e enclausurado da Madison Avenue e começado a desmantelar e reconstruir agências. Como resultado desses rearranjos, de vez em quando um cliente se via na mesma cama com seus concorrentes. Alguns deles pulavam fora.

Em 1987 — num lance que hoje parece tipificar os excessos da década — a Saatchi e Saatchi decidiu comprar um banco. Procurou o Midland, o quarto maior banco britânico. A proposta foi sumariamente rejeitada, provocando comentários zombeteiros na City. Esse revés prenunciava uma virada da maré para a Saatchi & Saatchi. Em setembro de 1987, o mercado de ações quebrou.

Por algum tempo parecia que a Saatchi & Saatchi aguentaria a tempestade — de repente, parecia que o diabo estava à solta. Alison Fendley escreve: "Em 1988 a Saatchi & Saatchi era... o maior grupo de propaganda no mundo. Três anos depois, suas ações tinham perdido 98 por cento do valor e a companhia não era mais a número um". A indústria da propaganda estava passando pela sua maior baixa desde a guerra e a organização Saatchi estava afundando com ela. Em 1989, depois de 18 anos de crescimento consecutivo, a companhia sinalizou sua primeira queda nos lucros.

Embora, como Charles, Maurice tivesse vendido algumas de suas ações, ele era ainda chairman e CEO da companhia. Em vez de fugir do naufrágio — como ambos poderiam facilmente ter feito — os irmãos procuraram auxílio externo. Trouxeram Robert-Louis Dreyfus e Charles Scott de uma companhia de pesquisas da Pensilvânia, chamada IMS, como executivo-chefe e diretor financeiro, respectivamente. Os dois recém-chegados aceitaram o desafio de resgatar o grupo na beira do abismo — e Scott acabou assumindo o cargo de executivo-chefe em 1993, quando Louis Dreyfus foi persuadido a sair para ajudar na recuperação da empresa alemã de artigos esportivos Adidas.

Segundo Alison Fendley, a relação entre Maurice Saatchi e Charles Scott ficou tensa, já que Saatchi achava que Scott não estava fazendo o suficiente para pôr a companhia de volta nos trilhos. Mas, no fim, não foi essa parceria difícil que forçou Maurice a deixar a agência que tinha fundado com o irmão — mas o ativismo de acionistas norte-americanos. Um grupo de acionistas rebeldes representados por David Herro decidiu que, para a companhia começar de novo, Maurice Saatchi tinha que sair. Seu salário impressionante, seu estilo de vida ostentoso e sua relação tensa com Charles Scott foram apresentados como evidência contra ele. A seu favor estava o apoio de importantes clientes — incluindo a British Airways e a Mars — e muitos funcionários, que o viam como a principal figura e a identidade de marca da companhia.

Isso não foi suficiente para convencer os acionistas. Em janeiro de 1995, chegaram as notícias de que Maurice tinha sido afastado num golpe do conselho. A mídia se deliciou com a história — afinal, Maurice Saatchi tinha sido seu publicitário favorito — e mesmo a satírica revista *Private Eye* lhe fez um ambíguo elogio com um título sardônico: "Homem de óculos deixa o emprego".

Maurice Saatchi não deixou por isso mesmo. Pouco depois do seu afastamento, a revista *Time* lembrava aos seus leitores a primeira frase do romance *Damage* escrito pela mulher dele, a romancista campeã de vendas Josephine Hart: "Pessoas prejudicadas são perigosas, elas sabem que conseguem sobreviver" ("Damage and Destruction", 23 de janeiro de 1995). E assim foi. Saatchi ainda tinha amigos leais, como Jeremy Sinclair — que trabalhava na agência desde a época da Cramer Saatchi —, Bill Muirhead e David Kershaw, um executivo de atendimento que tinha subido na empresa até se tornar diretor da agência de Londres. Começaram a traçar planos para a volta de Saatchi como sócio de uma nova agência. Charles, agora mais envolvido no mundo da arte do que no da propaganda, deu o seu apoio. Depois de operar por algum tempo com o nome The New Saatchi Agency, a M&C Saatchi surgiu em 1995 como agência internacional, com escritórios em Londres e Nova York. Uma das primeiras coisas que fez foi reconquistar a conta mais icônica dos Saatchis, a da British Airways.

Hoje, à maneira tipicamente contraditória da indústria da propaganda, existem duas entidades com a marca Saatchi: a Saatchi & Saatchi e a M&C Saatchi. Quem conhece a história toda pode diferenciar uma da outra — todos os outros têm o direito de ficar confusos. Para fins de identificação, a M&C Saatchi se anuncia como uma agência mais jovem e mais dinâmica, especializada em ideias "brutalmente simples". Em 2004, lançou 39 por cento da agência no AIM para financiar sua expansão pela Europa continental. No momento em que escrevo, ela tem 16 escritórios em 12 países.

Em 2002, a M&C Saatchi perdeu finalmente a conta da British Airways — para uma agência chamada Bartle Bogle Hegarty.

O GÊNIO DO JEANS DA BBH

A Saatchi & Saatchi não foi a única agência de propaganda que atraiu a atenção da mídia nos anos 80. Outra empresa, muito menor, estava chamando a atenção com uma série de notáveis comerciais de TV para o jeans Levi's 501. Esses comerciais criavam uma terra-da-fantasia retrô — uma década de 50 que nunca existiu — cheia de garotas fazendo beicinho e usando suéteres justos de mohair, e de rapazes de queixo másculo e brilhantina no cabelo. As imagens atraentes eram acompanhadas de sedutores sucessos da soul music que, tendo sido descobertos por uma nova geração, dispararam nas listas dos mais vendidos. O mais celebrado comercial da série era chamado "Launderette". Ao som de Marvin Gaye cantando "I Heard It Through the Grapevine", um jovem de jeans e camiseta preta entrava numa lavanderia automática. Ele tirava a roupa sem alarde, ficando apenas de cueca boxer imaculadamente branca, e punha as roupas numa das máquinas. Em seguida, acomodava-se para ler uma revista, para a alegria das mulheres ao redor.

Para uma coisa que durava só um minuto, o comercial teve um efeito desproporcional sobre a cultura popular britânica. Trouxe de volta não apenas a Levi's, mas a moda dos anos 50 e a soul music. Como bônus inesperado, fez com que os homens abandonassem as cuecas slip e passassem a usar cuecas boxer. Em toda parte, as moças soltavam suspiros de gratidão. "Até hoje", admite John Hegarty, "não sei o que vendemos mais: jeans ou cuecas boxer. Ironicamente, íamos pôr o ator usando cuecas slip, mas o pessoal do órgão regulador achou meio arriscado. A cueca boxer era menos reveladora — e ajudou a dar mais autenticidade ao comercial."

Quando a *Campaign* estava escolhendo seu "homem da década" no final dos anos 80, seu olhar se voltou para John Hegarty. "Das muitas regras da propaganda escritas na pedra", dizia a revista, "esta é a que foi mais profundamente gravada: 'Não estabelecereis tendências: somente as seguireis.' Nos anos 80, essa pedra foi partida em duas... A BBH nos disse que jeans usar, levou gravações ao topo das paradas de sucessos e produziu comerciais cujos lançamentos se tornaram eventos de mídia para uma imprensa subitamente obcecada por propaganda e publicitários" ("Who is the man of the decade?", 6 de janeiro de 1990).

Hegarty reclama que as fotos o fazem parecer um pouco "sulcado" demais hoje em dia ("Eu olho e penso: 'Quem é essa pessoa?'"), mas com o que ainda pode ser descrito como uma moita de cabelo indisciplinado, um grande sorriso que forma rugas agradáveis ao lado dos olhos e uma voz calibrada para a persuasão, ele é o típico criativo carismático. Como sabemos, Hegarty começou sua carreira na Benton & Bowles. Originalmente, queria ser pintor: "Fui para a escola de artes em Hornsey, mas quando cheguei lá fiquei desapontado ao perceber que era muito improvável que eu me tornasse o próximo Picasso", diz ele. "Um dos meus professores, um homem maravilhoso chamado Peter Green, disse que eu tinha muitas ideias boas e que deveria ser designer gráfico. Fui então para o departamento de design do LCP [London College of Printing, hoje London College of Communication], onde fiquei perplexo ao descobrir que todos queriam ser pintores."

Felizmente, Hegarty encontrou outro mentor em John Gillard, que reuniu um grupo de estudantes promissores sob sua proteção. "Ele me apresentou ao trabalho da Doyle Dane Bernbach, o que para mim foi um momento decisivo, que conciliou todas as coisas que eu pensava e de repente compreendi: 'É isso o que eu quero fazer'. Foi como se alguém apertasse um interruptor e uma lâmpada acendesse. E ela mostrava que a propaganda podia ser espirituosa e inteligente — mas também abrangente."

É difícil imaginar o que seria a indústria da propaganda no Reino Unido sem a influência de Bernbach. Na visão de Hegarty, "o que [o trabalho de Bernbach] fez foi criar uma geração inteira que queria realmente trabalhar em propaganda. Antes de nós, os profissionais de propaganda ainda acalentavam secretamente o desejo de serem pintores ou escritores. Mas nós queríamos fazer parte de toda a revolução dos anos 60, na música, na moda e no design — e sentíamos que era possível fazer isso através da propaganda".

No começo, a revolução na propaganda ficou atrás das outras. "Naquele tempo a propaganda ainda era controlada pelas grandes corporações. Não dava para simplesmente abrir uma boutique em Carnaby Street, como o pessoal da moda fazia. Você tinha que ir a uma agência e dizer: 'Tive uma ideia de arrebentar para um anúncio'. E a resposta era: 'Mas o que é isso? — você é só um garoto!'"

Felizmente ele conseguiu emprego como diretor de arte júnior na Benton & Bowles sob o comando do diretor de criação Jack Stanley. Mas conseguiu ser demitido depois de 18 meses. "Obviamente eu era um chato porque ficava dizendo para eles onde tinham errado. Podia até estar certo, mas não queriam ouvir isso de um diretor de arte de 22 anos. Eu discutia com o cliente, o que naquele tempo simplesmente não se fazia. Queria convencê-los de que seu trabalho podia ser criativamente marcante. O problema era que a Doyle Dane Bernbach tinha criado a propaganda moderna em Nova York no começo dos anos 60, mas o conceito ainda não tinha chegado de vez na Inglaterra. A ideia de atrair, cativar e entreter o público estava a milhões de quilômetros da visão que prevalecia. Queriam apenas martelar na cabeça das pessoas a mesma mensagem, centenas de vezes."

Hegarty então passou algum tempo numa pequena agência do Soho, trabalhando na conta das linhas aéreas El Al — um cliente para o qual a Doyle Dane Bernbach tinha feito alguns trabalhos inovadores nos Estados Unidos. Hegarty estava contente com o trabalho que lá realizava, mas levantou acampamento outra vez quando foi convidado a se juntar a Charles Saatchi e Ross Cramer em sua nova agência, em 1967. "Mudamos para aquele fantástico edifício em Goodge Street, que também abrigava a agência de fotografia de David Puttnam, uma agência nova chamada BMP e os designers Lou Klein [que desenhou o troféu do lápis amarelo da D&AD] e Michael Peters. Era como o Chelsea Hotel em Nova York — um centro de criação. Todo mundo estava envolvido em tudo: anúncios, design, conceitos de filmes... Aquilo estava muito à frente do seu tempo, já que naquela época o pessoal de propaganda tinha que ficar dentro da sua caixa."

E assim Hegarty se tornou um dos membros fundadores da Saatchi & Saatchi. Ficou lá até 1973, quando foi recrutado para montar a filial londrina de uma organização que se anunciava como a primeira agência multinacional europeia, a TBWA (ver Capítulo 8, A conexão francesa). Foi aí que encontrou seus futuros sócios: John Bartle, um planejador, e Nigel Bogle, um agente de atendimento. "Para ser honesto, mesmo fazendo parte de uma rede europeia, operávamos como agência inglesa — fizemos um trabalho maravilhoso para marcas como Ovomaltine, Lego e Johnson & Johnson. Em 1980, fomos a primeiríssima agência do ano da *Campaign*."

Mas o trio foi ficando cada vez mais frustrado com a estrutura da TBWA, onde as agências eram obrigadas a pôr uma determinada porcentagem dos lucros num fundo comum. "Depois a situação mudou mas, na época, sentíamos que as agências de melhor desempenho na rede, como a nossa, sustentavam as que não correspondiam às expectativas. Então decidimos começar o nosso negócio."

A Bartle Bogle Hegarty montou sua primeira sede na Wardour Street, em 1973. Mas fez uma apresentação para seu cliente mais famoso antes mesmo de se mudar. A agência tinha menos de um mês e operava num espaço provisório quando recebeu uma carta da Levi's. "Dizia que estavam compilando uma lista de agências para participar de uma concorrência para atender à sua conta europeia e queriam nos conhecer. No começo pensamos que era uma piada. Ligamos para a Levi's e dissemos: 'Recebemos esta carta, mas ainda estamos começando e achamos que deve ter sido um engano.'" Absolutamente não, disse a Levi's. "Parece que tínhamos sido recomendados por um pesquisador que trabalhara conosco para a Ovomaltine na TBWA, e depois fora para a Levi's."

A notícia fez o trio entrar em pânico. A primeira reunião seria "na pior sala de reuniões que se possa imaginar, decorada com gravuras de caçadas e um papel de parede medonho". Não era essa a imagem de uma jovem agência da moda. Assim Bartle, Bogle e Hegarty cobriram as paredes com o trabalho que tinham feito na TBWA, disfarçando quase que totalmente a decoração ofensiva. A reunião transcorreu bem. Quando os representantes da Levi's se foram, a equipe da BBH tirou os cartazes — e o papel de parede veio junto. Hegarty se diverte: "Tivemos que pagar para colar de novo aquele maldito papel de parede".

Ainda sem alimentar qualquer esperança de vencer a concorrência, a BBH se surpreendeu ao saber que tinha passado na primeira seleção. A política da agência era não se permitir qualquer trabalho de criação especulativo. Estava comprometida com o princípio de traçar a estratégia correta antes de começar a fazer anúncios — de modo que no estágio da concorrência o truque era mostrar ao cliente que tinha uma compreensão completa da marca e de sua direção no futuro, em vez de chegar com uma pilha de layouts. "Mas estávamos nervosos porque ouvimos rumores de que a BMP tinha rodado um comercial e que a McCann, a agência encarregada da conta, também tinha uma grande quantidade de material preparado. Quase recuamos — mas isso nos pareceu ridiculamente derrotista, então decidimos levar a coisa até o fim."

Nessa ocasião, a Levi's precisava desesperadamente de uma nova abordagem. Graças ao fenômeno pós-punk, os jeans tinham saído de moda: bastava assistir a um vídeo antigo do Spandau Ballet para ver como o denim tinha ficado irrelevante. Já instalada na nova sede, a BBH preparou a apresentação. "Dessa vez tínhamos nossa sala de reuniões, mas o lugar ainda não estava totalmente pronto. As únicas coisas que davam uma boa impressão eram aquelas cadeiras italianas de design incrivelmente interessante." A apresentação era simples: nenhum layout de cartaz, nenhum comercial piloto — estratégia pura. "Dissemos a eles que eles deviam parar de negar suas raízes. Tinham tudo a ver com a América e precisavam encontrar uma nova maneira de expressar essa relação."

Hegarty suspeitava que a apresentação tinha corrido bem, mas estava um pouco desconcertado com a presença de Lee Smith, o presidente da Levi Strauss Europa. "Era um desses norte-americanos de boa aparência, com um aperto de mão firme. Pensei que iria nos ver como um bando de amadores. No final da reunião, perguntei-lhe nervosamente se ele tinha algum comentário. De repente, ele abriu um sorriso gigantesco e disse: "Cavalheiros, essa é a melhor cadeira em que já me sentei." A cadeira ganhou a concorrência.

A história é característica do estilo autogozador de Hegarty, que é com toda razão considerado uma das pessoas mais humanas da propaganda. Ele admite que, no começo, a agência foi obrigada a participar novamente de uma concorrência pela conta da Levi's. "Tínhamos criado algumas peças impressas usando rebites e costura para estabelecer uma aura de autenticidade em torno da marca. Também tínhamos feito um comercial de TV em que um rapaz contrabandeava alguns jeans para a Rússia. Mas de repente houve uma reorganização interna na empresa e voltamos ao estágio da concorrência."

As vendas da Levi's ainda estavam devagar, mas a empresa concordou em dar à BBH mais tempo, ainda focalizando a atenção em seu produto clássico, o 501. "Launderette" foi parte da segunda onda de trabalhos da agência para a marca. Mais de 20 anos depois, a BBH ainda estava trabalhando para a Levi's, depois de uma série de peças ganhadoras de prêmios — acompanhadas por inúmeras canções pop de sucesso.

Mas é claro que a BBH vai muito além dos jeans. É a agência que criou o título "Vorsprung Technik" para o Audi. Considere a audácia de vender automóveis a consumidores britânicos com uma frase em alemão que a maioria nem entendia — mas que *dava a sensação* de ser correta. Outro cliente importante foi Johnnie Walker, para o qual a BBH criou o slogan "Keep walking". Mais recentemente, a agência desafiou a correção política com uma série de peças publicitárias impassíveis para a fragrância Axe, da Unilever (a marca é conhecida com Lynx no Reino Unido). Esse material insiste com implausibilidade intencional que nenhuma mulher resiste ao que é, na realidade, um produto banal. O "Efeito Axe" transforma homens comuns em ímãs para mulheres bonitas.

Durante a corrida ao mercado de ações nos anos 80, a BBH ficou do lado de fora e esperou, considerando que independência corresponde a liberdade criativa. Em 1997, vendeu uma parte minoritária à Leo Burnett. Isso lhe permitiu financiar seu modelo de "microrrede". Com isso, abriria escritórios internacionais que seriam centros regionais, indissoluvelmente ligados uns aos outros e capazes de colaborar em projetos, assim como de operar independentemente. Até há pouco tempo, esses escritórios eram em Londres para a Europa, Nova York para a América do Norte, Tóquio para a Ásia-Pacífico e São Paulo para a América Latina. Em dezembro de 2006, Xangai foi acrescentada à lista (ver Capítulo 19, Novas fronteiras).

Talvez por causa de seu tamanho relativamente compacto — e sem dúvida devido à presença do perpetuamente alegre Hegarty — a BBH ainda dá a sensação de ser mais viçosa e mais relevante do que muitas de suas contemporâneas. Como os yuppies originais, a BBH simplesmente se recusa a envelhecer.

O REDATOR CAVALHEIRO

Fiquei desapontado por não ter a oportunidade de conhecer David Abbott, cofundador de uma das mais respeitadas agências britânicas dos anos 80 — e na verdade de todos os tempos. Mas já faz tempo que Abbott evita dar entrevistas. Quando ele se aposentou em 1998, a revista *Marketing Week* quis entrevistá-lo, mas ele enviou um fax polido dizendo, "Desculpem, mas não quero ser entrevistado. Até eu me chateio comigo. Obrigado pelo convite". A resposta tinha todas as características de seu venerado estilo de redator: concisa, elegante e bem-humorada.

A Abbott Mead Vickers, a agência que Abbott fundou com seus amigos Peter Mead e Adrian Vickers, é hoje a mais poderosa da Grã-Bretanha, tendo se transformado na AMV.BBDO. Quando este livro foi escrito, era a agência mais bem-sucedida no Reino Unido pelo décimo ano consecutivo. Quando Abbott se aposentou, a *Marketing Week* preocupou-se com a possibilidade do "teor cultural da agência" desaparecer. Mas seu legado continua vivo.

Os leitores britânicos de uma certa idade conhecem o trabalho de Abbott: suas descrições de alimentos, de dar água na boca, para a Sainsbury's, sua campanha para a British Telecom — "É bom falar" — e, é claro, a campanha que ele criou para *The Economist*, que veremos em breve. Um apreciado comercial de TV dos anos 80 promovia as Páginas Amarelas. Mostrava um homem de idade visitando sebos em busca de um volume raro. Ele perguntava: "Vocês têm *Fly Fishing*, de J.R. Hartley?" A cada vez a resposta era "não" — até ele ficar cansado e desapontado. Na cena seguinte, era visto com uma lista telefônica no colo, muito mais animado, procurando o livro por telefone no conforto de uma poltrona. Finalmente, descobria uma loja que tinha o livro no estoque e pedia que o separassem para ele. "Meu nome?", repetia ao telefone. "Sim, é J... R... Hartley."

O comercial era elegante, despretensioso e humano — um material clássico da AMV.

Abbott nasceu em Hammersmith em 1938, mas foi criado nos subúrbios de Londres, longe da Blitz. Seu pai era um varejista que tinha três lojas. (Não por coincidência, muitas das principais figuras do mundo da publicidade, de Bill Bernbach a Martin Sorrell, são filhos de pais empreendedores.) Abbott brilhou na escola e ganhou uma bolsa para estudar História em Oxford. Foi aí que conheceu Adrian Vickers, que estudava Direito. Alguns relatos os descrevem conversando animadamente nos cafés de Oxford, o que é uma bela imagem: então, vamos ficar com ela. Mas Abbott nunca chegou a terminar o curso: foi chamado de volta ao lar para dirigir o negócio da família no lugar do pai doente, que acabou morrendo de câncer no pulmão. Tempos depois, quando dirigia a agência de propaganda, Abbott se recusou a aceitar qualquer conta de cigarros.

Incapaz de salvar a empresa da família, Abbott se viu desempregado. Nesse meio-tempo, ele se entusiasmou com um livro sobre propaganda. Era *Madison Avenue, USA*, de Martin Mayer — o mesmo livro que carreguei para cima e para baixo naquela rua durante a última primavera, sem saber desta ligação. Abbott gostou do mundo contido entre as capas. "Na época [1961] eu era um tímido de 22 anos de idade", disse ele uma vez ao *The Financial Times*. "Nunca tinha me ocorrido que alguém passasse o tempo escrevendo palavras em anúncios" ("A deceptively spare style", 25 de outubro de 1984).

Conseguiu um emprego no departamento de propaganda da Kodak para editar uma publicação interna e escrever anúncios de filmes para raio X industrial. Mas seu objetivo era uma grande agência de propaganda, e ele procurou a Mather & Crowther. Deram-lhe um texto para fazer como teste — e ele fracassou. Implorou que o deixassem fazer o teste de novo. Eles concordaram — e dessa vez ele passou. Naquela época, a agência ainda era administrada à moda antiga, com os redatores trabalhando num espaço separado, longe do departamento de arte. O redator mais novo sentava-se perto da porta; o mais antigo tinha uma escrivaninha perto da janela. Depois de escrever o texto, o redator o colocava numa bandeja, de onde era coletado por um jovem como Alan Parker. E era a última vez que o redator via seu texto, até o anúncio pronto aparecer na imprensa ("Man of letters", *Design Week*, 18 de abril de 2002).

Depois de uns dois anos, Abbott viu um anúncio para os barbeadores elétricos Remington, feito pela recém-inaugurada filial londrina da Doyle Dane Bernbach. Tornou-se outro discípulo de Bernbach e, depois de alguns meses aperfeiçoando um estilo DDB, conseguiu um emprego lá. Trabalhando pela primeira vez com diretores de arte, começou a produzir um trabalho mais arrojado e confiante — e a ser notado. Em 1966, foi enviado temporariamente ao escritório de Nova York — a suprema consagração. Ao voltar, foi promovido a redator chefe. Não muito tempo depois, tornou-se diretor de criação. Segundo a *Design Week*, Abbott tinha nada menos do que 26 peças no D&AD de 1969.

A revista também desenterrou esta charmosa descrição da profissão de Abbott, tirada de um ensaio que ele escreveu em 1968: "Comecemos pelo começo: abcdefghijklmnopqrstuvwxyz — você está olhando para a caixa de ferramentas do redator. Com esses 26 sinaizinhos no papel temos que persuadir pessoas a comprar os produtos, ideias ou serviços de nossos clientes. Misturando-os de uma maneira, podemos vender com uma risada. Misturando-os de outra, somos provocativos. De outra ainda, somos simpáticos. É melhor do que caça-palavras. E somos pagos por isso".

A primeira tentativa de Abbott numa agência sua veio com a criação da French Gold Abbott. Mas parece que não deu certo e logo ele estava sendo cortejado pelo velho amigo Adrian Vickers, que tinha trabalhado na S.H. Benson, e pelo antigo colega Peter Mead, que conhecera na Mather & Crowther. Finalmente, em 1977, nascia a Abbott Mead Vickers.

Abbott criou um tesouro de boa propaganda durante seus 20 anos na agência, mas o estudo de caso da *The Economist* merece ser examinado em maiores detalhes. A relação começou em 1984. Ironicamente, Abbott quase não trabalhou na campanha. A forma com que sua apresentação foi recebida o convenceu de que o cliente não se impressionara, de modo que ele o informou que mudara de ideia com relação à conta. Abbott tinha uma justificada confiança em sua capacidade e, com uma profusão de clientes batendo à sua porta, tinha pouco a perder. A revista pensava de outra forma e se viu na posição incomum de ter que convencer Abbott a aceitar o trabalho.

Inicialmente, a campanha seguiu as regras de quase todo esforço promocional para um produto de mídia, que era o foco no conteúdo. Mas Abbott percebeu que uma abordagem mais eficaz, que também dispensaria as intermináveis reuniões com a equipe editorial da *The Economist*, seria focalizar a identidade de marca da publicação. Nesse estágio, as peças ainda estavam em branco e preto mas, observando a revista sobre a mesa, percebeu que ampliando seu inconfundível cabeçalho vermelho e branco, ele ficaria mais ou menos do tamanho de um outdoor de 48 folhas. Então, por que não usar o cabeçalho como base da campanha? O vermelho e o branco seriam altamente característicos e indissoluvelmente ligados ao produto. Como redator, Abbott instintivamente sentiu que os anúncios deviam ter mais a ver com palavras do que com imagens.

Entre as primeiras ideias produzidas por Abbott para a nova campanha, uma se destacou como favorita: "'Nunca li The Economist.' Trainée em Administração, 42 anos". Isso deu o tom para os outdoors espirituosos, sofisticados e levemente presunçosos que continuam a ser feitos, sempre em maio e outubro, até os dias de hoje.

Como campanha de outdoor, era em primeiro lugar uma ideia arriscada — usar um veículo de massa para promover um produto de nicho. Mas enquanto os outdoors posicionam claramente *The Economist* como clube exclusivo, sugerem também que é fácil entrar nele. Seja você rico ou pobre, banqueiro ou coletor de lixo, só é necessário um atributo — a inteligência. Ao mesmo tempo, embora as campanhas de outdoor corram tradicionalmente o risco de "desperdício" — já que são vistas por muita gente para quem não são relevantes — os outdoors de *The Economist* geram um sentimento de simpatia com relação à marca — e atraem anunciantes para a publicação.

Em 1985, logo depois de ganhar a conta da *The Economist*, a AMV seguiu a tendência da época e abriu o capital. Abbott, Mead e Vickers trouxeram de fora Michael Baulk — então diretor administrativo da Ogilvy & Mather em Londres — como principal executivo e diretor administrativo da agência, "para gerenciar sua marca", como ele diz. Baulk recorda os anos 80 com carinho: "A Collett Dickenson Pearce criativamente e a Saatchi comercialmente foram exemplos para todos os demais. Toda uma onda de novas agências foram criadas e a City as estimulava a abrir o capital. Muito dinheiro pessoal foi ganho e muito interesse público foi criado. De repente, a propaganda se tornou notícia. Foi realmente a época em que uma nova geração tomou o sistema e venceu".

Em 1991, a AMB foi vendida para a BBDO e se fundiu ao braço londrino da rede norte-americana, criando uma entidade de 130 milhões de libras. "A década de 1990 foi muito generosa conosco", diz Baulk. "Uma vez recuperada da recessão do começo dos anos 90, a indústria da propaganda começou a crescer em taxas de dois dígitos, de modo que todo mundo estava se saindo bem. Isso foi o catalisador de nosso crescimento. Mas chega um ponto em que é preciso algum tipo de rede internacional para crescer mais. Naturalmente, escolhemos nosso parceiro com muito cuidado. Consideramos a BBDO como a rede mais criativa, que também tinha um grande respeito pela soberania local. E ela nos dava acesso a clientes como a Pepsi e a Gillette."

A AMV deixou para trás a Saatchi & Saatchi como maior agência de 1997. Com isso, no ano seguinte David Abbott se aposentou. Em 2001 foi incluído no Hall da Fama do Art Directors Club — o segundo redator inglês a receber essa honra depois de David Ogilvy. Mas a essa altura, o lugar de Abbott na história da propaganda já estava assegurado.

OS BUCANEIROS DE VENICE BEACH

Mesmo que possa parecer injusto sugerir que, nos anos 80, a verdadeira ação acontecia longe de Madison Avenue, vamos em frente assim mesmo. Em 1990, a *Advertising Age*, a bíblia do mercado publicitário, escolheu como Agência da Década uma empresa com sede em Venice Beach, Califórnia. Seu dono era um perfeccionista desertor que acreditava que "bom demais não é o bastante", o gênio criativo da casa considerava bermudas e chinelos uma roupa de trabalho aceitável, e seu símbolo não oficial era uma bandeira pirata. Para apreciadores de personagens pitorescos, a Chiat/Day é uma história de dar água na boca.

Embora esteja intimamente associado a uma marca de criatividade típica da Costa Oeste, o recentemente falecido Jay Chiat nasceu em Nova York — no Bronx, para sermos exatos, filho de um entregador de lavanderia. Formou-se na Rutgers University em 1953 e tentou uma série de empregos pouco satisfatórios — incluindo um período como guia nos estúdios da NBC — antes de ser convocado para o serviço militar. Descrevendo seu trabalho como "radiodifusão", foi designado para o posto de oficial de informação numa base aérea da Califórnia. Depois de ser dispensado, trabalhou um tempo em propaganda de recrutamento para uma companhia aeroespacial. Conseguiu então um emprego numa pequena agência de propaganda da Califórnia do Sul, chamada Leland Oliver Company. Dizem que escreveu cinco anúncios no primeiro dia de trabalho.

Inspirado e ambicioso, Chiat percebeu não apenas que a propaganda dava dinheiro, mas que a Califórnia era o lugar ideal para isso. No livro sobre a Chiat/Day, *Inventing Desire* (1993), Karen Stabiner escreve: "Nessa época, a Califórnia do Sul era o sertão: todas as agências famosas já estabelecidas estavam sediadas em Nova York ou Chicago. A concorrência era pequena, havia uma boa verba para almoços... e ele gostava do trabalho".

Abriu a Jay Chiat & Associates em Los Angeles, em 1962. Depois de uma conversa com Guy Day, dono de outra agência, enquanto comiam hotdogs num jogo de baseball, a dupla decidiu fundir suas empresas e criar a Chiat/Day, em 1968. A relação era turbulenta e Day acabou saindo. Tempos depois, disse à *Advertising Age* que a única coisa em que os dois "concordavam 98% era a propaganda" ("Jay Chiat, ad pioneer", 29 de abril de 2002). A agência teve altos e baixos durante os anos 70, ganhando e perdendo a Honda — marca que tinha tirado da obscuridade.

Mas golpes como esse não abalavam Chiat por muito tempo. Stabiner o define como um dínamo, impulsionado pela busca do que ele chamava de "anúncios que sacodem". "Era impelido por um estranho desdém por qualquer objetivo que conseguia alcançar", escreve ela, "como se sua capacidade de alcançá-lo diminuísse o valor inerente à conquista."

Chiat via sua agência como uma tripulação de bucaneiros pilhando os majestosos galeões da Madison Avenue. "Nós somos os piratas, não a marinha", dizia ele. Mas havia alguma ciência fria e cerebral por trás da teatralidade. Em 1982, Chiat se tornou o primeiro a introduzir a prática britânica do planejamento de conta no mercado norte-americano, apoiando a criatividade com o pensamento estratégico. Os anúncios da agência eram espetaculares, mas não eram fundamentados em ilusão.

Os sucessos da agência também não vieram sem suor. Chiat comandava seu pessoal com a mesma dureza com que comandava a si mesmo, o que levou um trocista a apelidar a agência de "Chiat/Day and night" {Chiat/Dia e noite}, um comentário sobre o número de horas de trabalho exigidas dos funcionários. "Se você não vier trabalhar no sábado, nem venha no domingo" era outra frase atribuída a Chiat. Mas ele era conhecido também por organizar festas sibaríticas e por fazer questão de providenciar comida mais do que suficiente para alimentar a criatividade dos funcionários. "No vernáculo da Chiat/Day, comida significava amor", escreve Stabiner. "Só em pizza, o escritório de Venice gastava 1000 dólares por mês."

Os resultados desse duro amor são marcos da propaganda. A agência criou o superativo coelhinho da Energizer, por exemplo. E sequestrou as Olimpíadas de Los Angeles de 1984 para a Nike, cobrindo a cidade com enormes outdoors, dando aos cidadãos a impressão que a marca era a principal patrocinadora do evento, quando na realidade a Converse tinha pago 4 milhões de dólares justamente por esse privilégio. Ao mesmo tempo, a

Chiat/Day criou a moda dos cartazes espetaculares com um atordoante impacto visual e apenas uma logomarca silenciosa a título de explicação.

Mas a campanha da Chiat/Day que todo mundo adora foi para a Apple Computer.

"1984" E O FATOR SUPER BOWL

Quando Phil Dusenberry disse que a propaganda na televisão tinha entrado no ritmo em 1984, não poderia ter escolhido um ano melhor. "1984" era o nome de um comercial de TV que foi veiculado só algumas vezes — e mesmo assim recebeu aplausos imediatos e duradouros.

Além do diretor do comercial, Ridley Scott, o nome mais frequentemente associado a "1984" é o de Lee Clow. Clow era a força criativa por trás da Chiat/Day: era (e é) o surfista barbudo, de cabelos compridos e roupas descontraídas que mencionei antes. Fiel à Califórnia, Clow disse uma vez à *Adweek* que se criou na praia e que "só se deslocou um 30 quilômetros na vida" ("Clow riding high on Chiat/Day creative wave", 6 de agosto de 1984).

Embora tenha frequentado uma escola de artes, na prática ensinou propaganda a si mesmo, comparando o próprio trabalho com os anúncios que encontrava na revista *Communication Arts* e nos anuários do New York Art Directors Show. Começou numa empresa de artes gráficas e depois passou quatro anos como diretor de arte na agência N.W. Ayer/West. No começo dos anos 70, decidiu que queria trabalhar na Chiat/Day. Segundo a *Adweek*, ele bombardeou a agência com uma campanha de autopromoção chamada "Contrate o Cabeludo", que durou um ano. Uma das peças mais divertidas dessa campanha era uma caixa-surpresa que abria de repente, revelando um simulacro barbudo de Clow.

Clow não era o único pensador criativo atraído pela fábrica de sonhos da Chiat/Day. Steve Jobs, o mandachuva da Apple, sentiu que a atitude iconoclástica da agência se entrosava com a sua. A Apple pagou 1 bilhão de dólares pelo comercial de 60 segundos que lançaria o Macintosh.

Escrito por Steve Hayden e dirigido por Scott no estilo antiutópico de *Blade Runner*, "1984" se inspirou claramente no romance de George Orwell. No filme, um exército de zangões cinzentos entra marchando num salão escuro, onde um ditador intimidante discursa bombasticamente numa gigantesca tela de vídeo. Uma loira atlética toda equipada arremete pelo corredor central, perseguida por policiais de choque vestidos de preto. Ela para, gira uma marreta sobre a cabeça e a atira na tela, despedaçando a imagem do ditador num bilhão de fragmentos. Com a chegada do não conformista Macintosh, prometia o comercial, "você verá por que 1984 não será como *1984*". O comercial é muitas vezes tomado como uma alusão ao então dominante IBM, o que a Apple negou na época.

Segundo uma outra história, provavelmente verdadeira, a diretoria da Apple estava preocupada com o comercial, mas Jobs o salvou do esquecimento insistindo na sua exibição. Para reforçar o mito, muitos relatos afirmam que o comercial foi veiculado só uma vez, durante a transmissão do Super Bowl. Mas relatos mais próximos dessa época indicam que ele foi veiculado pelo menos por uma semana, na forma de uma campanha de teasers em mercados menores e uma versão de 30 segundos em cinemas selecionados. Uma dessas fontes, a *Adweek* acrescenta que o comercial "fez até uma aparição no CBS Evening News" ("Adweek's 84 All-American Creative Team", 4 de fevereiro de 1985). Um ano depois de sua exibição em janeiro de 1984, a revista disse que o comercial já estava "fazendo história na propaganda". Ele ajudou a impulsionar as vendas iniciais do Mac mais de 40 por cento acima das projeções, com 70 mil computadores desaparecendo das lojas nos primeiros 100 dias. Criou uma tendência à "propaganda de evento", em que os comerciais eram criados para ser de tanto impacto que geravam um halo de atenção da mídia.

"1984" também fez do Super Bowl, a partida final do campeonato da National Football League, não apenas um evento esportivo essencial, mas o show-case anual para a melhor propaganda da TV. Todos os anos, no primeiro domingo de fevereiro, as agências e seus clientes exibem seus trabalhos mais sensacionais para mais de 90 milhões de telespectadores norte-americanos. E por ser um evento *premium* ao vivo, resiste teimosamente à tecnologia para escapar dos comerciais. Ao contrário: os grandes comerciais se tornaram parte do motivo para ligar a TV. Para quem quer criar conhecimento de marca entre norte-americanos de até 35 anos, o Super Bowl é uma das maneiras mais rápidas de fazê-lo — se não a mais barata. Nos últimos anos, segundo o World Advertising Research Center (WARC), o custo de inserção de um comercial de 30 segundos durante o Super Bowl chegou a 2 milhões de dólares, sendo que em 1967, quando começaram as transmissões do evento, custava 42 mil dólares.

Ironicamente, dois anos depois do sucesso de "1984", a Apple tirou sua conta da Chiat/Day, fortalecendo a impressão de que Chiat era quase tão bom para perder grandes contas quanto para ganhá-las. (É claro, Steve

Jobs tinha ido embora também — e a Apple tinha tempos turbulentos pela frente.)

Embora isso seja provavelmente uma falácia, a comunidade da propaganda acredita que quando uma agência fica maior, sua produção criativa fica menos ousada. Grande, em outras palavras, é igual a ruim. Jay Chiat passou muito tempo de sua carreira imaginando o quanto sua empresa poderia crescer antes de começar a ficar ruim. Em seu auge, em 1992, ela tinha um faturamento de 1,3 bilhão de dólares e 1.200 empregados, assim como uma sede projetada por Frank Gehry no formato de um binóculo. (Chiat uma vez se definiu como um "arquiteto frustrado" — e é em parte às suas teorias sobre criatividade e local de trabalho que se deve o clichê das agências de propaganda do tipo loft, cheias de sacos de boxe, mesas de bilhar e outros brinquedos. Ele privava os executivos de uma sala e os outros de um espaço pessoal de trabalho, inventando o "hot desking" nesse processo.)

Chiat também tentou fazer a agência crescer através de aquisições, comprando uma empresa australiana chamada Mojo MDA em 1989. Mas o negócio foi desfeito. Os planos de expansão global deram para trás e a recessão começou de repente a cobrar o seu preço. Sobrecarregado de dívidas e lutando para reduzir custos, em 1995 Chiat finalmente concordou em vender o negócio ao Omnicom Group, onde se tornou parte da TBWA Worldwide. Contra suas convicções, Chiat tinha finalmente entrado para a marinha.

Ele deixou a agência logo depois de completado o negócio. Seu último trabalho foi como executivo-chefe da Screaming Media, um provedor de conteúdo da internet: ele foi trabalhar lá em 1999 mas estava de olho na empresa desde sua fundação em 1993 — sempre à frente do seu tempo. Morreu de câncer, aos 70 anos, em 2002.

Comentando sua morte no *The New York Times*, Clow disse que seu patrão tinha combinado "a agressividade de um nova-iorquino com a liberdade da Califórnia" ("Jai Chiat, advertising man on a mission, is dead at 70", 24 de abril de 2002). Num momento mais pungente, acrescentou que Chiat "nos empurrava até a beira — e quando chegávamos lá nos desafiava a achar um jeito de voar".

8

A conexão francesa

"Vive la publicité"

Maurice Lévy tinha acabado de sair de um restaurante em Champs-Elysées quando viu um brilho cor de âmbar no céu. Lévy, um mago da tecnologia, era encarregado dos sistemas de computador da agência de propaganda Publicis, sediada mais acima na celebrada avenida. Virou-se para seus companheiros de jantar e disse com uma ponta de humor: "Acho que a agência pegou fogo."

Seus amigos lhe disseram que isso era improvável e o aconselharam a ir para casa. Sem se deixar convencer, Lévy subiu a rua e descobriu com horror que sua premonição estava correta: havia vários caminhões de bombeiros em torno do edifício em chamas, no número 133 da Avenue des Champs-Elysées. Era a noite de 27 de setembro de 1972 — que teria um grande impacto na história da agência e na carreira de Lévy.

Lévy sabia que o futuro da Publicis dependia dos dados armazenados em discos e fitas magnéticas na sala dos computadores. Desgostoso, percebeu no mesmo instante que o turno da noite da equipe de tecnologia da informação ainda estava trabalhando. "Fiquei tão decidido a entrar no prédio que comecei a brigar com os bombeiros", lembra ele. "Tiveram que me imobilizar fisicamente no chão. Finalmente me acalmei e eles me deixaram ficar ali do lado de fora. Fiquei lá até umas duas da manhã, mas estava claro que não ia conseguir entrar na agência. Então, fui para casa e tentei dormir uma ou duas horas."

Mas, às cinco da manhã, Lévy voltou. "O foco principal do incêndio tinha sido debelado, mas o edifício ainda ardia em alguns pontos. Vários membros do turno da manhã da equipe de TI estavam por ali, olhando. Vi um carro do comando da brigada de incêndios estacionado ali perto, com uma jaqueta de couro e um capacete em cima do capô. Sem pensar direito, vesti a jaqueta e pus o capacete na cabeça. Tinha só um guarda na porta. Ele acenou para mim distraidamente e entrei no edifício — era o primeiro funcionário da agência a ter acesso ao local."

O edifício era pouco mais do que uma casca enegrecida — tudo o que não tinha sido destruído pelo fogo tinha sido arruinado pela água. A sala dos computadores no andar térreo era uma massa retorcida de aço enegrecido e plástico derretido. Ainda assim, Lévy considerou que parte do material podia ser salva. Quebrou uma janela e começou a passar destroços para os membros da sua equipe que ainda estavam por ali. "O que restava dos discos, das fitas, dos papéis meio queimados, dos programas... em poucas horas removemos tudo o que podia prestar. E resultou que fizemos a coisa certa, porque poucas horas depois o edifício foi interditado de vez."

Lévy e sua equipe levaram o material para a IBM, onde começaram a trabalhar para recuperar dados das fitas estragadas. "A essa altura já era quinta-feira de manhã. Trabalhamos sem parar e, na segunda-feira, milagrosamente, conseguimos fornecer a cada membro do quadro de funcionários detalhes sobre seus clientes, fornecedores, trabalhos que estavam sendo realizados, campanhas em andamento... E pudemos cobrar dos clientes trabalhos terminados recentemente, coisa que certamente eles não esperavam. Como resultado, a agência voltou a funcionar com relativa rapidez."

O incêndio na Publicis foi um acidente. O *Le Monde Diplomatique* tentou uma vez sugerir que tinha sido um ataque incendiário do grupo terrorista palestino Setembro Negro (*"Publicis, un pouvoir"*, junho de 2004), mas isso foi enfaticamente negado pela agência. A certeza é que a presença de espírito de Lévy e seu trabalho subsequente lhe renderam a gratidão eterna do fundador da agência, Marcel Bleustein-Blanchet. Uma lenda da indústria da propaganda francesa, Bleustein-Blanchet tinha se tornado mentor e uma espécie de figura paterna para Lévy. Lembrando os eventos que cercaram o incêndio, Lévy admite: "Certamente o fato de eu ter mostrado um pouco de iniciativa não passou despercebido".

Hoje, Maurice Lévy é presidente do Publicis Groupe, um dos impérios de comunicações mais poderosos do mundo, dono da Saatchi & Saatchi e da Leo Burnett, entre outras empresas. Segundo a mitologia da propaganda francesa, a relação próxima entre Lévy e Bleustein-Blanchet, e sua subsequente ascensão ao topo da agência resultaram diretamente de suas ações durante e depois do incêndio. A verdade, como sempre, é um pouco mais complexa.

O PAI DA PROPAGANDA FRANCESA

Marcel Bleustein fundou a Publicis em 1927, em duas salas que ficavam em cima de um açougue, no número 17, *rue du* Faubourg Montmartre. Tinha 20 anos. Filho de um vendedor de móveis judeu, nasceu no subúrbio parisiense de Enghien-les-Bains, mas foi criado em Montmartre. Embora inquestionavelmente brilhante, deixou cedo a escola, por volta dos 14 anos, para trabalhar com o pai. Descobriu não apenas que vender era natural para ele, mas que gostava mais do processo da venda do que de seu fechamento. Logo ficou intrigado com o que os franceses chamavam de "réclame". Adaptado do verbo "*réclamer*", que significa "reclamar", "reivindicar" e até mesmo "implorar", era o termo aceito na época para o ato da propaganda. (Foi depois substituído por "publicité", um termo mais educado.)

Ao explicar sua motivação, Bleustein disse uma vez: "Escolhi a vocação da propaganda por me sentir irresistivelmente atraído por ela; e porque ela podia me dar o que desejei acima de tudo desde a infância: independência" (website Musée de la Publicité: www.museedelapub.org). Dizem que seu pai não ficou impressionado, comentando: "Então agora você vai vender vento".

O nome da agência era uma simples contração de "*publicité*" com a pronúncia francesa do número seis — porque 1926 foi o ano em que Bleustein concebeu seu projeto. Adotou uma cabeça de leão como logotipo da empresa nascente. Cerca de 50 anos à frente do seu tempo, decidiu fundamentar sua propaganda não em "implorar" para vender, mas em construir relações de longo prazo entre marcas e consumidores. Os primeiros clientes incluíam os casacos de pele Brunswick e o fabricante de móveis Lévitan. Slogans como o que Bleustein escreveu para a Brunswick "*Le fourreur qui fait fureur*" ("Peles que fazem furor"), hoje parecem estranhos, mas na época eram inovadores — precursores dos jingles radiofônicos, que Bleustein também introduziu na propaganda francesa.

Três anos depois, a Publicis foi nomeada representante de propaganda exclusiva da rádio estatal. Em 1935, quando o governo decidiu que a rádio pública seria um veículo sem propaganda, Bleustein resolveu o problema comprando uma pequena estação de rádio, que transformou numa bem-sucedida emissora privada. Poucos anos depois, fundou uma companhia que fazia e distribuía filmes de propaganda para o cinema, chamada Cinéma et Publicité (que se transformou na atual Mediavision). No final dos anos 30, Bleustein negociava também a venda de anúncios para muitos dos principais jornais do país.

Fundamental para a lenda de Bleustein é sua conduta valorosa durante a guerra. Na Ocupação {da França pela Alemanha nazista}, juntou-se à Resistência Francesa e mudou seu nome para Blanchet, sumindo nas sombras quando a empresa que criara foi desmantelada pelos nazistas. Procurado tanto pela Gestapo quanto pelo governo de Vichi, fugiu primeiro para a Espanha e depois para a Inglaterra, onde se tornou piloto de caça das Forças Francesas Livres. Quando terminou a guerra, foi condecorado com várias medalhas por bravura — mas estava financeiramente arruinado.

Felizmente, seus contatos e clientes de antes da guerra ficaram ao seu lado. Agora, com o rádio totalmente nacionalizado e decididamente não comercial, o empresário conhecido daí por diante como Bleustein-Blanchet se concentrou em retomar a venda de anúncios para os jornais e em criar propaganda para o cinema. Começou também a negociar a veiculação de anúncios em meios de transportes, vendendo espaço publicitário em laterais de ônibus e no metrô. No final de 1940, viajou para os Estados Unidos. Voltou convencido da importância da pesquisa motivacional — e sonhando em abrir a primeira filial de sua agência em Nova York.

Essa ambição foi realizada nos anos 50, um período de grande expansão para a Publicis. Sua unidade de vendas de anúncios representava agora jornais com uma circulação total de mais de um milhão de cópias ao dia. Convencional, seu departamento de propaganda conquistou clientes como a Shell, a Singer e a Nestlé. O escritório de Nova York, a Publicis Corporation, abriu em 1958. Nesse mesmo ano, a agência mudou para uma nova sede, no número 133 da Avénue des Champs-Elysées, no lugar do antigo Hotel Astoria. No andar térreo, imitando os cafés/mercados que tinha visto em Nova York, Bleustein-Blanchet abriu a Publicis Drugstore. Essa inovação — que permanece única — era mais do que uma forma de atrair os consumidores para a agência: fez também com que o nome de marca Publicis se tornasse quase tão famoso quanto o de seus clientes.

Nos anos 60, o "garoto de Montmartre", como ele às vezes se referia a si mesmo, mal reconhecia a agência que tinha criado 40 anos antes, em duas salas sem graça. A Publicis foi pioneira na propaganda televisiva na França, criando campanhas que ainda são carinhosamente lembradas por clientes como Renault, L'Oréal, Dim (marca de lingerie) e queijos Boursin ("*Du pain, du vin, du Boursin*").

Em 1970, a Publicis abriu o capital.

O HOMEM QUE DISSE "*NON*"

Maurice Lévy relembra quando conheceu Marcel Bleustein-Blanchet, na tarde de 2 de março de 1971. Era o primeiro dia de Lévy na Publicis. Tendo construído uma considerável reputação no campo da TI, tinha sido procurado quando trabalhava numa agência menor que tinha, coincidentemente, acabado de lhe oferecer o cargo de diretor administrativo. Embora Lévy tivesse assumido responsabilidades administrativas e de gestão de contas ao lado de seu trabalho em TI, não se sentia pronto para a posição mais alta. Disse para si mesmo: "Se acham que eu sou a melhor pessoa para dirigir esta agência, estou na agência errada". Poucos dias depois, recebeu um telefonema da Publicis, que tinha ficado para trás na corrida da tecnologia da informação e precisava dele para atualizar seus sistemas. Lévy acabaria trabalhando nesse projeto do amanhecer até altas horas da noite por quase um ano — e salvando consequentemente a agência da ruína.

Nesse meio-tempo, na tarde do seu primeiro dia, Lévy foi levado para conhecer Marcel Bleustein-Blanchet. "Foi um encontro que só posso descrever como 'iluminador'", diz ele. "Fiquei imediatamente encantado com esse cavalheiro formidável. É preciso lembrar que ele era muito famoso nessa época, o equivalente a uma personalidade como Richard Branson atualmente. Naquele momento eu o adotei instintivamente não apenas como patrão, mas também como mentor. A reunião devia durar 10 minutos, mas se alongou por uma hora. Ele me falou da sua vida, da sua visão do futuro, e me ajudou a expressar minhas próprias ideias. No fim da reunião, apertou minha mão, olhou-me nos olhos e disse: 'Um dia, meu jovem, você estará dirigindo esta agência'. Quando orgulhosamente contei isso à minha mulher, ela disse: 'É provável que ele diga isso a todos os jovens'."

Lévy nunca pensou em termos de plano de carreira, mas a partir desse momento tinha uma missão: ganhar o respeito de Bleustein-Blanchet. "Ele parecia sentir que eu enfrentaria qualquer desafio que me desse. Era como estar no exército. Se ele me dissesse para atacar um ninho de metralhadoras ou explodir uma ponte, eu o faria. Ele fazia com que cada desafio fosse mais difícil do que o anterior, para ver até onde podia me empurrar. E eu estava determinado a provar que, por mais que me empurrasse, nunca o decepcionaria."

Depois do incêndio, com os funcionários da agência dispersos por Paris, Lévy fez parte da equipe central que ajudou a Publicis a se pôr novamente de pé. Exatamente um ano depois das chamas, Bleustein-Blanchet — que era um grande fã de símbolos — decidiu que estava na hora de uma reorganização administrativa. "Ele me procurou e disse: 'Escute, Maurice, pensei muito e cheguei à conclusão de que você deve ser o CEO da agência'. Disse-lhe que estava muito lisonjeado, mas que isso seria um erro. A Publicis era a mais respeitada agência da França, vivia de criatividade, e eu não tinha feito minha vida como homem de propaganda. Eu me via como administrador — dirigir uma agência não era meu *métier*."

Os rivais de Lévy ainda têm prazer em ressaltar que ele não teve uma formação clássica em propaganda, que estudou para ser programador de computadores. É claro que hoje ele pode se dar ao luxo de ser indiferente a esse tipo de sarcasmo, mas na época ele se achava quase um intruso. Mesmo assim, concordou em assumir o papel de secretário geral, o que significava que teria a responsabilidade de preparar a agência para seu retorno ao número 133 da Avénue des Champs-Elysées, onde um novo edifício de vanguarda, em vidro e aço, estava em construção. "Depois do incêndio, perdemos tempo, dinheiro e clientes. Meu trabalho era fazer a Publicis voltar ao nível de saúde que tinha alcançado antes do incêndio." Também lhe foi entregue a responsabilidade pelos dois maiores clientes da agência: Renault e Colgate-Palmolive. Ao mesmo tempo, a Publicis começou a prospectar — e a ganhar novas contas.

Em 1975, 27 meses depois da conflagração, a agência mudou para sua sede restaurada. Bleustein-Blanchet reiterou sua oferta. E dessa vez, desconsiderou os protestos de Lévy: "Não adianta discutir — a decisão está tomada".

Lévy assumiu a direção da agência, primeiro no nível local e, gradualmente, no nível internacional. No começo dos anos 80, estava claro que Marcel Bleustein-Blanchet considerava Lévy seu sucessor natural. "De 1987 até quase sua morte em 1996, trabalhamos juntos em estreita proximidade", recorda Lévy. "Ele exigia muito de mim, mas isso se tornou uma espécie de jogo. Queria descobrir até onde eu podia levar a empresa. Dizia: 'Vejamos quais são suas limitações'. E eu respondia: 'Garanto que nunca vai descobrir'. Eu queria mostrar que merecia a confiança dele."

Perto do fim, quando Bleustein-Blanchet se retirou do cargo de chairman não executivo, uma das tarefas de Lévy era lhe relatar o funcionamento interno da agência, nos mínimos detalhes. "Se eu lhe apresentasse apenas a conclusão de uma história ele ficava irritado: "Você está estragando tudo! Quero sentir como se eu estivesse lá! Conte tudo!" Quando cismava, irrompia na minha sala e exigia que eu o pusesse a par do que estava acontecendo, mesmo que eu estivesse no meio de uma reunião."

O velho Bleustein-Blanchet podia ser meio intratável, admite Lévy. "Chegamos a gritar um com o outro em mais de uma ocasião. Mas durante toda a nossa relação — mesmo antes de nos tornar amigos — fui muitas vezes a única pessoa que tinha coragem de dizer 'Não, não concordo com você'. Como todos os grandes líderes, ele odiava gente submissa. Não queria bajuladores — queria gente de caráter."

Até certo ponto, diz hoje Lévy, ele nunca parou de trabalhar para Marcel Bleustein-Blanchet. "Durante esses anos todos, minha maior ambição era que esse homem, esse homem magnífico, olhasse para mim com o mesmo respeito que eu tinha por ele. Até hoje, gosto de pensar que ele ficaria orgulhoso com nossas realizações como grupo."

Sob a supervisão de Lévy, a Publicis cresceu numa escala que o garoto de Montmartre jamais poderia ter imaginado. Mas voltaremos a essa história mais tarde (no Capítulo 11, Incorporação).

PROVOCAÇÃO E IMPACTO

Além de Marcel Bleustein-Blanchet — e Maurice Lévy — houve outros publicitários franceses notáveis. Um deles foi o saudoso criativo Philippe Michel, cofundador da agência que se transformou na atual CLM/BBDO. Simpatizante dos Situacionistas — o grupo de artistas-agitadores que inspirou o punk — Michel queria descobrir uma forma mais intelectual de propaganda, que desconstruísse os clichês e fosse cúmplice do consumidor, em vez de tratá-lo de maneira paternalista. Filosófico e provocador, com uma inteligência afiada, só poderia ter nascido na França.

Michel "tropeçou" na propaganda depois de inicialmente estudar medicina, indo parar na Dupuy-Compton em 1966, onde rapidamente chegou a diretor de criação. Em 1973, fundou a CLM com Alain Chevalier e Jean-Loup Le Forestier. A agência foi em frente, trabalhando para marcas como Total, Volvic, Vittel, Apple e Monoprix. Para a marca de moda Kookaï, criou toda uma atitude: feminina mas independente, maliciosa mas sedutora.

A filosofia de Michel foi resumida no título de um livro de 2005, dedicado aos seus pensamentos sobre propaganda: *C'est Quoi, L'Idée?* (Qual é a Ideia?). Segundo antigos colegas, quando Michel fazia essa pergunta a alguém a respeito de algum anúncio que estivesse sendo proposto, esperava que a pessoa respondesse rapidamente.

Mesmo que não seja a melhor, sua campanha mais conhecida fora da França (e muito apreciada por David Ogilvy) foi para a empresa de outdoors Avenir, em 1981. O primeiro dos três cartazes mostrava uma francesa sexy chamada Myriam, de biquíni. "No dia 2 de setembro", prometia o título, "vou tirar a parte de cima". E de fato, na data marcada, Myriam aparecia com os seios nus. Mas agora ela fazia uma promessa ainda mais ousada. "No dia 4 de setembro, vou tirar a parte de baixo." Quando chegou o dia, o cartaz mostrava Myriam de costas, com seu bumbum atrevido à mostra. A assinatura dizia: "Avenir, a empresa de outdoors que cumpre suas promessas". Levando o conceito de "campanha de teaser" à sua conclusão lógica, a campanha destaca o gosto de Michel para a provocação.

Altamente citável, Michel observou uma vez que, no que diz respeito a ideias, "complexo não significa necessariamente complicado". Referindo-se ao comercial "1984" da Chiat/Day, observou: "A função da propaganda não é vender, mas criar um vínculo cultural entre os desejos do empresário com os do público". Morreu de ataque cardíaco em 1993, mas suas ideias continuam vivas.

Outro redator francês de primeira classe foi Pierre Lemonnier, que fundou a agência Impact em 1959 e morreu em 2002. Tendo começado como vendedor da Philips, Lemonnier se via — e passou a ser considerado — como o equivalente francês de David Ogilvy. Um consumado artista da palavra, disse uma vez que queria banir slogans e taglines das campanhas impressas. "Para chamar a atenção do leitor, basta escrever S**T {M*RD*} numa página dupla", observou secamente. No entanto, o texto tem que ser tão bom que fisgue o leitor desde a primeira frase. "O texto de propaganda só é bom se for infinitamente superior em técnica, em fatos, em emoção e em ritmo a qualquer coisa que um bom jornalista possa escrever sobre o mesmo assunto", afirmava (*"L'homme qui voulait bannir les slogans"*, *Stratégies*, 19 de julho de 2002). Ele punha em prática o que dizia, escrevendo textos concisos e atraentes para clientes tão diferentes quanto Tefal e Ferrari. O texto que escreveu para a Ferrari era baseado em sua experiência pessoal como motorista. "Ninguém consegue se pôr no lugar do dono de uma Ferrari 308", escreveu, desafiando o leitor.

Embora Lemonnier e Michel fossem admirados por seus pares, pode-se dizer que um único publicitário francês alcançou status de celebridade entre o grande público. O "S" da agência Euro RSCG, cujo nome é Jacques Séguéla.

A CASA QUE JACQUES CONSTRUIU

Quando cheguei à França para trabalhar na revista de propaganda *Stratégies*, o nome "Séguéla" foi um dos primeiros que ouvi. Sobrancelhas se ergueram quando admiti que ele pouco significava para mim. Oficialmente cofundador da Euro RSCG e presidente criativo da Havas, para grande parte do público francês, Jacques Séguéla *é* a indústria da propaganda. Foi ele que idealizou duas bem-sucedidas campanhas eleitorais para François Mitterand, em 1981 e em 1988, gravando o slogan *"La Force Tranquille"* ("A Força Tranquila") na memória coletiva francesa. Ainda assim, nunca se colocou como um "spin doctor" de luxo. Em 1979, escreveu um livro campeão de vendas chamado *Ne Dites Pas à Ma Mère Que Je Suis Dans la Publicité... Elle Me Croit Pianiste Dans Un Bordel* ("Não contem à minha mãe que trabalho em propaganda... Ela pensa que sou pianista num bordel"). Hoje, numa idade em que muitos homens já se aposentaram, ele tem o mesmo prazer contagiante com sua profissão. "Não adianta me pedir para abandonar a propaganda", diz ele. "Quando parar de trabalhar, vou morrer."

Séguéla tem orgulho de fazer parte de uma outra exceção francesa. Fora do Reino Unido, a França tem o mais forte setor de propaganda da Europa. Para começar, o país ostenta dois grupos de comunicação gigantescos: Publicis e Havas. Alguns afirmam que durante o período pós-guerra esse par formou uma aliança não oficial, concordando em dividir entre si os maiores clientes franceses, de modo a conseguir congelar a invasão das redes norte-americanas. Na realidade, é mais provável que os dois exercessem um forte controle sobre o mercado antes da chegada das redes de além-mar. Os franceses são acima de tudo nacionalistas.

Mas isso não explica um segundo fato intrigante, que é o desempenho excepcionalmente bom das agências francesas nas competições criativas internacionais, comparado com o de seus rivais na Itália, Alemanha e Espanha. Séguéla acredita que isso tem relação com a mentalidade francesa. "Sempre digo que há três tipos de propaganda. Os ingleses fazem propaganda que vem da cabeça mas toca o coração: é sempre mais intelectual. Os franceses fazem propaganda que vem do coração e toca a cabeça: recorre em geral a imagens românticas, emocionais e sensuais. Os norte-americanos fazem propaganda que vem da cabeça e toca a carteira. É possível que a abordagem francesa, pelo menos fora dos mercados anglo-saxões, tenha um apelo mais universal."

São essas frases dignas de citação que fazem de Séguéla um favorito da mídia. Ele sempre soube como seduzir a imprensa. Nascido em Paris e criado em Perpignan, estudou para fazer um doutorado em farmácia antes de sair para viajar pelo mundo num Citroën 2CV — supostamente para fazer pesquisas para sua tese sobre plantas medicinais. Suas aventuras resultaram num livro que, em suas palavras, "foi parar na mesa do editor da *Paris Match*". Abandonando o jaleco de farmacêutico, Séguéla aceitou um convite para ser jornalista.

Depois da *Paris Match*, foi para a *France Soir*, onde chegou a editor antes de perceber que estava no departamento errado. "No meu novo cargo, ficava em contato com o departamento editorial e o de propaganda", ele explica, "e fui ficando cada vez mais curioso a respeito da propaganda. Ocorreu-me que há muitos grandes jornalistas na história e que eu tinha uma chance muito limitada de me juntar a eles. Mas algo me dizia que ainda havia coisas interessantes a serem feitas em propaganda. Nessa época, nos anos 60, ela não era considerada uma profissão particularmente respeitável. Atraía muita gente que simplesmente não sabia o que fazer, o que transparecia em seu trabalho. Mas com o meu treino em jornalismo, sentia que podia criar coisas melhores."

Em outras palavras, ele sabia como pesquisar clientes, escrever textos e criar eventos atraentes para a mídia. Com esses atributos a seu favor, procurou o departamento de propaganda da Citroën, uma empresa que no passado lhe dera sorte. Antes de se dar conta, estava trabalhando para a agência do fabricante de automóveis, a Delpire, dirigida pelo talentoso diretor de arte Robert Delpire. Infelizmente para Séguéla, a essa altura a Citroën estava investindo quase toda a verba de propaganda em folhetos luxuosos, enquanto ele ainda sonhava em "fazer propaganda de verdade". A parada seguinte foi uma pequena agência chamada Axe Publicité, cujas contas incluíam Lanvin, Olympic Airways, Volvo e Electrolux. Inspirado pelos acontecimentos revolucionários de maio de 1968, quando estudantes e trabalhadores tomaram as ruas, Séguéla e seu colega Bernard Roux procuraram o patrão exigindo participação igual na agência. Mas mostraram-lhes a porta da rua. Desempregados, decidiram que sua única opção era iniciar o próprio negócio. Com a criação da Roux Séguéla, estavam a meio caminho de entrar nos livros de história da propaganda.

Criar uma agência independente na França do começo dos anos 70 era praticamente uma temeridade. Como foi discutido acima, o império de comunicações do governo, a Havas e a tradicional Publicis, formavam um bloqueio quase impenetrável contra recém-chegados ao mercado. Além disso, os recursos da recém-nascida agência eram mais do que limitados.

"Naquele tempo não tinha essa coisa de 'paraquedas dourado', de modo que começamos com literalmente nada", diz Séguéla. "Por alguns meses, subalugamos o escritório de um outro publicitário que nunca trabalhava antes do almoço. Assim, usávamos o lugar durante a manhã e ele usava à tarde. Tínhamos uma placa que dizia 'Roux Séguéla' e todas as manhãs desparafusávamos a placa dele e púnhamos a nossa em seu lugar. Quando saíamos, recolocávamos a placa dele. À tarde, trabalhávamos no café embaixo do escritório, onde o barman passou a ser também nosso recepcionista. O único problema era que, para conversar com possíveis clientes à tarde, a reunião tinha que ser no café, que era frequentado por prostitutas. Fazíamos que elas ficassem conversando com os clientes enquanto subíamos correndo e implorávamos para usar o escritório por mais dez minutos."

A primeira campanha da agência foi para os motores de popa Mercury. Ela veiculou um anúncio na revista *L'Express*: uma antiga foto tirada por um paparazzo do então presidente Georges Pompidou pilotando um barco com um motor de popa Mercury. Ao ver uma prova da revista, Pompidou ficou irritado com o uso não autorizado da imagem. Chamou o editor e exigiu que o anúncio fosse retirado. De acordo com Séguéla, 600 mil cópias do anúncio tiveram que ser cortadas fora manualmente, o que levou três dias. O caso apareceu no rádio, o que efetivamente lançou a nova agência. "Devemos nossa súbita fama a um anúncio que nunca viu a luz do dia", diz ele.

Posicionando-se como ousada e antissistema, a Roux Séguéla formou um modesto portfólio de clientes, principalmente no campo de imóveis, e mudou para instalações maiores no 8º *arrondissement*. Aos fundadores juntou-se Alain Cayzac, que tinha passado algum tempo na Procter & Gamble antes de ir para uma pequena agência chamada NCK. Cayzac ajudou a agência a penetrar no campo dos bens de consumo de alta rotatividade.

Então, mais uma vez, a Citroën apareceu na vida de Séguéla como um trevo de quatro folhas. Diz ele: "Por acaso voltei a ter contato com Robert Delpire, que me contou que estava a ponto de vender sua agência. Embora já tivesse tido várias conversas com a Citroën sobre a possibilidade de trabalhar para ela, sempre dizia que respeitava demais Robert Delpire para roubar um de seus clientes. Mas agora ele estava pensando em partir para outra. Ele me perguntou se conhecia alguém que quisesse comprar a agência. E eu pensei: 'E por que não nós?' Acabamos fazendo negócio e quase da noite para o dia éramos uma das maiores agências da França, com uma das contas mais prestigiosas. Desde então tenho trabalhado para a Citroën".

Em 1978, Jean-Michel Goudard, outro ex-executivo da Procter & Gamble, tornou-se a letra final da RSCG. O importante papel da agência na campanha eleitoral de François Mitterand em 1981, que levou os socialistas ao poder pela primeira vez em 40 anos, selou sua reputação. O sucesso de Mitterand se repetiu em 1988. Por algum tempo, parecia que nada de errado poderia acontecer à agência — até que de repente aconteceu. Agora uma das três principais agências da França, entrou na onda das aquisições, abocanhando várias agências nos Estados Unidos. Esse programa de expansão poderia ter sido tranquilo se não tivesse coincidido com um declínio do mercado de propaganda. Em 1990, a RSCG tinha acumulado dívidas em torno de 220 milhões de dólares e oscilava à beira da ruína.

"Construir uma rede internacional tinha sido incrivelmente caro", admite Séguéla. "Tínhamos ido o mais longe possível, mas agora o poço estava seco. Os bancos ameaçavam cortar nosso crédito. Acho que estávamos a uns 15 dias de afundar."

Ironicamente apareceu um bote salva-vidas na forma da organização que a não conformista RSCG tinha antes considerado seu oposto polar: a Havas. O braço de propaganda do grupo, a Eurocom, adquiriu a RSCG num negócio que lhe custou 300 milhões de dólares. Depois da fusão, a entidade seria dirigida pelo chefe da Eurocom, Alain de Pouzilhac. Juntas, as agências formaram a Euro RSCG, uma rede gigante de agências com alcance global. Foi uma recuperação dramática, embora na época tenha circulado o rumor de que o próprio Presidente Mitterand incentivou sutilmente a Eurocom a salvar seus antigos consultores.

Hoje, como qualquer empresa francesa sensata, a Euro RSCG Worldwide é sediada em Nova York. Ela trabalhou duramente para estabilizar sua atuação internacional nos anos 90, quando sua rede era considerada inconsistente e sem coordenação central. A confirmação de uma reviravolta bem-sucedida veio no final de 2006, quando foi apontada como a maior agência do mundo (em termos do número de contas atendidas) pela *Advertising Age*, com 75 contas importantes e mais de 1.300 contratos em todo o mundo. A lista dos clientes incluía Ford Motor Co., Reckitt Benckiser,

Grupo Danone, PSA Peugeot Citroën, Citigroup, Bayer, Schering-Plough Corp., Grupo LG, Carrefour e Sanofi-Aventis (PR Newswire, 30 de novembro de 2006).

Uma das joias da coroa da rede é a BETC Euro RSCG, a agência parisiense formada em 1994 pela reunião dos talentos franceses Rémi Babinet, Mercedes Erra e Eric Tong Cuong. A essa altura, a Euro RSCG tornara-se inchada e firmemente integrada ao sistema — a nova jovem agência reviveria sua imagem criativa. Diante da evidência dos prêmios que choveram daí em diante, o negócio compensou. A sede da BETC em Paris é possivelmente um dos lugares mais incríveis da cidade: um amplo espaço retrofuturístico na estrutura de uma antiga loja de departamentos do século XIX, onde cadeiras vintage dos mercados de pulgas da cidade convivem informalmente com mesas Jean Nouvel. Nem é preciso dizer que tem pouca semelhança com a agência iniciada por Jacques Séguéla em cima de um café em 1970.

TBWA: ABSOLUTAMENTE EUROPEIA

No final de 1970, um intrigante folheto foi parar na mesa de diversos líderes empresariais franceses. O título parecia estar escrito em código: Tragos, Bonnange, Wiesendanger, Ajroldi.

A primeira página revelava que esses eram os nomes de quatro publicitários que se propunham a resolver um importante problema que os anunciantes europeus enfrentavam. Segundo o panfleto, a situação era a seguinte: depois da guerra, a despeito da abertura das fronteiras para o comércio internacional, as agências de propaganda europeias não tinham conseguido se expandir além-mar. Suas contas eram em geral pequenas demais para financiar a abertura de escritórios em outros países e elas se sentiam linguística e culturalmente presas aos mercados domésticos.

As grandes agências norte-americanas, por outro lado, não tinham sido tão receosas. A necessidade de atender multinacionais como Ford, Coca-Cola e Procter & Gamble tinham lhes proporcionado amplos motivos para atravessar o Atlântico. Com filiais instaladas nas principais capitais europeias, dignaram-se a lidar com algumas poucas contas locais — desde que não houvesse conflito de clientes. Seus recursos e sua experiência foram altamente procurados, mas seu coração estava em Nova York e Chicago. "Para as agências norte-americanas", afirmava enfaticamente o folheto, "os clientes europeus sempre serão a segunda prioridade."

Bill Tragos (norte-americano descendente de gregos), Claude Bonnange (francês), Uli Wiesendanger (suíço) e Paulo Ajroldi (italiano) tinham trabalhado juntos na Young & Rubicam France. Pretendiam agora criar a primeira rede de agências europeia: a TBWA. Ela se estabeleceria em Paris e abriria rapidamente filiais por toda a Europa. Sua vocação não era a de ser uma butique criativa, mas uma grande rede capaz de trabalhar até mesmo com os maiores clientes. Seria "a primeira agência que nasceu internacional", como disse Tragos.

Claude Bonnange, um pioneiro do planejamento estratégico, tinha se juntado à Young & Rubicam Paris em 1964. "A agência ia bem, mas nada melhor que isso", relembra durante um almoço em seu apartamento em Paris. "Então contrataram Bill Tragos, que tinha dado uma virada na Benelux da Y&R em apenas 18 meses. Bill chamou seu velho amigo Paulo, que conhecia da Y&R de Nova York. E o quarteto foi completado por esse jovem redator suíço, Uli. Não apenas nos tornamos amigos, mas tínhamos experiências totalmente complementares. A de Bill era administração, eu lidava com planejamento e pesquisa, Uli era o criativo e Paulo o gerente de atendimento. Em três anos, levamos a agência do décimo quinto ao terceiro lugar. E mais da metade do seu faturamento vinha de clientes que não eram norte-americanos."

Com o sucesso veio a tentação: todos os quatro receberam telefonemas de outras agências (Bonnange lembra de uma conversa com Pierre Lemonnier da Impact, por exemplo). Isso naturalmente os empurrou para uma linha de pensamento alternativa: e se montassem a própria agência? Tinham discutido a soberania das grandes agências norte-americanas. Acreditavam apaixonadamente que havia a necessidade de uma rede europeia coordenada, em vez de um amontoado de agências adquiridas aqui e ali. "Construída, não comprada", foi como Tragos descreveria mais tarde a estrutura da TBWA. "Nós nos reunimos no apartamento do Paulo e escrevemos o documento que se tornou a declaração da missão da agência", diz Bonnange. "Depois contamos à Y&R que estávamos indo embora — e que eles tinham um ano para encontrar substitutos para nós." Ele ri. "Isso mostra como os tempos mudaram."

Outro acontecimento que hoje seria improvável foi quando o quarteto finalmente saiu da Y&R. "Tínhamos uma relação tão boa com os donos dos meios de comunicação — as empresas de outdoors e outras — que, quando souberam do nosso projeto, nos ofereceram de graça um espaço de propaganda no valor de nove milhões de francos [cerca de 1,7 milhão de dólares]. Assim, em agosto de 1970, conseguimos veicular cartazes, anúncios impressos e spots de rádio anunciando o lançamento da TBWA, a primeira rede de propaganda europeia."

O quarteto logo começou a receber telefonemas de anunciantes intrigados com a proposta. Embora tivessem assinado um acordo de não concorrência com sua antiga agência — o que significava que não podiam assumir quaisquer de suas contas — no final do primeiro ano de trabalho estavam faturando o suficiente para abrir um escritório em Milão. "Queríamos andar depressa porque sabíamos que se não nos expandíssemos rapidamente para fora de Paris, nosso compromisso de ser a primeira rede europeia começaria a perder credibilidade", explica Bonnange. Um ano depois veio Frankfurt — e depois Londres, onde a TBWA contratou um jovem criativo chamado John Hegarty.

Hegarty ressalta o fato de que a TBWA estava consideravelmente à frente do seu tempo. Observa que o próprio conceito de "Europa" ainda era vago em meados da década de 1970. "Naquele tempo, quando você falava em Europa para um cliente britânico, seus olhos perdiam o interesse", diz ele. "'O que isso tem a ver? Não me interessa nem o que acontece em Newcastle, quanto mais em Milão. Lá é um lugar em que se vai nas férias.'"

Mas a Europa não era o bastante: a TBWA percebeu que para concorrer com as maiores do mercado tinha que estar presente nos Estados Unidos. Afastando-se de sua estratégia usual, a agência adquiriu a agência Baron, Costello & Fine, de Nova York. Com essa fusão, agarraram a conta que se tornaria a mais famosa da TBWA: a Absolut.

A obscura vodka produzida pela Vin & Sprit da Suécia era importada para os Estados Unidos por uma companhia chamada Carillon, chefiada por um dinâmico vendedor francês chamado Michel Roux (que não deve ser confundido com o chef londrino do mesmo nome). Roux chegara aos Estados Unidos em 1964 com graduação em administração hoteleira e foi subindo até o posto mais alto na Carillon. "Um clássico vendedor de bebidas, ele... costumava percorrer um roteiro de oito a dez bares noturnos de Manhattan. Noite após noite, ficava na rua até as primeiras horas da manhã e depois conseguia trabalhar o dia inteiro na empresa" ("Absolut Michel Roux", *Business Week*, 4 de dezembro de 2001). Foi assim que Roux se tornou um frequentador das lendárias festas de Andy Warhol em Manhattan, uma *entrée* que teria seu papel no sucesso da Absolut.

Quando a Carillon contratou a TBWA em 1981, Bonnange e sua equipe fizeram algumas pesquisas para descobrir como os consumidores reagiriam à Absolut. "Recebemos três recomendações", diz Bonnange. "Primeiro, mudem o nome porque Absolut parece arrogante. Segundo, mudem a garrafa porque parece que foi desenhada para recolher amostras de urina. Terceiro, mudem a logomarca porque as letras azuis são impressas diretamente no vidro, o que significa que não dá para enxergá-las na prateleira. Levamos esses resultados a Roux, que nos disse para ignorá-los. Disse: 'Pelo menos não é parecida com nada que exista no mercado. A garrafa fica como está'."

A estratégia da TBWA — conduzida pelo afável Roux — foi transformar Absolut num acessório fashion. A garrafa de forma estranha foi posta em todas as casas noturnas e bares badalados da cidade. E para que os formadores de opinião soubessem exatamente o que continham, a propaganda impressa transformou a própria garrafa numa logomarca. O primeiro anúncio, imaginado pelo diretor de criação da TBWA de Nova York, Geoff Hayes, mostrava a garrafa com um halo, e o título: "Absolut Perfection" (Perfeição Absoluta). Esse trocadilho visual estabeleceu o formato para todos os anúncios seguintes. O número de versões já chega aos milhares — febrilmente recortadas, colecionadas e comercializadas pelos fãs da campanha cult. (O arquivo completo pode ser visto numa página de internet chamada Absolut Ad, que não pertence à marca, mas a um colecionador: http://absolutad.com.)

O momento crucial foi em meados dos anos 80, quando a TBWA e Roux conseguiram recrutar Andy Warhol para criar um anúncio para a marca. (Embora o artista não bebesse o produto, gostava de usá-lo às vezes como perfume.) Depois da contribuição de Warhol, vieram designs de Jean-Michel Basquiat e Keith Haring. Consagrada pela contracultura de Manhattan, a vodka Absolut se tornou, nas palavras de Bonnange, "a bebida mais esnobe dos Estados Unidos". Naquela década até 1989, os carregamentos de Absolut aumentaram de menos de 100 mil litros para quase 30 milhões: ela ultrapassou as marcas russas, abocanhando a maior fatia do mercado de vodka importada. Ao mesmo tempo, a campanha confirmava a reputação da TBWA como uma das organizações de propaganda mais criativas do mundo.

AS SEMENTES DA DISRUPÇÃO

O sucesso da TBWA chamou a atenção do conglomerado de comunicações Omnicom, hoje dono das redes da DDB e BBDO. A Omnicom percebeu que a TBWA estava prestes a ficar sem saída: se quisesse entrar na Ásia e na América Latina, e ao mesmo tempo fortalecer sua presença nos Estados Unidos, precisaria de mais financiamento. A Omnicom fez uma oferta à TBWA que seria tolice recusar. Em 1990, não sem ironia, a primeira rede de propaganda europeia se tornou o terceiro pilar de um conglomerado norte-americano. E em 1995, a Omnicom escolheu a TBWA como o lar perfeito para sua recém-adquirida agência da Costa Oeste, a Chiat/Day.

A fusão provocou um drama em Londres, onde o escritório da Chiat/Day do Reino Unido decidiu que não tinha intenção alguma de fazer parte da TBWA. Andy Law, que dirigia a filial, estava convencido de que uma fusão com a TBWA significaria a "morte espiritual" da agência. "Eu sabia que todos nós acabaríamos no porão da TBWA", disse ele na época ("The ad agency to end all ad agencies", *Fast Company*, dezembro de 1996).

De volta de uma reunião tensa com a Omnicom, Law riscou uma linha no piso da sua sala. "Estou indo embora", disse ao seu pessoal, sugerindo tacitamente que os que quisessem segui-lo deviam cruzar a linha. Um por um, todos a cruzaram. A Omnicom não teve outra escolha além de vender a filial de Londres da Chiat/Day a Andy Law e seus associados. A dissidente foi chamada de St Luke's — o santo patrono dos artistas ou, forçando um pouco, das "pessoas criativas". Tornou-se uma das hotshops de mais destaque dos anos 90, gerando muita cobertura da imprensa, com seus escritórios sem mesas e sua estrutura cooperativa — em que cada funcionário tinha participação igual na agência. Parecia quase descolada demais para dar certo. Tempos depois, Law abandonou a St Luke's, que parece ter perdido algo de sua verve anterior. Mas como uma das agências selvagens que roíam o rodapé da cada vez mais monolítica indústria da propaganda dos anos 90, foi sem dúvida muito influente. (Ver Capítulo 13, As Alternativas.)

Enquanto isso, a TBWA tinha uma outra fusão para digerir. Uma das principais agências francesas dos anos 1980 era a BDDP, fundada em 1984 por Jean-Claude Boulet, Jean-Marie Dru, Marie-Catherine Dupuy e Jean-Pierre Petit. (Para os fãs das minúcias da história da propaganda, o avô de Marie-Catherine Dupuy, Roger-Louis Dupuy, fundou uma das primeiras agências francesas em 1926. Jean-Pierre Dupuy, pai de Marie-Catherine, também dirigiu a agência, que depois se transformou em Dupuy-Compton.)

Na última vez que encontramos a BDDP em nossa viagem pelo mundo da propaganda, ela não tinha conseguido abocanhar a BMP de Londres (que foi comprada pela DDB), mas tinha adquirido com sucesso a Wells Rich Greene de Nova York, pela colossal soma de 160 milhões de dólares.

No começo isso não fez mal à BDDP, já que seu faturamento estava perto de 930 milhões de dólares. Mas quando desceu a bruma da recessão, a agência começou a perder o rumo. É possível que, como acontece muitas vezes em propaganda, os clientes mais antigos da Wells Rich Greene tenham ficado inseguros com a saída da principal pessoa da agência, Mary Wells. Em seu livro, Wells escreve: "Conhecia bem demais a sorte dos antigos chairmans e presumi [que a BDDP] tinha as próprias ideias sobre como tocar a agência". Sugere que a agência "não era o reino de Mary, era a história de uma propaganda televisiva inovadora criada por pensadores pioneiros com um tremendo talento".

Ainda assim, os clientes começaram a ir embora. Algumas dessas perdas foram provocadas pela recessão, como no caso da Continental Airlines, que pediu concordata, forçando a Wells BDDP, como passou a ser chamada, a cobrir as contas de mídia. A IBM subtraiu um bocado da conta ao consolidar sua conta global com a Ogilvy. Lentamente, o faturamento começou a se esvair. Num lance inesperado, a agência britânica GGT adquiriu uma Wells BDDP enfraquecida por 174 milhões de dólares em 1997. Mas o aparente choque cultural entre esses três elementos diferentes — Wells, BDDP e GGT — desestabilizou ainda mais a agência. A Procter & Gamble retirou então sua conta de 125 milhões de dólares. A BDDP era uma sombra do que tinha sido.

Uma vez mais a Omnicom viu a oportunidade e atacou. Pagou 230 milhões de dólares pela GGT BDDP em 1998. A aquisição foi fundida à rede TBWA. Aos poucos, mesmo em sua terra natal francesa, o nome BDDP desapareceu nos anais da história. Mas uma recordação de sua glória ainda vive na forma da BDDP & Fils, uma divisão criativa fundada em 1998, que continua sendo muito respeitada no mercado francês.

Na época em que eu estava escrevendo este livro, as coisas dificilmente poderiam estar mais auspiciosas para a TBWA. A rede é dirigida agora por Jean-Marie Dru, um dos fundadores originais da BDDP. Alto, de ombros largos e cabelos prateados, Dru tem o olhar de um enérgico professor que pode se sair bem num campo de rugby. É o arquiteto da "disrupção", a proposição única de vendas da rede. Trata-se de uma técnica de marketing destinada a fazer com que a marca saia de sua zona de conforto. Trata-se de desafiar — e até mesmo subverter — o status quo. Simplificando, trata-se de quebrar as regras. "As marcas que não inovam começam a deteriorar", explica Dru. "Nosso trabalho é ajudá-las a mudar."

Dru diz que as raízes da Disrupção vêm dos primeiros dias da BDDP. "Como agência nova e desafiadora, percebemos que tínhamos que oferecer algo mais do que a mera promessa de 'criatividade' para nos diferenciar. Para começar, resolvemos pegar 'marcas-problema'. Nossa abordagem era 'traga para nós a sua marca se ela estiver com dificuldades, que a faremos dar uma virada'... Chegamos à ideia da reinvenção como 'ruptura' com o passado — uma palavra que funciona muito melhor em francês do que em inglês. Nossa rede internacional cresceu, a ideia evoluiu para 'disrupção', que ainda pode parecer negativa no contexto errado, mas é levemente menos chocante em inglês."

À medida que a BDDP crescia, Dru foi ficando mais ocupado e com menos tempo para espalhar o evangelho da Disrupção. Por algum tempo, a ideia entrou em hibernação. Depois da fusão com a TBWA, Dru achou que a Disrupção estava morta, "porque é muito difícil impor a cultura de uma agência a uma outra, especialmente quando você é que foi comprada". Mas a teoria voltou à tona quando Dru se juntou a John Hunt, da filial sul-africana e altamente criativa da TBWA (ver Capítulo 16, Postos Avançados Internacionais), para criar um dos primeiros Dias da Disrupção. São sessões de brainstorm em que os clientes são desafiados a dissecar os valores de suas marcas e identificar os que revelam pensamentos obsoletos ou convencionais — e que podem ser "disrompidos" com sucesso. "A grande vantagem dessas sessões é que, mesmo quando não geram uma nova ideia maravilhosa, tornam o cliente mais receptivo à inovação. No futuro, estará mais aberto a ideias genuinamente criativas — ideias que, para eles, representam mudanças reais."

Outros Dias da Disrupção aconteceram pelo mundo afora e, aos poucos, a filosofia entrou na corrente sanguínea da agência. Dru admite que Disrupção é uma simples ideia, baseada no truísmo de que mudança garante relevância — mas a perícia está na sua execução. "Depois de identificar os elementos de uma marca que podem passar por uma mudança, quais deles escolher? Mudança leva tempo e, quando você embarca numa estratégia de longo prazo, tem que fixar um objetivo. O valor-chave do novo posicionamento será 'saúde', ou será 'sabor'? Obviamente, é vital fazer a escolha certa desde o começo."

A Apple é um exemplo clássico do processo de Disrupção em funcionamento. Em 1997, a empresa estava tendo problemas. Depois da saída de seu cofundador, Steve Jobs, em 1985, ela tinha mudado de executivo-chefe mais vezes do que mudara de agência de propaganda. Sofria de uma hemorragia de dinheiro, perdendo 1 bilhão de dólares por ano. Além do mais, a marca perdera seu senso de identidade. Com o comercial "1984", da Chiat/Day, o fabricante de computadores tinha se posicionado como uma ferramenta que liberava o homem da máquina. Era a face não convencional, mas humana, da computação. Mas os PCs domésticos eram agora um lugar comum: o computador não era mais o foco de preocupação ou ansiedade por parte dos consumidores.

Quando Steve Jobs voltou à Apple e retomou o contato com sua antiga agência — agora na forma da TBWA — uma nova abordagem era necessária. A Apple esquadrinhou um de seus antigos valores de marca e reposicionou-se como a ferramenta predileta dos pensadores criativos. O título da campanha resultante foi "Pense Diferente". Isso abriu caminho para o lançamento do iMac, o produto da reviravolta. E o insight "disruptivo" de que a Apple tinha mais a ver com utilidade criativa do que com telas de computador acabou levando ao desenvolvimento do iPod.

A Disrupção é agora o pilar central do que a TBWA oferece. Isso se justifica pelo sucesso de clientes inovadores dispostos a correr riscos, como Apple, PlayStation e Nissan, para não mencionar a mala cheia de prêmios que a agência leva para casa todos os anos de competições como a de Cannes. Ela é há vários anos a rede mais premiada do mundo. Em 2006, a TBWA\Paris foi a Agência do Ano em Cannes pelo quarto ano consecutivo, o que significa que tinha levado mais prêmios do que qualquer outro participante.

O julgamento de trabalhos criativos é uma questão controversa (ver Capítulo 18, Controvérsia em Cannes), mas não há como negar que, assim como outras agências francesas, a TBWA\Paris tem um élan considerável.

9

Ícones europeus

*"O produto é o mesmo
— a diferença são as comunicações"*

Todo Natal, sem exceção, um pacote com o tamanho e a forma de uma caixa de chapéu aparece à minha porta. Dentro, inteiramente feitas de chocolate, estão as letras A e T interligadas. É a logomarca de Armando Testa, a principal agência criativa italiana, em forma de bombom. Esse pacote é uma lembrança da primeira visita que fiz à agência, há não menos de sete anos. Voltei lá algumas vezes desde então — mas se nunca mais tivesse me aproximado da porta de Testa novamente, duvido que isso fizesse muita diferença. Deixando de lado qualquer cinismo, isso parece um pouco mais caloroso do que um gesto comum de relações públicas. Uma vez escrevi um artigo positivo, de forma que fui adotado.

É possível que o fato de estarmos na Itália favorece metáforas relativas à família. E Testa tem tudo a ver com família. Armando Testa, um designer gráfico de Turim, fundou a agência em 1946. Morreu em 1992, mas nessa época a agência tinha sido levada a alturas ainda maiores por seu filho Marco, que assumiu a presidência em 1985. A agência continua teimosamente independente, recusando-se a ser abocanhada por algum leviatã norte-americano.

Contribuindo para a atmosfera familiar, Testa é até certo ponto a Leo Burnett italiana. A agência lida com nomes familiares como Pirelli, Lavazza, San Pellegrino e Fiat-Lancia. E criou personagens queridos, como Pippo, um hipopótamo azul e bonzinho, para uma marca de fraldas, e os imortais

Caballero e Carmencita, dois personagens em forma de cone, criados para o Café Paulista em 1960, que continuam firmes.

Mas há um lado mais atual da Armando Testa. Ela tem uma forte herança em design gráfico e especialmente seu trabalho tem um vigor inegável. Considere os maravilhosos cartazes que ela cria todos os anos para o café Lavazza: produções ultraglamorosas fotografadas por profissionais como David LaChapelle, Jean-Baptiste Mondino e Ellen Von Unwerth. A propaganda externa é em geral descartada como poluição visual — mas na verdade essas belezas iluminam a paisagem de uma cidade. Os calendários feitos com esse material criam uma vívida ruptura na parede. Armando Testa os teria aprovado, já que o maior objetivo de sua vida era criar impacto.

O MUNDO GRÁFICO DE ARMANDO TESTA

Armando Testa tem algo em comum com os *affichistes* franceses Cassandre e Raymond Savignac. No entanto, diferentemente desses mestres da arte do cartaz, Testa conseguiu traduzir o seu talento numa agência de propaganda full-service, que continua sendo uma força na Itália até hoje.

Ele nasceu em Turim em 1917 e — como muitos de sua geração que vieram de um meio humilde — estudou na escola da vida. Aos 14 anos já tinha sido aprendiz de chaveiro, serralheiro e tipógrafo. Essa última profissão parece ter despertado seus impulsos artísticos, porque começou a ir às aulas noturnas da escola de artes gráficas Vigliardi Paravia. Aí conheceu Ezio d'Errico, professor da escola e um dos mais conhecidos artistas abstracionistas da época, que se tornou seu mentor. Sob a influência de d'Errico, Testa começou a ganhar competições para desenhar títulos e folhetos.

Mas Testa era perfeccionista: trabalhava devagar e tinha, nessa época, uma opinião superinflada de si mesmo, fatores que se combinavam para torná-lo um empregado difícil. Todas as casas de impressão em que trabalhou o despediram em poucas semanas — aos 18 anos, tinha sido dispensado por 28 empregadores diferentes.

Em 1937, ganhou uma competição para desenhar um cartaz para a ICI (Industria Colori Inchiostri SA), uma companhia de Milão que fabricava tintas coloridas para a indústria de impressão. O design brutalmente simples — que lembra as letras ICI em forma de origami em fundo negro — indicava a direção futura de Testa. Num catálogo de seu trabalho produzido para uma exposição na Parsons School of Design, Nova York, em 1987, ele comenta: "Meu amor pela síntese — transmitir uma mensagem por meio de um único gesto, de uma imagem simples — e o uso que faço de fundos brancos, cores primárias e símbolos básicos da comunicação visual (círculo, cruz, diagonal, ângulo) me deram infelizmente, ao longo dos anos, um estilo diferenciado, e muita gente reconhece meu trabalho só de ver".

Depois da guerra — quando foi fotógrafo aéreo — Testa abriu um estúdio de design gráfico em Turim. Atraiu encomendas de empresas como a Pirelli e do fabricante de chapéus Borsalino. Na primeira fase da sua carreira, lutou com o conflito entre seu desejo de criar arte abstrata e o interesse em produzir imagens comerciais. Por sorte, conseguiu trabalhar com clientes que, como ele, sentiam que arte e comércio não são mutuamente exclusivos.

Maurizio Sala, presidente do Clube de Diretores de Arte italiano e vice-presidente do Grupo Armando Testa, ainda fica animado ao falar de Armando. "A propaganda de hoje se reporta apenas a outra propaganda. Mas Armando fez uma propaganda que se reporta à arte, à literatura, ao cinema. Tinha um amplo campo de referências."

Como pessoa, causou forte impressão sobre Sala: "Quando ele entrava num lugar, era como ser atingido por uma onda oceânica — ele era extraordinariamente energético. E graças a esse carisma, conseguia sempre o que queria. Era muito bom em seduzir clientes. Sentava, puxava a cadeira para perto do cliente e perguntava: 'Então, quanto dinheiro você tem?'"

Testa precisava desse charme porque seu trabalho criativo era em geral provocador. Diz Sala: "Ele achava que a grande propaganda deve fazer com que as pessoas sintam um pequeno desconforto. Se for planejada para agradar todo mundo, passa despercebida: acaba afundando no mar de banalidades que a cerca".

Em 1956, Testa criou uma agência full-service com sua primeira mulher, Lidia, e seu irmão Francesco de Barberis, um especialista em marketing. Um ano depois, a televisão comercial começou na Itália. Sala conta que "Muitas empresas de propaganda fecharam porque não sabiam fazer propaganda para a televisão, enquanto os clientes transferiam grandes parcelas de suas verbas para o novo meio de comunicação. Em vez de se deixar derrotar, Armando montou a própria produtora para experimentar técnicas de animação stop motion. Inspirou-se muito na animação da Europa Oriental. Os personagens que criou espelhavam seus cartazes — simples e gráficos, como o hipopótamo azul ou os personagens do Café Paulista, que são apenas cones com olhos, boca e chapéu".

O sucesso do trabalho de Testa para a televisão foi favorecido inicialmente por uma peculiaridade da legislação italiana que resultou no *Ca-*

rosello, um intervalo comercial de 10 minutos transmitido todas as noites por volta das 20h50, de fevereiro de 1957 até o final de 1976. Isso forçou as agências a criar uma propaganda parecida com o conteúdo da televisão: séries de desenhos animados e sketches cômicos para entretenimento e/ou educativos. A venda era supersuave. No auge, foi o programa de televisão mais popular da Itália, com uma audiência de 20 milhões de telespectadores (metade deles crianças). Sala explica: "Foi um período em que diretores e atores conhecidos faziam propaganda. O público adorava o *Carosello*. Os pais diziam aos filhos: 'Vocês podem assistir ao *Carosello* e depois é hora de ir para a cama.' Foi por isso que Armando conseguiu desenvolver personagens tão memoráveis para as marcas".

Embora o legado do *Carosello* seja às vezes responsabilizado pela relativa falta de impacto da propaganda da TV italiana, ele tinha um público fiel, coisa com que as agências de hoje podem apenas sonhar, e transformou marcas em ícones da cultura popular. Nesse meio-tempo, Armando Testa tinha ganho muita notoriedade, principalmente depois que foi contratado para desenhar a logomarca oficial dos Jogos Olímpicos de Roma, em 1959. Nos anos 70, a agência tinha crescido e aberto escritórios regionais em Milão e em Roma.

O filho de Testa, Marco, subiu a bordo no começo dos anos 80. No começo, tinha relutado em se juntar à empresa da família e seu desejo de independência foi às vezes fonte de tensões. Trabalhou na Benton & Bowles de Nova York — para onde fora com o objetivo de desenvolver uma abordagem mais internacional em relação à propaganda. Quando voltou para a Itália, montou a própria agência, propositalmente chamada de L'Altra ("A Outra"). "Perdemos nosso maior cliente nos primeiros seis meses e passamos os seis meses seguintes tentando receber de 20 clientes pequenos", recorda ele com um sorriso irônico. Mas acabou se reconciliando com o pai. "Ele me perguntou: 'Você quer começar do ponto em que estou agora ou quer passar a vida toda chegando aqui?' Percebi que ele tinha razão."

Mas Marco Testa mantém sua característica de independência, o que talvez seja o motivo dele não ter vendido a agência para um conglomerado. Ele coloca isso em termos mais estratégicos. "Se a indústria da propaganda está dividida entre grupos gigantes e pequenas hotshops criativas, para onde iriam os clientes grandes que não são mamutes globais?"

Sob a direção de Marcos, os anúncios da Testa abandonaram o tom açucarado da era do *Carosello* e ficaram mais ágeis, mais espirituosos e de inspiração mais transatlântica. Mas um dos desafios que enfrenta a propaganda italiana é seu desempenho sem brilho no circuito dos prêmios internacionais,

"Think small." O anúncio impresso mais admirado de todos os tempos.

(Com a permissão da DDB e da Volkswagen)

"Uma agência britânica em Nova York."
David Ogilvy nos anos 1950, quando começou sua agência.

(Com a permissão da Ogilvy & Mather)

David Ogilvy com dois ícones da propaganda criados por ele:
o homem da camisa Hathaway e o Comandante Whitehead, da Schweppes.

(Com a permissão da Ogilvy & Mather, da Hathaway e da Schweppes)

"Uma presença poderosa." A agência de Bill Bernbach
desencadeou uma revolução criativa.

(Com a permissão da DDB)

"Eu sabia muito bem que conseguia fazer anúncios melhores."
Leo Burnett a caminho de uma apresentação, segurando seu fiel portfólio.

(Com a permissão da Leo Burnett)

"De certa forma, a Madison Avenue era propaganda." Phil Dusenberry, a lenda criativa da BBDO, que ajudou a moldar a atual indústria da propaganda.

(Com a permissão da BBDO)

O pioneiro publicitário britânico, John Hegarty, da BBH.

(Fotografia de Gemma Day, reproduzida com a permissão da BBH)

"Não sabíamos o que vendemos mais: jeans ou cuecas boxer."
O comercial lançador de tendência "Launderette", da BBH para a Levi's.

(Com a permissão da BBH e Nick Kamen)

> "I never read The Economist."
> Management trainee. Aged 42.

Anúncio da Economist: um dos primeiros de uma longa série e um testemunho do talento de David Abbott.

(Com a permissão da AMV.BBDO)

Armando Testa, o gênio italiano do desenho gráfico e da propaganda.

(Retrato reproduzido com a permissão da agência)

O anúncio inovador de Testa para os pneus Pirelli.

Fachada do edifício Dentsu.

Tóquio vista do topo do edifício Dentsu.

(Com a permissão da agência)

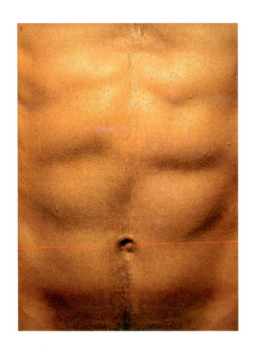

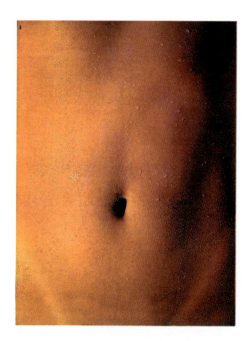

A campanha de outdoors de Marcello Serpa para o Guaraná conquistou o primeiro Grande Prêmio de Cannes para a América Latina.

(Com a permissão da agência)

"Advertainment" de primeira ordem. O público se deliciou com o "Surfista" do diretor de arte Jonathan Glazer para a Guinness.

(Com a permissão da AMV.BBDO e da Guinness)

o que dá a impressão de que o país não é mais fonte de trabalho criativo inovador. Os britânicos e os norte-americanos lideraram essa área durante anos, mas os tailandeses e os brasileiros também atraem muito mais aplausos. A Diesel, marca italiana de *jeans*, produziu uma série de campanhas inovadoras e muito premiadas — mas nenhuma delas foi feita por uma agência italiana. Essa é uma questão que preocupa o diretor de criação da Armando Testa, Maurizio Sala — e uma situação que ele está determinado a mudar. Ele acredita que a resposta não é copiar o trabalho das agências dos Estados Unidos ou da Inglaterra, mas redefinir a propaganda italiana.

"Parei recentemente para considerar os elementos da cultura italiana que podem se refletir em nossa propaganda. O mais óbvio é o humor. Os italianos priorizam as relações pessoais. Gostam de conversar, gostam de gesticular... e gostam de rir. Em geral, seu humor é bastante inocente — é quente e do sul. O humor britânico tende a ser mais cruel, mais sombrio e mais cínico do que o nosso. Por algum motivo, parece que não conseguimos expressar o nosso estilo de humor na propaganda."

Acrescenta que outro ponto forte da Itália é o "estilo". "Temos uma forte herança no que se refere à moda, ao cinema, ao design e às artes gráficas. Acho que devemos considerar nossos triunfos passados nessas áreas para identificar um estilo visual próprio, que poderemos então aplicar à propaganda."

Embora a Armando Testa seja muito admirada em casa, as contas internacionais ainda estão fora do seu alcance. Seus escritórios em Londres, Paris, Frankfurt, Madri e Bruxelas — assim como as longas parcerias com agências em mais de 100 países — atendem em geral a clientes italianos. Mas será preciso se tornar uma rede global de sucesso moderado quando já se é um sucesso fenomenal em casa, com clientes fiéis, às vezes por mais de 40 anos? A agência familiar Armando Testa continua sendo a mais poderosa agência italiana. Como afirma sua página de internet, "é a maior agência italiana do mundo".

REDAÇÃO NO ESTILO ITALIANO

Se Armando Testa é o pai da propaganda italiana, então Emanuele Pirella é no mínimo o pai do texto italiano de propaganda. Ele é a resposta da Itália a David Ogilvy nos Estados Unidos, David Abbott no Reino Unido e Pierre Lemonnier na França. E ainda está em ação, como chairman da agência Lowe Pirella.

Pirella sempre gostou de escrever. Depois de uma graduação em literatura moderna, pegou a caneta e nunca mais a deixou de lado. Determinado a espalhar tinta para viver, escrevia dia e noite. Escreveu histórias para crianças, críticas de cinema para um jornal regional diário, textos para histórias em quadrinhos e cartuns — e até uma história da Itália, da Roma antiga ao pós-guerra, com três outros jornalistas. "Eu sabia que era um bom escritor", conta ele, "rápido, divertido, exato e capaz de dar uma interpretação paradoxal a uma frase. E vendi essa atitude."

Em suma, Pirella nasceu para a propaganda — mas até topar por acidente com um emprego de redator, quase nada sabia sobre esse mercado. "Naquele tempo, a propaganda na Itália ainda era um mundo misterioso. Pouca gente tinha ouvido falar dessas entidades chamadas 'agências de propaganda'. Pensavam que nas empresas tinha uma sala secreta onde ficava um cara fazendo um trabalho que era uma mistura de propaganda e relações públicas."

Quando mudou de Parma, sua cidade natal, e foi para Milão no começo dos anos 60, procurou emprego num jornal ou numa editora. Então, um de seus amigos lhe falou de um emprego de redator júnior numa agência norte-americana, a Young & Rubicam. Com tantos trabalhos escritos publicados, Pirella ganhou o emprego. Quase todos os funcionários da agência eram ingleses ou norte-americanos, mas Pirella descobriu sua "outra metade" criativa num diretor de arte alemão, Michael Göttsche. Juntos, criaram uma propaganda inteligente e divertida, na linha (naturalmente) dos anúncios que estavam sendo criados nos Estados Unidos pela Doyle Dane Bernbach.

"Eu não ganhava muito no início, então fazia anúncios durante o dia e fazia trabalhos freelance à noite", diz Pirella. "Tive sorte com minhas primeiras campanhas e em 1965, no meu segundo ano na agência, recebi o título de Redator do Ano. Isso queria dizer que podia exigir um aumento de salário e diminuir meu trabalho por fora."

Mas ele não abandonou de vez o trabalho freelance. A longa colaboração com a revista *L'Espresso*, para a qual escrevia uma coluna de crítica de TV, só acabou recentemente. E ele ainda cria cartuns satíricos com um amigo, o artista Tullio Pericoli.

Mas com mais reconhecimento e um salário decente, Pirella estava agora firmemente preso à propaganda. "Parecia-me que éramos a melhor agência da Itália — aquela que tinha os fotógrafos e diretores mais caros, um chefe de redação norte-americano, um diretor de criação inglês, diretores de arte alemães e ingleses... À nossa volta, as outras agências estavam fazendo uma propaganda maçante e enganosa, uma coisa italiana tipicamente caseira, caracterizada por ilustrações mal concebidas com o produto sempre em uso."

Pirella ficou cinco anos na Young & Rubicam e depois uns dois anos na Ogilvy & Mather. Então, com Michael Göttsche e outro colega, Gianni Muccini, abriu a Agenzia Italia em 1971. "Por 10 anos fomos a mais criativa agência do mercado. Trabalhávamos feito loucos, de dia, de noite e nos fins de semana, só porque era divertido achar maneiras novas de dizer coisas comuns — e nos desafiar mutuamente."

O anúncio que realmente fez com que Pirella fosse notado foi feito para uma marca chamada Jesus Jeans, lançada em 1974 pela MCT (Maglificio Calzificio Torinese), a empresa que hoje fabrica as roupas esportivas Kappa. Segundo Pirella, a marca era vagamente inspirada no sucesso musical do ano anterior, *Jesus Christ Superstar*. Era preciso encontrar alguma coisa provocadora. Foi então contratado um jovem fotógrafo chamado Oliviero Toscani para fotografar uma jovem usando o jeans, o zíper aberto de modo a indicar que ela não estava usando roupa de baixo, lançando ao mesmo tempo uma sombra de modéstia sobre a evidência. O texto de Pirella dizia: "Não terás qualquer outro *jeans* além de mim". Misturando moda, sexo e religião — num país católico? Não é à toa que Pirella foi parar nos jornais. A segunda versão tinha o título "Todo aquele que me ama me segue", impresso sobre um traseiro atrevido num curtíssimo short de brim. (A propósito, o traseiro era da namorada de Toscani na época.) A marca Jesus Jeans não resistiu ao teste do tempo, mas o furor em torno da campanha fez muito pela carreira de Pirella.

Depois de cinco anos, a Agenzia Italia fez um acordo com a BBDO que permitiu a entrada da agência norte-americana na Itália. Mas a nova parceria não foi conveniente para Pirella: ele e Göttsche pularam fora em 1981 para começar outra agência independente, chamada Pirella Göttsche.

"Os primeiros clientes que nos chamaram eram do tipo que eu prefiro. Não os líderes de mercado ou as grandes marcas que se prendem às regras e tentam manter o *status quo*. Gosto dos que desafiam, o número três do mercado, a marca que é obrigada a correr riscos e romper com as regras. E ganhamos vários clientes desse tipo. Em poucos anos, fomos de quatro caras para setenta e depois oitenta."

No começo dos anos 90, Pirella sucumbiu aos avanços de outro grupo internacional: dessa vez a Interpublic, que tornou a Pirella Göttsche parte do grupo Lowe — a rede que nasceu da agência original de Frank Lowe em Londres. O casamento parecia funcionar, embora Pirella não tivesse parado de inovar. Em 2000, abriu a Scuola di Emanuele Pirella ("A Escola Emanuele Pirella"), um centro de treinamento para criativos iniciantes e também uma agência de verdade — uma versão moderna de aprendizado.

O rebelde que vendeu os Jesus Jeans se tornara respeitável: e tinha se transformado no sábio da propaganda italiana.

SANGUE, SUÉTERES E LÁGRIMAS

"Não sou um homem de propaganda", observa Oliviero Toscani, "sou fotógrafo."

É claro — mas as inquietantes imagens de Toscani para a Benetton animaram a cena da propaganda dos anos 90, e podem ter sido responsáveis pela popularidade da chamada "propaganda de choque". Era certamente difícil não arregalar os olhos para a foto do padre beijando uma freira, de um bebê recém-nascido ainda com o cordão umbilical ou de um paciente de AIDS à morte, cercado por parentes com o rosto cor de cera — dificilmente as imagens que se espera ver pela janela do metrô. Com a bênção do cliente, Toscani criou uma gigantesca exposição pública de fotografia que era também um incessante e ambíguo comentário sobre a sociedade. Fez com que o público pensasse — e deu notoriedade à Benetton.

Filho de um repórter fotográfico do *Corriere Della Sera*, Oliviero Toscani nasceu em Milão em 1942. Estudou fotografia e design gráfico na Kunstgewerbeschule em Zurique, de 1961 a 1965. Tornou-se um fotógrafo de moda requisitado, trabalhando para *Elle, Vogue, GQ, Stern* e outras publicações importantes. (Depois de algum tempo, começou a achar seu trabalho pouco satisfatório, comparando uma vez uma conhecida supermodelo a uma "máquina de lavar roupas".) Suas lentes forneceram também imagens para marcas como Fiorucci, Esprit e Chanel. Mas, no mundo da propaganda, seu nome está mais associado ao da Benetton.

Luciano Benetton fundou a empresa da família em 1965, com seus amigos Gilberto e Carlo e sua irmã Giuliana. Na verdade, foi Giuliana que tricotou o primeiro suéter Benetton para Luciano, uma peça que provocou admiração e despertou a ideia de uma empresa. Em 1982, quando a Benetton contratou Toscani, a companhia nunca tinha anunciado. Mas as exportações estavam crescendo e a comunicação tinha assumido uma nova importância.

Benetton foi apresentado a Toscani através de um amigo comum, o magnata da moda Elio Fiorucci. Falando desse primeiro encontro numa entrevista ao jornal *The Independent,* Benetton disse: "Eu não tinha quaisquer sugestões ou restrições específicas para orientar [Toscani], a não ser que a campanha tinha que ser diferente — muito diferente — e internacional. Achava que o sistema tradicional de propaganda, com uma campanha em cada país, não era o caminho a seguir. Eu... que as pessoas se conscientizassem do espírito da companhia" ("How we met", 22 de agosto de 1999).

Toscani, por sua vez, sentiu que Benetton era "essencialmente um adolescente... no sentido de não ter o cinismo que vem à medida que crescemos: ele é impulsivo, tem coragem de tentar coisas novas e ver se funcionam. Pensei: 'Aqui posso aprender alguma coisa, fazer alguma coisa nova'".

Na mesma matéria, Benetton relembra a primeira campanha de Toscani. "Era para uma linha de roupas infantis e, em vez de usar crianças, usou ursos de pelúcia. Logo percebi que ele tinha uma visão extraordinária."

Mas os ursinhos de pelúcia davam uma indicação ridiculamente pequena de quão longe Toscani levaria suas campanhas para a Benetton. Suas primeiras campanhas se apropriavam do tema do multiculturalismo ("United Colors of Benetton") e, embora ficassem nos limites do aceitável, já estavam à frente do seu tempo. Mais para o final da década, o trabalho de Toscani foi ficando mais provocador, com a imagem de uma mulher negra amamentando no peito um bebê branco. Pouco tempo depois, seguiu-se uma foto de duas menininhas, uma branca e uma negra. O cabelo da garota negra tinha sido esculpido em forma de dois chifres demoníacos. Seria um anúncio racista — ou era um comentário sobre o racismo? Era impossível saber o que Toscani pretendia. Não se tratava mais de propaganda: era combustível para debate.

As provocações continuaram ao longo dos anos 90: uma freira beijando um padre, cavalos em posição de acasalamento, um uniforme de soldado da Bósnia manchado de sangue, um punho branco e um punho negro algemados um ao outro, a vítima de AIDS acima mencionada... A disposição da imprensa a deplorar imagens que não teria hesitado em explorar para seus próprios fins rendeu uma grande cobertura para a Benetton e para Toscani. Nesse meio-tempo, a dupla lançou uma sofisticada revista de fotografia, *Colors,* e abriu uma escola de arte pioneira, Fabrica — "uma Bauhaus eletrônica".

Algumas matérias referiam-se zombeteiramente ao fato de Toscani ter uma vez comparado sua relação com Benetton à de Michelangelo com o Papa: mas a zombaria não acertou o alvo. Ele queria dizer que via seu trabalho como arte e que não via qualquer contradição no fato de ele ser financiado pela propaganda. A fonte original é provavelmente uma citação no jornal *The Guardian*: "Historicamente, muita arte era publicidade. Vendia uma ideologia ou um produto. Na Igreja, por exemplo, os artistas da Renascença trabalhavam para o Papa. Todos nós trabalhamos para o Papa. Sempre há um Papa em algum lugar" ("Death is the last pornographic issue left", 2 de fevereiro de 1998).

Toscani podia ter exibido quietamente suas imagens numa galeria nas profundezas do Soho em Nova York, onde teriam gerado pouco mais do que um erguer de sobrancelhas. Mas, graças ao patrocínio da Benetton, conseguiu confrontar o grande público com cenas desconcertantes arrancadas do mundo à sua volta. Até certo ponto, as imagens eram sem importância: não ofereciam soluções e a Benetton não parecia apoiar ativamente nenhuma das causas que focalizava. O negócio de Toscani não era fornecer respostas fáceis, mas levantar questões difíceis. E uma coisa era certa: ele não se dispôs a vender suéteres. Considerava, ao contrário, que a Benetton estava financiando uma pesquisa sobre abordagens alternativas de comunicação. "Um suéter tem duas mangas, lã é lã", disse ele ao *The Guardian*. "O produto é mais ou menos o mesmo. A diferença está na comunicação."

Outros anunciantes da década de 90 pareciam dispostos a competir com a Benetton. O confronto era a ordem do dia. A timidez foi deixada de lado, os tabus foram atacados; sexo e palavrões saíram sem roupa do closet. O mestre inglês da "shockvertising" {propaganda de choque}, como o jornal inglês *The Express* o apelidou (8 de junho de 2001), era Trevor Beattie da TBWA. Na verdade, o muito falado anúncio de Beattie para a Wonderbra era mais sensual do que chocante. O cartaz mostrava a supermodelo Eva Herzigova exibindo um decote que parava literalmente o trânsito, acompanhado das palavras "Hello Boys!". Um pouco mais explícita foi a campanha de Beattie para a French Connection UK, que usou as iniciais da marca na forma FCUK {anagrama de fuck — foda-se}. "FCUK Fashion!", berrava um cartaz, fazendo a mídia rosnar de desaprovação.

Não muito tempo depois, o designer de moda Tom Ford encomendou uma imagem da voluptuosa Sophie Dahl, deitada convidativamente nua, a não ser por um suposto toque do perfume Opium, de Yves Saint Laurent. Seria a imagem chocante, sexista — ou inofensivamente excitante? As opiniões estavam divididas. O anúncio foi o último de uma tendência que a comunidade da moda rotulou de "porno chic".

Comentando o fenômeno da "shockvertising", Trevor Beattie observou: "Esses anúncios não são chocantes, chocante é a completa mediocridade de 90 por cento da propaganda britânica, o que significa que qualquer coisa remotamente diferente se destaca".

A mesma matéria destaca que, graças à propaganda de Toscani, a Benetton tinha sido considerada a 10ª marca de moda mais poderosa ("Why shock tactics work like a dream", *Sunday Business*, 29 de agosto de 1999).

Mas se a propaganda de choque estava em voga (para não dizer na *Vogue*), Toscani era o decano do gênero. Seu trabalho era muito mais sombrio e mais sério do que qualquer coisa que seus contemporâneos tentaram fazer. Sua campanha final para a Benetton foi a mais controversa de todas. Apresentava imagens de homens aguardando a execução no corredor da morte. Como era de se esperar, gerou uma tempestade de indignação nos Estados Unidos, com pedidos de boicote aos produtos da Benetton.

Um pouco depois, em maio de 2000, Benetton e Toscani seguiram caminhos separados, encerrando uma extraordinária parceria de 18 anos. Num comunicado à imprensa, Luciano Benetton agradeceu Toscani por sua "contribuição fundamental" à empresa. Toscani declarou apenas que já era hora de partir para outra.

Pode ser que a empresa de confecções lamente às vezes a partida de Toscani. Desde então, sua propaganda mergulhou num confortável conformismo. É verdade que ninguém está pichando os outdoors da empresa e nem reclamando dela na imprensa. Mas fato é que ninguém está falando muito sobre ela.

O ENIGMA ALEMÃO

Na aparência, a cultura da propaganda na Itália e a da Alemanha não têm muito em comum. Mas ainda assim compartilham certos problemas. Ambas são consideradas pobres em criatividade — pelo menos a espécie de criatividade acessível que cruza fronteiras e colhe prêmios internacionais. E ambas são acusadas de insularidade. Embora tradicionalmente a Espanha tenha fortes ligações com a América do Sul (ver Capítulo 15, Espírito latino), e a Grã-Bretanha e a França sejam centros de grupos multinacionais de comunicação, as agências alemãs lutam para se expandir além de suas fronteiras. "Para [nós], 80 milhões de pessoas já é muito bom", disse um dos chefes de uma das principais agências do país à revista *Campaign* em 2004 ("Germany's agencies to watch", 10 de setembro).

Uma explicação para a falta de ímpeto criativo pode ser sua forte base industrial. A Grã-Bretanha, como a Holanda e a Espanha, têm história comercial. A Alemanha produz. Assim, a Grã-Bretanha faz anúncios incríveis para automóveis — mas a Alemanha faz automóveis. Além disso, falta ao país um eixo criativo, um Soho ou uma Madison Avenue, que atue como uma placa de Petri para o talento. A criatividade alemã se divide entre Frankfurt, Hamburgo, Düsseldorf e, cada vez mais, Berlim. A relativa fidelidade dos clientes alemães também pode contribuir para um ambiente criativo mais complacente. Finalmente, a chegada tardia da televisão comercial, em 1979, também tem sido responsabilizada.

Mas no começo da nova década, a imagem apática e confinada começou a perder a força. Em 2003, quando a McDonald's desafiou suas agências no mundo todo a criar uma nova campanha para a marca, um estúdio alemão chamado Heyer & Partners venceu, criando a base para o posicionamento global "Amo muito tudo isso". Agências ágeis e criativas emergiram, especialmente na área digital.

Mas, seja como for o futuro, as três agências mais intrigantes na história recente da propaganda alemã continuam sendo Scholz & Friends, Springer & Jacoby e Jung von Matt. Em novembro de 2006, foram uma vez mais eleitas "as melhores agências da Alemanha" pelos principais clientes do país numa pesquisa conjunta chamada Agency Images, realizada pelo jornal *Handeslblatt* e pela revista de marketing *Absatzwirtschaft*.

Juergen Scholz é outro daqueles "pais fundadores" que têm papel importante na história da propaganda de todos os países. Criativo respeitado, foi nos anos 60 um dos fundadores da Team, que depois se transformou na Team/BBDO. Em 1981, saiu para montar a Scholz & Friends em Hamburgo. Dez anos depois ele se aposentou, tendo criado o que a revista de negócios local *Horizont* descreveu como "agência da década". Depois de sua partida, a rede Bates adquiriu 80 por cento da agência.

A Scholz & Friends floresceu por se manter um passo à frente no jogo. Ao perder um naco do negócio de rações para animais de estimação da Mars, ajudou na expansão de outro de seus maiores clientes, a marca de tabacos Reemstma, montando filiais em várias capitais europeias. Depois da queda do Muro de Berlim, a Scholz foi a primeira agência a entrar na antiga Alemanha Oriental, abrindo um escritório em Dresden e depois na Berlim central. Em 2000, fundiu-se à produtora de televisão UVE, permitindo à agência criar programas de TV com o patrocínio de clientes. E em 2003, seus diretores a compraram de volta do Cordiant Group, com o auxílio de uma companhia hipotecária.

A Scholz conseguiu até arrancar oportunidades dos dentes da recessão que dizimou a propaganda alemã. Em 2005, já sua própria dona, tornou-se a maior rede independente da Europa, com 900 funcionários e um giro de 80 milhões de euros na região. Além disso, ganhou clientes como Ideal Standard, Siemens, Masterfoods, Nike e AOL — para não mencionar a promoção da Copa do Mundo de 2006.

"Temos de agradecer à recessão o nosso sucesso", disse o presidente adjunto Sebastian Turner à *Campaign*. "Se não estivéssemos há dois anos numa situação em que não apresentávamos lucro, não teríamos tido a coragem de reformular drasticamente a empresa" ("German creativity blooms as recession persists", 22 de abril de 2005).

A renovação derrubou as paredes entre as disciplinas de marketing. Em vez de tratar, digamos, a propaganda de TV e o marketing direto como questões separadas, com verbas compartimentalizadas, equipes integradas usavam sua expertise em cada campanha, desde o começo. A ideia era criar uma rede totalmente integrada, embora a agência usasse o termo "orquestra de ideias". É um modo de pensar que está se tornando cada vez mais comum, à medida que as agências se adaptam ao ambiente digital (ver Capítulo 20, "A agência do futuro").

No entanto, uma das mais famosas campanhas da Scholz é uma longa série de anúncios impressos para o jornal *Frankfurter Allgemeine Zeitung* (FAZ). Personalidades famosas são fotografadas em cenários dramáticos com o rosto escondido atrás do jornal aberto, em que estão claramente absortas. No título se lê: "Há sempre uma mente esclarecida atrás dele".

Enquanto a Scholz & Friends conseguiu se manter calmamente à distância, duas das mais conhecidas agências criativas da Alemanha, a Springer & Jacoby e a Jung von Matt, têm uma relação vagamente incestuosa.

Mas não nos adiantemos demais. O fator imprevisível na história da propaganda alemã é a GGK, a rede de agências sediada na Suíça (que depois se juntou ao Grupo Lowe). A agência original foi fundada em 1959 pelo respeitado designer gráfico Karl Gerstner, juntamente com Paul Gredinger e Markus Kutter. A GGK abriu várias filiais europeias — e nos anos 70 seu escritório alemão era considerado a mais criativa agência do país. Foi na GGK que Reinhard Springer e Konstantin Jacoby se conheceram.

Reinhard Springer saiu para abrir a própria agência em 1970, no começo da televisão comercial no país, e o redator Konstantin Jacoby juntou-se a ele algum tempo depois. Alguns dizem que a Springer & Jacoby inventou a moderna propaganda alemã. Juntos, dominaram o que era efetivamente um novo meio de comunicação, injetando um humor universal em seu trabalho e proporcionando, ao mesmo tempo, um ambiente de trabalho disciplinado e profissional.

Um dos principais criativos alemães, Jean-Remy von Matt, que começou a trabalhar na agência em 1986 recorda: "Havia muitas regras rígidas. Os fundadores da agência eram os protagonistas de uma abordagem rigorosa". Estimulava-se o autorrespeito. "Reinhard Springer, por exemplo, nunca esperava mais de 10 minutos para uma reunião — nem que fosse o primeiro contato com um grande cliente prospectivo."

A agência operou numa escala modesta por alguns anos, mas deu o grande salto quando a Mercedes lhe entregou sua conta, em 1989. Com essa conquista altamente prestigiosa na bagagem, a S&J ganhou mais clientes e garantiu a posição mais alta no placar criativo do país.

A indústria da propaganda, você deve ter notado, lembra uma lâmina com amebas sob o microscópio, com elementos continuamente se separando e mudando de forma. A cena da propaganda alemã não é diferente. Assim, em 1991, Jean-Remy von Matt e seu colega Holger Jung saíram da Springer & Jacoby para montar sua própria agência, a Jung von Matt.

Jean-Remy von Matt entrou no negócio da propaganda em 1975 como redator, em Düsseldorf, "que na época vivia uma explosão de criatividade". Sua primeira tarefa foi criar um anúncio impresso para um fabricante de cortinas para chuveiro. "Escrevi o título e o corpo do texto — e como o modelo ficou doente no dia da foto, fiz também esse trabalho."

Tempos depois foi para a Ogilvy & Mather de Frankurt e depois para uma hotshop em Munique. Finalmente, depois de outros cinco anos de trabalho duro na Springer & Jacoby — como seu parceiro de negócios Holger Jung — estava pronto para assumir o risco. Para a sede, compraram uma antiga fábrica de espartilhos e instalaram um cavalo de Troia com mais de 4 metros de altura no saguão. O cavalo lembrava aos funcionários e clientes que "a boa propaganda... tem um exterior atraente, parece um presente e delicia o coração. Mas por dentro o coração bate forte e visa um alvo específico" ("Germany's creative hotshops", *Campaign*, 17 de abril de 1998).

A Jung von Matt cresceu rapidamente. "Começamos com sete pessoas", diz Jean-Remy. "Dez anos depois tínhamos 500 — de forma que nosso maior desafio nos primeiros anos foi encontrar talento para preencher nossas ambições, assim como as expectativas do mercado. Hoje temos 650 funcionários em quatro países — e esperamos crescer mais ainda na Europa Oriental."

Uma das principais contas da agência foi a BMW. Num memorável comercial de TV, um cara de boa aparência entra num BMW Z3 esporte conversível e dispara por uma estrada rural. Ele põe uma fita cassete no toca-fitas e ouve-se uma canção: "Ó Senhor, não vai me comprar uma Mercedes Benz..." Numa zombaria óbvia dirigida ao fabricante concorrente (e à sua agência de propaganda?) o motorista tira a fita da máquina e a joga fora por cima do ombro.

Foi muito bom até o verão de 2006, quando a Mercedes anunciou que estava tirando sua conta da Springer & Jacoby para entregá-la à Jung von Matt. Depois de muito exame de consciência, a Jung von Matt foi forçada a desistir da conta da BMW. Começou a trabalhar como a principal agência da Mercedes em janeiro de 2007.

Enquanto isso, depois de apanhar bastante da recessão, a Springer & Jacoby se viu de volta ao papel de intrusa na criação, ávida para se impor mais uma vez. Com novos donos e uma equipe de direção renovada, a agência se propôs a se reconfigurar para a nova era do marketing digital. Continuou sendo, como acentuou um executivo alemão, "uma escola e uma referência para a comunidade da propaganda alemã".

10

Os subprodutos da mídia

"Vamos gastar o seu dinheiro"

A agência de propaganda "full service" deixou de existir há algum tempo. Em 2000 já era rara uma agência de propaganda que ainda tivesse o próprio departamento de mídia. Escolher e comprar espaço de mídia tinha se transformado praticamente numa indústria separada — comparável à pesquisa, ao marketing direto e à administração de eventos. E aí está a dificuldade: num mundo de mídia convergente, ficou quase impossível separar essas disciplinas. Os clientes agora exigem campanhas multimídia, combinando o poder de fogo da TV, a rede mundial de computadores, a propaganda externa, eventos patrocinados e uma grande quantidade de outros pontos de contato com consumidores, com a sustentação de uma estratégia criativa. Isso exige planejamento de mídia altamente qualificado. Requer uma parceria estreita entre as equipes criativa e de mídia. Ajuda se estiverem juntas no mesmo prédio.

Esse desenvolvimento deixou as agências de propaganda sem jeito. Depois de terem transformado seus departamentos de mídia em unidades independentes altamente lucrativas, agora tinham que descobrir um jeito de trazê-los de volta. Alguns dizem que a ligação entre as agências "criativas" e as "de mídia" são fortes o bastante para atender às necessidades dos clientes. Outros estão menos convencidos disso. Em março de 2006, num fórum organizado pelo *Shots*, um jornal britânico de propaganda, um executivo disse: "Separar a mídia da criação foi o pior erro que a indústria já cometeu".

Vamos voltar a essa discussão no final do capítulo. Por ora, a questão é: como chegamos a essa situação? Para achar a resposta, temos que voltar a Paris.

A IDEIA DE 24 QUILATES DE GILBERT GROSS

Gilbert Gross nasceu em 3 de abril de 1931, filho de pequenos comerciantes. Quando jovem, trabalhou numa agenciazinha de propaganda no alto da *rue* Lafayette, a longa avenida reta que corre entre a Gare du Nord e a Opéra Garnier. Nessa época, pouca coisa indicava que ele criaria um novo ramo na profissão da propaganda.

"Era difícil, mas não tão difícil quanto tinha sido até pouco antes da minha chegada", diz Gross — que é hoje um cavalheiro imponente, bronzeado e grisalho, com seus setenta e poucos anos. "Como você sabe, fazíamos dinheiro aceitando uma comissão de 15 por cento da mídia por cada inserção de um anúncio de nossos clientes. Nessa época o governo tinha acabado de derrubar uma regra, segundo a qual, se você tomasse um cliente de outra agência, ela continuaria recebendo a comissão por *dois anos*. Isso tinha bloqueado totalmente o mercado para os principiantes."

Em meados dos anos 50, apesar dessa regulamentação terrível, Gross se dispôs a bater de porta em porta na *rue* Lafayette em busca de clientes. "Meu primeiro cliente foi uma loja de calçados chamada Aux de Lions, uma conta minúscula. O cliente seguinte foi um alfaiate... era uma luta."

Finalmente, Gross ganhou a conta de criação de uma marca de café da Perrier. Disseram-lhe que lhe pagariam um fee fixo pelo trabalho criativo em regime freelance, mas as inserções na mídia seriam feitas pela Havas. "Houve várias reuniões em que conheci um certo Monsieur Clément, que era responsável pelas inserções nos veículos. Conversando, percebi que ele conseguia negociar o espaço de mídia por um preço muito menor do que o cliente imaginava. Percebi também que ele tinha um carro muito bonito. Mesmo assim, levei algum tempo para perceber o que se passava."

Gross se tornou amigo do Clément, que o convidou para um almoço com o diretor de vendas de propaganda de um grande jornal regional. "Era como estar no bazar de Marrakech", ironiza ele. "Eu sempre acreditara que os preços dos espaços de propaganda eram fixos... mas não, não mesmo! Era 'Se eu comprar duas páginas, que tipo de negócio você pode fazer comigo?' e assim por diante. Tudo isso estava acontecendo enquanto bebíamos vinho e comíamos comidas finas numa atmosfera muito jovial: comecei a entender que estava no trabalho errado."

Inspirado por essa experiência, Gilbert abordou a marca de Cerveja Champigneulles e ofereceu inserções na mídia a preços reduzidos. "O chefe, René Hinzelin, era meu amigo. Ele achava que a minha ideia não ia funcionar, mas me deu uma oportunidade. Afinal de contas, se eu viesse até você e dissesse 'Se eu lhe conseguir uma conta de energia elétrica mais barata, posso tirar a minha remuneração da diferença?', provavelmente você concordaria. Não teria nada a perder! E assim eu procurei um jornal e comecei a usar os mesmos argumentos de Clément: 'Se eu comprar duas páginas e garantir muito mais no futuro, você faz negócio comigo?' Funcionou que foi uma beleza."

E assim nasceu uma nova atividade — o comprador independente de mídia. Pouco tempo depois, o grupo BSN (agora Danone) adquiriu a Champigneulles e uma outra marca de cerveja, a Kronenbourg. "Pensei que era o fim: minha curta carreira como comprador independente de mídia tinha terminado. Mas eles me chamaram para uma reunião e disseram: 'Notamos que você consegue negociar preços bastante vantajosos. O que acha de cuidar da mídia para o grupo todo?' De repente, tinha a maior conta de mídia da França."

Pouco depois, Gross ganhou a conta de mídia da Coca-Cola francesa. Em pouco tempo, o poder de mídia combinado de suas contas lhe permitia comprar blocos de espaço com um ano de antecedência e revendê-los fragmentados aos clientes, garantindo uma renda fixa por seus contatos na mídia. Foi essa operação de compra de mídia que se transformou na Carat (*Centrale d'Achat, Radio, Affichage, Television*) em 1966. Para estender o serviço a clientes internacionais, Gross começou a montar escritórios na Europa e além dela.

Tudo foi bem até a introdução, em 1993, da Loi Sapin ("Lei Sapin"), que pretendia criar "transparência" no mercado francês. Essa lei fixou os preços de mídia e eliminou as agências de mídia da transação entre anunciantes e suportes de mídia. Gross usa uma metáfora clara: "Significava que em vez de ir ao mercado e comprar hortaliças em grande quantidade para vendê-las aos consumidores, embolsando uma parte do dinheiro que economizávamos para eles, estávamos reduzidos a lhes dizer se cenouras ou couves-flores faziam bem para a sua saúde. Tornamo-nos consultores, em vez de comerciantes". (A lei existe apenas na França — fora de lá, os independentes da mídia são livres para atuar como comerciantes *e* consultores.)

Embora Gross admita que a Loi Sapin "sai cara", a Carat acabou florescendo no novo papel de consultoria. A vantagem que oferecia aos clientes tornou-se qualitativa em vez de quantitativa: graças à sua experiência, podia dizer às marcas exatamente quando e onde deviam ser vistas para atingir o máximo de impacto em suas campanhas. Essa expertise era paga com base num fee estipulado.

A Carat é parte do grupo britânico de comunicações Aegis, que comprou uma parte da companhia em 1990 e acabou se tornando seu único dono nos anos seguintes à introdução da Loi Sapin. A sede da Carat foi então transferida para Londres. Sem nenhum vínculo com agências, é a maior consultoria independente de mídia do mundo. Uma legião de outras empresas especializadas em mídia brotou das agências de propaganda full-service. A motivação para criá-las foi prática em parte, mas principalmente financeira.

DA PERMUTA À ZENITH

Como é de se esperar de um homem da CIA, Chris Ingram é reservado. Não é para ele a roupa esportiva extravagante e o cabelo revolto do diretor de criação. De terno azul-marinho discreto, camisa de colarinho aberto e óculos, ele parece acessível, mas sagaz. Não é para menos: a companhia que fundou em 1976, Chris Ingram Associates (sim, *essa* CIA), ajudou a transformar a compra de mídia no Reino Unido. Antes disso, ele chefiava a primeira empresa de mídia de propriedade de uma agência.

Ingram é também uma fonte inestimável de informação sobre a pré-história da desvinculação da mídia. Ressalta que, antes dele entrar em cena, pequenas empresas independentes de mídia tinham começado a surgir nos Estados Unidos.

"A compra independente de mídia nos Estados Unidos veio essencialmente de acordos feitos na base da permuta", ele explica. "Você podia, digamos, fornecer algum tipo de equipamento de estúdio a uma pequena companhia de TV. Em troca, em vez de pagar em dinheiro, essa companhia lhe dava um tanto de espaço de propaganda na TV. Então, é claro, você vendia esse espaço. Essas pessoas nada sabiam de planejamento de mídia — na verdade não estavam nem remotamente interessadas nisso. Mas foram a raiz do negócio."

Um permutador-tornado-comprador foi Norman King, fundador de uma companhia chamada US Media. Em 1970, ele disse profeticamente à

Association of National Advertisers que suas "agências gigantes" não compravam mídia com eficiência. "Há anos sua agência vem gastando milhões de dólares sem que ninguém a vigie", disse ele. "Minha sugestão é: deixem que gastemos [o dinheiro] e deixem que sua agência nos vigie" ("The day the prices fell", *Inside Midia*, 1º de janeiro de 1992). Infelizmente, um ano depois, a US Media saiu do negócio.

Mais ou menos na mesma época, Dennis Holt fundou a Western International Media em Los Angeles. Com muito mais solidez, a empresa acabou se transformando num gigante comprador de mídia, com clientes de primeira linha, como a Disney. Em 1994, Holt a vendeu para o grupo de comunicações Interpublic, que a rebatizou de Initiative Media. A empresa de Holt ajudou a distanciar a compra de mídia de seu passado desonroso. Assim como a SFM, uma agência de Nova York fundada em 1969 por Walter Staab, Bob Frank e Stanley Moger. Com funcionários da antiga agência full-service e serviços de planejamento de mídia, foi um modelo para as empresas de mídia modernas. Em 1998, foi comprada pela Havas.

Mesmo no Reino Unido, Ingram não foi o único pioneiro. Em 1969, uma companhia canadense chamada Media Buying Services abriu um escritório em Londres. Seis anos depois, a filial londrina da agência norte-americana Benton & Bowles criou uma divisão separada chamada Mercury Media. E as novas hotshops criativas, como a WCRS, a Lowe Howard-Spink e a Bartle Bogle Hegarty — pequenas demais no início para ter o próprio departamento de mídia —, recorreram a uma empresa independente chamada John Ayling & Associates, fundada em 1978. Nessa época, o Office of Fair Trading tinha abolido a taxa de comissão fixa de 15 por cento, considerada restritiva, abrindo assim o mercado ("Thirty years of independent media", *Campaign*, 21 de julho de 2006).

Tudo isso nos traz de volta a Chris Ingram que, em 1972 — aos 27 anos de idade —, tornou-se responsável pela fusão dos departamentos de mídia de sete agências que pertenciam ao grupo KMP. Ele se viu de repente chefiando uma divisão autônoma com cerca de 50 pessoas, habilmente batizada de The Media Department. "Foi o nascimento das empresas de mídia de propriedade das agências", diz ele. Mas, durante a recessão de 1973, Ingram ficou com medo da função de mídia ser novamente absorvida pela agência principal, de forma que saiu para iniciar o próprio negócio de compra e planejamento de mídia, a CIA. (Ironicamente, a antiga organização de Ingram, The Media Department, foi comprada pela Carat.)

Em termos de seu profissionalismo e do alcance de seus serviços, a CIA foi considerada uma líder no seu campo. Em 1998, a companhia entrou no mercado de ações, transformando-se no Tempus Group. Em 2001, depois de uma verdadeira batalha, foi adquirida pela WPP por nada menos do que 435 milhões de libras.

Outro marco importante foi em 1985, quando Ray Morgan, que chefiava a Mercury Media na Benton & Bowles, saiu com boa parte dos funcionários e dos clientes para iniciar uma empresa autônoma de mídia, a Ray Morgan & Partners. Três anos depois, ela foi comprada pelos Saatchis para cuidar da mídia para sua crescente coleção de agências. A empresa recebeu um novo nome: Zenith. Isso abriu as comportas para a onda de empresas de mídia renomeadas que surgiram ao longo dos anos 90: MediaCom, MindShare, Starcom... uma lista longa e desnorteante.

O nascimento da mídia independente foi em parte incentivado pela consolidação da indústria (ver o próximo capítulo), o que significa que as agências foram anexadas a grupos maiores de comunicações. Uma entidade autônoma podia comprar mídia por todas as agências do grupo, com enorme poder de negociação junto aos donos de mídia. Ao mesmo tempo, podia prospectar clientes cujo trabalho criativo não era feito por nenhuma das agências criativas associadas. Podia também oferecer toda uma série de serviços de consultoria pelos quais podia cobrar um fee adicional. Resultado: mais receita para o grupo matriz.

ATRASANDO O RELÓGIO

Embora as agências criativas mostrem um óbvio desconforto ao falar do assunto, resta ainda uma suspeita de que abdicar da função de planejamento de mídia pode ter sido um erro. Em 2000 houve um primeiro indício disso com a formação da Naked, um novo tipo de agência independente concebido para ajudar os clientes a coordenar as disciplinas esparsas (ver Capítulo 20, A agência do futuro). Mais recentemente, várias agências têm posto em prática iniciativas destinadas a reunir as funções de criação e mídia. A BBH chamou essa nova disciplina de "engagement planning". A TBWA preferiu o termo "connections planning".

Mas certamente não é consenso que um retorno ao full-service seja uma boa ideia. Os especialistas em mídia argumentam que, na era do serviço completo, os clientes eram muitas vezes persuadidos de que a solução para terem mais visibilidade era a propaganda na televisão — coincidentemente, isso significava mais dinheiro para a agência e uma chance maior de ela faturar prêmios de criação. Segundo a alardeada filosofia de "neutralidade de mídia" dos planejadores de mídia, quando um *blog* barato mas bem dirigido é mais apropriado às necessidades do cliente, é por isso que ele deve pagar.

Jack Klues, que criou a Starcom, subsidiária de mídia da Leo Burnett, insiste que a desvinculação ocorreu em benefício dos clientes. "Os clientes querem mudanças. Procuramos acompanhá-los e até passar à sua frente interpretando o que desejam mas, no fim das contas, são eles que moldam a paisagem da propaganda. Eu ficaria desapontado se alguém pensasse que a atividade de mídia foi criada para servir ao ego de gente como Chris Ingram ou mesmo eu. Essa é a melhor forma de fazermos o nosso trabalho — mas não tentamos fazê-lo à custa seja de quem for. Alguns amigos meus de agências criativas dizem: 'Vocês estão tentando dominar o mundo!'" E ri: "Bem, pode ser que isso aconteça — mas não está na minha agenda".

Kevin Roberts, o assertivo chefe mundial da Saatchi & Saatchi, nega a própria ideia de um retorno aos velhos tempos. "Essa é a pergunta que todos fazem — mas é a pergunta errada. As velhas noções de mídia não são mais relevantes. Do meu ponto de vista, a mídia não existe mais: temos apenas consumidores e conexões. O que os clientes precisam é de um grupo de especialistas em consumidores, vindos do mundo inteiro e sentados em torno da mesma mesa, antes mesmo que o brief seja estabelecido. Na verdade, os briefs são inúteis porque os clientes em geral nem sabem o que querem. Então, deem-me um grupo de pessoas que possam *sentir* o que o consumidor precisa. Será que essas pessoas precisam vir todas da mesma companhia? É claro que não."

Seja como for, não há volta. É impossível, para não dizer sem sentido, comparar as agências monocelulares originais com os altamente complexos gigantes de marketing de hoje.

11

Incorporação

"Quase todo mundo em propaganda trabalha para uma entre cinco companhias diferentes"

OMNICOM: O BIG BANG

Orquestrar uma megafusão é um negócio estressante. Em algumas noites, Keith Reinhard ficava diante da janela de seu escritório, contemplando do alto a Catedral de St Patrick na Madison Avenue, e se perguntava em silêncio: "Que droga foi que eu fiz?" Reinhard tinha acabado de ajudar a coordenar a integração das agências gigantes DDB e BBDO a uma holding chamada Omnicom. Ao mesmo tempo, tinha fundido a própria agência — a Needham Harper — à DDB. Qualquer coisa como metade da Madison Avenue e um bom pedaço de Chicago estavam se mudando para debaixo do mesmo teto. Não é de admirar que o escritório de Reinhard parecesse um pouco abafado.

Ele mal podia acreditar que dirigia agora a Doyle Dane Bernbach, uma agência que reverenciava desde antes de conseguir seu primeiro emprego em propaganda, quando tinha acabado de terminar o colégio em Berne, Indiana. "Minha fascinação por Bill Bernbach e seu bando de revolucionários começou muito cedo", relembra hoje. "Eu estava absolutamente certo de que a propaganda era a minha carreira, embora não tivesse nenhuma experiência e pouca evidência de qualquer talento. Mesmo assim, aguardava ansiosamente os exemplares semanais da revista *Life*, onde saíam os anúncios da Volkswagen. Eu os pregava na minha parede."

No começo, Reinhard queria ser diretor de arte e passou um bom tempo "rodeando estúdios de arte e dando de cara com figurões das agências", mas sem conseguir o emprego que cobiçava. Finalmente, conseguiu uma entrevista numa empresa de Chicago chamada Needham Louis & Brorby. "Examinaram meu portfólio e perguntaram: 'O que você acha de ser redator?'" Ele ri. "Eu respondi: 'Claro, seria ótimo'." Resultou que escrevi uns roteiros que eles gostaram. E em 1964, com 29 anos, eu me tornei o mais velho novo redator da agência."

Com o tempo, a agência evoluiu para Needham Harper Worldwide (fundiu-se em 1965 com uma agência de Nova York para criar a Needham, Harper & Steers — com a chegada de Paul Harper no mais alto cargo). E a carreira de Reinhard evoluiu também à medida que ascendia na escada criativa, acabando por se tornar presidente e CEO da agência. Nada mal para um cara que tinha começado como paste-up no meio oeste. Ele tinha também mudado de Chicago para dirigir a agência em Nova York, onde era agora sua sede.

Reinhard nunca perdeu sua admiração por Bernbach. E havia uma ligação entre a Needham Harper e o falecido cofundador da DDB. Bernbach tivera várias reuniões com Paul Harper, a quem Reinhard sucedeu como presidente. "Harper tinha menos destaque no meio do que Bernbach, mas ambos se respeitavam. Ele e Bill tinham se reunido em 1978 para estudar a possibilidade de fundir as duas companhias. Já então se começava a ver a emergência de uma indústria global da propaganda e, pelo menos no papel, a fusão tinha sentido: geograficamente, éramos mais fortes em regiões diferentes do mundo e, naturalmente, a Needham era forte em Chicago, onde a DDB tinha pouca presença."

Tinham também valores semelhantes: os dois eram comprometidos com a criatividade como sua *raison d'etre*. Mas os dois não conseguiram chegar num acordo — Reinhard suspeita que possa ter havido um embate de egos a respeito de qual nome ficaria na porta. Seja como for, a fusão nunca aconteceu e continuava sendo uma oportunidade perdida quando Bill Bernbach morreu em 1982.

Naquele mesmo ano, Reinhard assumiu como chefe da Needham Harper. "Reuni todo mundo e disse: 'Temos que fazer alguma coisa. Somos a 16ª maior agência do mundo. A mim me parece claro que a indústria da propaganda vai se tornar um negócio de duas camadas. Sempre haverá vitalidade na camada de baixo, as agências-butique. E então haverá uma camada de cima com seis ou sete gigantes. Não vai ter camada do meio. Infelizmente, estamos no meio. E é melhor encontrar uma saída'."

Não tinha como a agência sair da lacuna sozinha — teria que crescer outros 40 por cento a cada ano. Outras possibilidades foram consideradas, mas Reinhard continuou convencido de que a DDB era a solução. A agência de Bernbach estava longe de seus dias de glória, definhando numa posição semelhante à da Needham Harper, no 13º lugar do mercado.

"Encontrei-me com Bill pessoalmente só umas duas vezes, e talvez tenha falado ao telefone com ele algumas vezes, mas sentia que seria bom para as duas agências se juntarem. Mas tinham me dito que Bill ficava incomodado com a perspectiva internacional — gostava de ter participação em tudo o que saía da agência. Minha ideia era pegar sua visão da natureza humana e das comunicações e aplicá-la a um mundo que não tinha quase mais nada a ver com aquele em que ele tinha criado seu negócio. Minha paixão era pegar seus princípios de criatividade e aplicá-los à nova mídia e ao mercado global."

Reinhard começou a cortejar os sucessores de Bernbach no comando da DDB — sem resultados. A questão se arrastou pelo outono de 1985, quando Reinhard começou uma série de discussões discretas com Allen Rosenshine, presidente e CEO da BBDO. A dupla se encontrava no Stanhope Hotel, "porque as pessoas de propaganda nunca iam lá". A troca de ideias inicial sobre a situação da indústria da propaganda se aprofundou e começaram a falar de fusão. Diz Reinhard: "Confessei a Allen que minha paixão era pela Doyle Dane Bernbach. E ele disse: 'Espere um pouco — nós também já tivemos algumas conversas com a DDB!' Foi aí que as coisas ficaram sérias. Pensamos: tudo bem, uma fusão tripla é uma ideia tão formidável que os advogados e os do contra não conseguirão atrapalhar".

Os dois começaram uma série de reuniões secretas com o filho de Bernbach, John, e com o presidente e CEO da DDB, Barry Loughrane. Usando o codinome "Stanhope", mudavam de suíte no hotel a cada reunião, para que os jornalistas não sentissem o cheiro da fusão. (Duas das três companhias tinham ações no mercado, cujo preço seria afetado se a notícia vazasse.) Na sexta-feira, 25 de abril de 1986, o negócio foi fechado. O anúncio seria feito na segunda-feira seguinte.

O processo assumiu uma urgência vital quando, no último minuto, a Saatchi & Saatchi chegou à mesa de negociações com mais dinheiro. Mas o conselho da DDB estava cansado das fanfarronadas dos dois irmãos britânicos e, depois de uma reunião angustiante, decidiu ir em frente com a

Needham Harper. Naquela sexta-feira, a tensão palpável que havia no ar aumentou ainda mais: o *The Wall Street Journal* tinha ouvido rumores sobre a fusão, embora não tivesse informações suficientes para uma reportagem. "Tínhamos mobilizado um exército de jovens para telefonar aos clientes e gerentes das três agências e contar o que estava acontecendo. E tínhamos que fazer isso antes da manhã da segunda-feira."

Na segunda-feira seguinte, 28 de abril, o *The New York Times* publicou uma reportagem com o título "Fusão tripla cria a maior das agências de propaganda". Três das 20 maiores agências tinham se fundido num negócio que lhes dava um faturamento combinado de 5 bilhões de dólares ao ano e uma força de trabalho de mais de 10 mil pessoas. Levando em conta de que isso se passou há mais de 20 anos, a matéria era profética. Dizia: "A propaganda ganhou um status enorme... porque [é] responsável por adicionar diferenças perceptíveis em produtos em que as diferenças reais, devido ao avanço tecnológico, não mais existem... Outra pressão está levando as agências à expansão internacional para ficar à altura dos objetivos de marketing dos clientes multinacionais. Alguns analistas da cena da propaganda estão convencidos de que o segmento das agências será constituído em breve por algumas poucas organizações multinacionais gigantes e por uma multidão de pequenos fazedores locais de propaganda".

E a fusão pressagiava uma tendência futura — a dos grupos globais de comunicações como provedores de vastos arsenais de serviços de marketing, muito além da mera propaganda. Com esse fim, fazia parte da fusão uma entidade chamada DAS — Diversified Agency Services — para cuidar de atividades "below-the-line", como marketing direto, relações públicas e promoções de vendas, que não empregavam as técnicas tradicionais da propaganda.

O negócio não gerou fortunas pessoais: eram três agências de criação unidas para salvaguardar sua identidade num mercado cada vez mais voraz. A fusão foi realizada através de uma troca de ações. Cada uma das três companhias obteve novas cotas da holding, com base numa fusão de iguais e avaliadas pelo valor de cada uma. A imprensa apelidou o negócio de "The Big Bang".

Devido a conflitos entre clientes, uma fusão desse tamanho tendia a gerar perda de contas. A revista *Campaign* noticiou que, juntas, as três agências tinham perdido clientes no valor de 250 milhões de dólares anuais em faturamento, incluindo a conta de 85 milhões de dólares da Honda — devido ao conflito com a famosa conta da VW da DDB e com o trabalho da BBDO para a Chrysler Dodge. Outras perdas incluíam a RJR Nabisco, a IBM e a Procter & Gamble ("What cost the mega-mergers?", 26 de setembro de 1986).

Como novo chefe da DDB Needham, Reinhard tinha outro desafio nas mãos: fazer convergir as culturas de duas agências gigantes. Embora os funcionários da DDB entendessem que ele era um "cara de criação" e um fã de Bernbach, continuavam irritados com a nova configuração. "Você não pode imaginar o tamanho da atitude 'nós contra eles', a quantidade de observações 'nós não fazemos as coisas assim'. Já era bem difícil em Nova York, mas nos outros países — onde não estávamos presentes para amaciar as coisas — explodiram guerras civis. Os dirigentes de ambas as agências diziam à imprensa local: 'Sim, houve uma fusão — e eu estou no comando'."

Quanto à imprensa, ela foi arrasadoramente crítica. "Acho que só a *Ad Age* teve algo de positivo a dizer sobre nós. Elogiaram-nos pela coragem porque tínhamos feito o que achávamos certo sem perguntar aos clientes. Mas, de resto, todos os outros foram arrasadoramente negativos."

Levando em conta o status pouco brilhante que as três agências envolvidas tinham anteriormente, alguns jornalistas especulavam se a fusão da Omnicom resolveria alguma coisa. Fazendo piada, um comentarista da Madison Avenue disse que o nome Omnicom significava "Operations May Not Improve Considering Our Merger" {"As operações podem não melhorar considerando nossa fusão"}.

Para esquentar ainda mais o clima, a Saatchi & Saatchi — depois de fracassar na tentativa de obter o controle da DDB — pagou 507 milhões de dólares pela agência Ted Bates: com isso, criou uma estrutura no valor de 7,5 bilhões e derrubou o curto reinado da Omnicom como o maior grupo de propaganda do mundo. "A imprensa sentiu que as megafusões nada tinham a ver com prestar serviço aos clientes — tinham a ver com ganância", diz Reinhard.

E assim ele ficava diante da janela — na sala que tinha sido de Bill Bernbach — e contemplava a noite, perguntando a si mesmo se um dia conseguiria endireitar as coisas. Mas sua crença apaixonada na legitimidade a longo prazo do projeto se contrapunha a qualquer apreensão passageira. "Allen [Rosenshine] e eu estávamos convencidos de que conseguiríamos criar uma holding dedicada à criatividade... Há uma noção de que o tamanho é um inimigo natural da criatividade, mas o que importa não é o tamanho, e sim a cultura e a filosofia da rede."

Um criativo respeitado por seus próprios méritos, Allen Rosenshine subiu de seu cargo na BBDO para a direção da Omnicom. Mas, em 1999, voltou a dirigir a agência — trabalho que preferia — e Bruce Crawford assumiu o comando da Omnicom. Ex-presidente da BBDO, Crawford dirigia a Ópera Metropolitana de Nova York quando Rosenshine o convidou, meio na piada, para o trabalho. Rosenshine temia que a BBDO estivesse começando a perder sua identidade. Além disso, como explicou à *Adweek* pouco antes de sua aposentadoria em 2006, "dirigir a Omnicom não era o certo para mim. Não fazia parte da minha experiência administrar e dirigir uma sociedade anônima, lidar com analistas, promover o capital e todas as coisas que se deve fazer".

O autoconhecimento de Rosenshine foi decisivo para o futuro da Omnicom, que floresceu sob o comando de Crawford. Uma de suas primeiras medidas foi reestruturar o DAS, transformando-o numa coleção eficiente de operações de marketing. Foi ajudado nessa tarefa por John Wren, que assumiu como diretor executivo em 1996. O DAS é hoje o maior gerador de receita do Grupo Omnicom.

Hoje, a Omnicom atende mais de 5.000 clientes em 100 países e tem um faturamento de 800 milhões de dólares ao ano ("Omnicom at 20", *Campaign*, 24 de fevereiro de 2006). Além da BBDO e da DDB, suas subsidiárias incluem a TBWA e as especialistas em mídia OMD e PHD. Surpreendentemente, dado o seu tamanho, conseguiu em geral manter a identidade "criativa" imaginada por Reinhard e Rosenshine. É elogiada pela política administrativa de não interferência, o que permite que organizações como AMV. BBDO, TBWA, Goodby Silverstein & Partners e outras continuem fazendo seu trabalho criativo.

A Omnicom é o maior dos gigantes da comunicação de marketing. Mas outros estão chegando perto.

WPP: LIGADA NO MUNDO

"Quarenta anos é uma idade perigosa", diz Sir Martin Sorell. "Um executivo do sexo masculino que chega aos quarenta deveria pôr uma bandeira vermelha no computador. É a menopausa masculina, ou andropausa. Sempre tem uma chance de ele fazer alguma coisa imprevisível."

Como fundar uma companhia que se transforma num dos maiores grupos de comunicação de marketing do mundo, por exemplo? Porque foi isso que Sorrell fez. Esse homem ativo e corajoso — descrito muitas vezes pela imprensa como "agressivo", o que sugere que os jornalistas o aborrecem — construiu um império a partir de um escritório num porão úmido. E foi a menopausa masculina que o despertou para a ação. "Achei que era minha última oportunidade de montar um negócio", diz ele. "Há um período ótimo entre os 30 e os 40. Aos 20 ainda nos falta experiência. Aos 40 olhamos para trás para ver o que realizamos e decidimos o que fazer em seguida."

Vinte anos depois, a companhia que ele criou é dona de quatro agências de propaganda históricas — J. Walter Thompson, Ogilvy & Mather, Young & Rubicam e Grey — e de um bando de empresas "below-the-line": cerca de 100 empresas de serviços de marketing no total. Sorrell não gosta de chamá-la de "conglomerado" porque isso implica negócios desconexos, ao passo que a WPP visa oferecer aos clientes acesso a qualquer uma de suas partes componentes — ou a todas elas. A revista *Fortune* descreveu-a uma vez como "máquina de marketing".

A extraordinária história de Sorrell é testemunha das recompensas que aguardam empreendedores com a dose certa de determinação, talento e sorte. Armado cavaleiro em 2000 por serviços prestados à indústria da comunicação, Sir Martin foi criado num lar judaico de classe média. Seus avós eram emigrantes da Europa Oriental e seu pai, Jack, um homem de negócios bem-sucedido no varejo de artigos elétricos. O pai de Sorrell faleceu há poucos anos, mas continua sendo o herói máximo do executivo-chefe da WPP. "Ele me ensinou o valor da persistência. Ensinou-me também que o segredo do sucesso na vida é encontrar uma coisa, um negócio, e se concentrar nela. Ele achava que a ideia de portfólios é bobagem."

Seu pai deixou a escola aos 13 anos, mas Sorrell foi armado com uma educação de primeira linha. Depois da Aske's Boy's School, de Haberdashers, ele frequentou o Christ's College, em Cambridge, onde estudou economia — e depois a Harvard Business School. Sua carreira começou com pequenos trabalhos na Glendinning Associates, uma consultoria de marketing da qual hoje a WPP é dona da metade, e na Mark McCormacks, uma empresa de marketing esportivo. No emprego seguinte, trabalhando para o assessor de investimento e administração James Gulliver, Sorrell entrou em contato com a Saatchi & Saatchi. Gulliver aconselhou os irmãos a contratar um diretor financeiro em tempo integral — e o emprego foi oferecido a Sorrell.

Ao contrário de muitos que trabalharam em Londres nos anos 70, Sorrell não costuma considerar esse período como a "idade de ouro" da propaganda. "Acho que isso é uma atitude de velhos nostálgicos", diz ele. "Na verdade, a indústria é mais interessante hoje do que era naquele tempo.

Mas foi uma época em que as marcas criativas estavam começando a abraçar as oportunidades globais."

Abraçando-as no interesse da Saatchi & Saatchi desde 1977, Sorrell chegou àquela "idade perigosa" em 1985 e percebeu que, se quisesse fazer alguma coisa por si mesmo, era agora ou nunca. Ele e o corretor de ações Preston Rabl levantaram um empréstimo para comprar a Wire & Plastic Products, um inócuo fabricante de cestas para compras. Apropriadamente, a empresa viria a ser o receptáculo de uma coleção de negócios "below-the-line". Sorrell achava que os componentes não propaganda do marketing estavam sendo subvalorizados. Depois de umas dez aquisições cuidadosamente avaliadas nessa esfera, sua atenção foi desviada, quase a despeito de si mesmo, pela J. Walter Thompson. Foi um lance oportunista, ele admite. "Alguém escreveu na época que a agência tinha problemas em lugares onde a maior parte das empresas nem lugar tinham."

A aquisição da legendária agência norte-americana foi planejada numa sede improvável em Londres. Nessa altura, Sorrell e Rabl ainda trabalhavam num escritório montado num porão em Lincoln's Inn Fields. "Não vamos exagerar: o lugar era moderno e razoavelmente na moda. Mas estava abaixo do nível da rua e, sempre que chovia, a água entrava. No meio do negócio com a JWT, estávamos com pedreiros dentro do escritório revestindo as paredes para conter a umidade."

Sorrell tinha dado uma olhada na J. Walter Thompson e visto seu potencial. Havia ainda o nome da marca. Ela tornaria a WPP genuinamente global, abrindo as portas para a Ásia. Além disso, ela ainda era forte criativamente em Londres e em Nova York. Mas as margens de lucro estavam encolhendo e Burger King, um cliente importante, tinha acabado de deixar a conta em suspenso para avaliação. Inicialmente, a WPP fez uma oferta de 5 por cento. Isso se transformou gradativamente na primeira aquisição hostil da indústria da propaganda: em junho de 1987, depois de apenas 13 dias, Sorell adquiriu a JWT por 566 milhões de dólares.

Mas havia um bônus inesperado no negócio. Meio escondida na planilha de balanço da J. Walter Thompson havia uma propriedade alodial — um prédio que Sorrell tinha presumido ser a sede da agência em Berkeley Square. Mas era na verdade um prédio em Tóquio, que depois Sorrell vendeu por 200 milhões de dólares, saindo com 100 milhões de dólares depois de pagos os impostos.

Com esse negócio na mão, dois anos depois Sorrell voltou a atenção para a agência seguinte: a Ogilvy & Mather. Como já foi mencionado, David

Ogilvy não ficou nem um pouco contente com a perspectiva, definindo vilmente Sorrell como "merdinha odienta" que "nunca escreveu um anúncio na vida". Na época, eles não se conheciam. Percebendo que a perspectiva de abrir mão da O&M seria emocionalmente dolorosa para o veterano do mundo da propaganda, Sorrell já meio que esperava essa reação. Ele conquistou Ogilvy lendo e citando seus livros e oferecendo pessoalmente torná-lo chairman não executivo da companhia resultante da fusão. Ogilvy pediu desculpas pelos comentários e a relação entre eles foi tranquila daí em diante.

Ao contrário do futuro da WPP, que balançou como um galeão sobrecarregado pela pilhagem, Sorrell tinha pago 860 milhões de dólares pela Ogilvy & Mather, usando estoque e ações preferenciais em vez de patrimônio líquido. Durante o processo da aquisição, a O&M perdeu alguns de seus funcionários mais antigos e alguns clientes importantes. E então, em 1991, veio a recessão. Os analistas divulgaram alertas e os preços das ações da WPP desabaram. A companhia de Sorrell chegou perto, muito perto, de ir por água abaixo. Sobreviveu graças ao seu "conhecimento forense de como os bancos operam", como disse a *Campaign* ("WPP at Twenty", 29 de abril de 2005).

Quando pergunto a Sorrell se ele acha que isso foi uma parte necessária do processo de aprendizado, quase consigo ouvir os nós dos seus dedos empalidecendo em torno do fone. "Não, absolutamente não: eu nunca me poria, e nunca poria ninguém da companhia, numa situação dessas. Cometi um erro, só isso. Se tivesse feito um negócio metade dívidas e metade patrimônio líquido, nunca teria chegado àquele ponto. Nossas ações chegaram a 30 pence num determinado momento. Foi um período terrível."

Mas a WPP subiu com garra de volta à superfície — como a O&M, ganhando a conta consolidada da IBM em 1994. Depois disso, a WPP cresceu constantemente, com nenhuma aquisição importante durante algum tempo: Sorrell se concentrou em seu princípio básico de costurar uma gama coesa de prestadoras de serviços de marketing. "Os clientes querem soluções para problemas", diz ele, fazendo eco inadvertidamente a Kevin Roberts, a respeito da Saatchi & Saatchi. "E querem o benefício do acesso ao maior número possível de soluções variadas para seus problemas. No fim das contas, não acho que se preocupem muito com o nome das agências."

Essa capacidade de oferecer soluções foi demonstrada em 1977, quando Sorrell juntou os departamentos de mídia da JWT e da O&M para criar a MindShare, uma empresa única na época. Em 2000, estava pronto para pescar outro peixe grande: comprou dessa vez a Young & Rubicam por 4,7 bilhões de dólares. Pouco depois, a WPP comprou o The Tempus Group (a antiga CIA) por 400 milhões de libras. Sorrell admite que tentou sair fora no último minuto, quando os mercados ficaram convulsionados devido aos ataques de 11 de setembro de 2001. Mas o que era negativo se tornou positivo com a criação de outra robusta organização de compra de mídia. Mais recentemente, em 2005, Sorrell comprou o Grey Global Group por 1,75 bilhão de dólares.

Será que é só tamanho pelo tamanho? Pode parecer que sim. Mas, ao longo dos anos, a WPP embolsou algumas enormes contas consolidadas — HSBC, Samsung e Vodafone, por exemplo — e seu amplo leque de agências indica que ela pode trabalhar para contas conflitantes, como a Unilever e partes da Procter & Gamble. Além disso, o portfólio diversificado da WPP a protege em parte do ciclo econômico. Como disse Sorrell a *Business Today*, "Há um fenômeno em ondas que ocorre numa recessão... A primeira coisa a ser afetada é a propaganda e a administração de mídia, depois as relações públicas e os negócios públicos e, em seguida, o trabalho de marca. A... diversidade funcional nos dá um pouco de insularidade" ("Advertising is local, regional and global", 21 de dezembro de 2003).

Em 2006, a WPP era o segundo maior grupo de comunicações de marketing, com um faturamento de 50 bilhões de dólares, uma receita de 11 bilhões de dólares e cerca de 97 mil funcionários trabalhando em 2 mil escritórios espalhados por mais de 100 países. Ao lado das entidades de propaganda mencionadas acima, sua enorme caixa de surpresas inclui empresas de pesquisas, redes de Relações Públicas, especialistas em trabalho de marca e identidade corporativa, organizações de marketing direto e comunicações de serviços de saúde — assim como qualquer elemento imaginável do marketing mix, de estratégia de internet a programas de patrocínio.

Pouco depois de seu sexagésimo aniversário, Sir Martin Sorrell continua muito envolvido com a WPP, a ponto de ser rotulado de "microadministrador", o que ele não considera um insulto. "Não se trata de um negócio, é uma coisa pessoal", diz ele. "Não herdei nada — não tinha nenhum Marcel Bleustein-Blanchet antes de mim — construí essa coisa do nada. Então, estou seriamente envolvido. Quando está tão perto de alguma coisa, você não se comporta como um pistoleiro de aluguel."

Sorrell entende que até os clientes mais esclarecidos precisam de alguma coisa para focalizar quando olham para uma organização tão grande quanto a WPP — assim, ele fornece um rosto, uma identidade de marca. Durante uma conversa sobre mercados externos, ele menciona que foram encontradas na Índia moedas cunhadas com a imagem de Alexandre o Grande: "um dos exemplos mais antigos de trabalho de marca". Sorrell desempenha um papel unificador semelhante no seu império. A última vez em que o encontrei pessoalmente foi numa reunião informal de gerentes da Unilever. Ele sabe que clientes apreciam o toque pessoal. Na verdade, embora lamente que hoje em dia muitos clientes vejam a propaganda como "uma extensão do *show-business*", Sorrell é uma das poucas figuras verdadeiramente parecidas com um estadista, merecendo o tipo de respeito inspirado em outra era por David Ogilvy.

Assim, parece não ter importância a acusação deste grande redator, de que nunca escreveu um anúncio. "Há criatividade em todos os caminhos da vida", observa ele. "Não se deve supor que os diretores de criação tenham o monopólio dela. Há muita criatividade em [marketing] direto, por exemplo. Em finanças, há gente criativa. Às vezes tenho um vago impulso de criar uma campanha mas, para o bem de todos, sempre resisti. No final das contas, sou um homem de negócios. Algumas pessoas criativas acham a ideia desconfortável, mas propaganda é um negócio."

Durante o evento da Unilever, Sorrell ficou em contato constante com o mundo exterior via BlackBerry. Ele é afamadamente conectado. Mel Karmazin, ex-CEO da Viacom, disse à *Fortune*: "quando Sir Martin não me retornava em 15 minutos, eu ligava para ver se tinha acontecido algum acidente" ("Bigger and Bigger", 29 de novembro de 2004).

É evidente que Sorrell não trabalha por riquezas, mas porque adora trabalhar. Ele não faz pose de magnata — além do trabalho, suas paixões são a família e o *cricket*. A sede da WPP em Londres é uma casa comum em Mayfair, não um arranha-céu planejado para enviar uma mensagem aos que param admirados à sua frente. Longe de ser a figura austera e compulsiva que alguém pode imaginar, ele é surpreendentemente despreocupado. Observou uma vez que "muito trabalho não é estressante, desde que você esteja se divertindo". Mas não se enganem: é uma diversão que Sorrell leva a sério. "Eu me sinto como Bill Shankley [dirigente do Liverpool Football Club] se sente em relação ao futebol: 'Não é uma questão de vida ou morte — é muito mais importante'."

INTERPUBLIC: A ESCADA HORIZONTAL

Marion Harper, o falecido chefe da McCann Erickson, tinha uma abordagem diferente com relação ao trabalho. Em meio ao alvoroço de uma aquisição nos anos 60, Harper mandou equipar uma aeronave DC-10 como um castelo francês voador, com uma cama *king-size*, biblioteca e banheiro com banheira. Segundo Stephen Fox em *The Mirror Makers*, o avião era parte de uma pequena frota apelidada de "Força Aérea do Harper".

Sua ambição napoleônica acabou levando a melhor sobre ele, mas Harper lançou as bases para o primeiro grande grupo de comunicação e marketing. Sua inovação pode ter sido o motivo de haver hoje apenas umas cinco companhias, em que quase todo mundo de propaganda trabalha. Em 1954, ele comprou uma pequena agência chamada Marschalk & Pratt. Sentindo que a McCann Erickson estava organizada de acordo com critérios muito eficientes, ele não quis embarcar numa fusão confusa e desestabilizadora. Assim, deixou que a Marschalk & Pratt florescesse como agência independente, com escritórios e funcionários separados.

Nos anos seguintes, Harper manteve a mesma política, enquanto abocanhava outras agências em várias áreas do marketing. Em 1960, fundou o grupo Interpublic, com quatro divisões: a McCann Erickson, para cuidar de contas domésticas; a McCann-Marschalk, uma agência reserva para cuidar de contas conflitantes; a McCann Erickson Corp International, com mais de 50 escritórios em todo o mundo; e a Communications Affiliates, uma coleção de empresas *below-the-line*. Harper dizia que tinha "posto na horizontal" a estrutura em forma de escada do negócio.

Em 1961, com a aquisição da agência londrina Pritchard Wood, o Interpublic abocanhou a J. Walter Thompson, tornando-se a maior companhia de propaganda do mundo. Mas a escada horizontal de Harper também exigia um delicado número de equilibrismo. À medida que as aquisições continuavam durante a década de 60, a estrutura começou a oscilar perigosamente. Nem todos os clientes estavam convencidos da política de agências separadas: a Continental Airlines, por exemplo, saiu da McCann Erickson alegando conflito com a Braniff Airlines, que era atendida pela Jack Tinker & Partners, agência do grupo Interpublic.

Os sucessos criativos da McCann — notadamente "Ponha um tigre no seu tanque", para a Esso — estavam sendo solapados pela instabilidade da companhia-mãe. O Interpublic tinha agora 24 divisões e um faturamento de 711 milhões de dólares — mas Harper não estava disposto a delegar e havia pouca coordenação entre essas entidades. A dívida do Interpublic subiu de 1 milhão de dólares em 1962 para 9 milhões de dólares em 1967 (perfil WARC em conjunto com AdBrands, março de 2006). O Chase Manhattan Bank concordou em protelar o desastre com um empréstimo de 10 milhões de dólares — com a condição de que Harper deixasse a companhia. E ele foi devidamente posto para fora pelo conselho do Interpublic. Poucos anos mais tarde (depois de uma breve e irônica tentativa de montar uma pequena agência de criação), ele abandonou totalmente o negócio da propaganda. Morreu em 1989 aos 73 anos. Mas, sentado na arquibancada, deve ter tido tempo de observar outros grupos adotando e aperfeiçoando a estrutura que tinha introduzido.

O Interpublic se recuperou da era Harper e, nos anos 80, começou a comprar novamente, adquirindo o Grupo Lowe e a Lintas International. Nos anos 90, fundiu a Lintas com outra aquisição, a agência norte-americana independente Ammirati & Puris, para criar a Ammirati Puris Lintas.

Ambas as entidades tinham histórias interessantes. Fundada em 1929, a Lintas tinha sido o departamento interno de propaganda de produtos embalados Unilever (Lever International Advertising Services). Nos anos 60, começou a pegar clientes de fora e acabou se tornando uma agência autônoma, indo parar no estábulo da Interpublic. Ammirati & Puris era uma agência de criação de Nova York fundada em 1974 por Martin Puris, Ralph Ammirati e Julian AvRutick. Seu cliente mais famoso era a BMW, para quem a Puris concebeu o slogan "a máquina de dirigir definitiva". Anexada durante algum tempo à BMP de Londres, a agência era novamente independente na época que a Interpublic tomou posse dela e a fundiu com a Lintas.

O Interpublic tinha agora a estrutura de três agências, que estava se tornando comum na indústria da propaganda. Mas nem a Lowe e nem a Ammirati Puris Lintas tinha força suficiente para oferecer uma alternativa realista à poderosa McCann Erickson. Então, o Interpublic maquinou uma outra fusão, dessa vez combinando a Lowe e a APL para criar a Lowe Lintas. Em seguida, foi à caça novamente. Voltou os olhos para a MacManus, a holding da rede DMB&B — que lhe foi tomada pela Leo Burnett. Finalmente, em março de 2001, adquiriu a True North, origem da FCB Worldwide, por 1,2 bilhão de dólares.

A FCB estabelecia uma ligação direta com dois dos mais prestigiosos nomes da história da propaganda: Lord & Thomas e Albert Lasker (ver Capítulo 1, Pioneiros da Persuasão). Em 1942, Albert Lasker se aposentou da propaganda e vendeu a Lord & Thomas, sediada em Chicago, a três dos seus diretores: Emerson Foote de Nova York, Fairfax Cone de Chicago e Don Belding de Los Angeles. No ano seguinte, a agência renasceu como Foote, Cone & Belding. Durante as duas décadas seguintes, ela criou alguns dos slogans mais famosos da propaganda: "Ela faz ou não faz? Só seu cabeleireiro sabe com certeza", para a tintura de cabelo Clairol; "Você vai se perguntar para onde foi o amarelo quando escovar os dentes com Pepsodente"; "Para cima, para cima e para longe com a TWA" {Up, up and away with TWA}... Embora seus fundadores já fossem falecidos quando a Interpublic adquiriu a True North — o nome da holding da FCB — a agência ainda mantinha seu prestígio.

Infelizmente para o Interpublic, entretanto, a aquisição não podia ter acontecido em pior hora. Em 2001 a bolha das pontocom explodiu e os acontecimentos de 11 de setembro jogaram o mercado da propaganda numa espiral descendente. Isso impediu o desenvolvimento do processo de reestruturação necessário para integrar a True North ao já volumoso grupo Interpublic. Além do mais, a FCB tinha acabado de perder a conta da DaimlerChrysler, que valia 116 milhões de dólares. Para piorar a agonia, o cliente mais importante da McCann, a Coca-Cola (para quem a agência escrevera "Eu queria ensinar o mundo a cantar" nos anos 70) estava começando a bater em retirada da agência, passando trabalhos para empresas menores. Levaria muitos meses — ou anos — até que o Interpublic voltasse a se aprumar; e em 2006 continuaram as especulações de que seria comprado por um grupo maior.

Nesse meio-tempo, o Interpublic se transformou na terceira maior rede de comunicações de marketing, com 43 mil empregados em mais de 130 países e uma renda de 6 bilhões de dólares.

PUBLICIS: REAJUSTANDO A BÚSSOLA

Um dos desafios feitos por Marcel Bleustein-Blanchet a Maurice Lévy era tornar a agência global. Isso acabou sendo uma expedição mais extenuante do que ele poderia imaginar. Em 1988, Lévy descobriu que a Foote, Cone & Belding estava procurando parceiros internacionais para crescer na Europa e na Ásia. Tendo sido escolhida como Agência do Ano de 1986 pela *Advertising Age*, em grande parte devido à força de suas campanhas para a Levi's e a California Raisins, a FCB parecia ser uma opção atraente para Lévy. Lembra ele: "A abordagem inicial veio da FCB. Eles disseram: 'Estamos interessados em comprar vocês'. Eu respondi: 'A ideia não é má — mas seria melhor se nós comprássemos vocês'. Então, em vez de uma tentar comprar a outra, sentamo-nos para criar uma aliança."

Com ajustes complexos de participação acionária e um grupo de coordenação, a parceria foi muito mais do que um acordo de cavalheiros. E por algum tempo funcionou para ambas as partes, com um faturamento combinado de 6 bilhões de dólares no auge da união. "Ficamos juntos por vários anos excelentes e lucrativos", diz Lévy. "E a Publicis aprendeu muito nesse período."

Mas, por mais formal que fosse, a parceria dependia da vontade dos envolvidos. Isso ficou claro quando o CEO da FCB com quem Lévy negociara o acordo, Norman Brown, se aposentou e foi substituído por Bruce Mason. Transpirou que Mason não era favorável à aliança e que a relação entre as duas agências estava ficando tensa. Quando a Publicis adquiriu uma pequena agência de propaganda nos Estados Unidos, a FCB acusou a agência francesa de estar competindo em seu território e alegou uma violação do acordo original. Depois de uma dolorosa contenda judicial, a parceria foi dissolvida em 1996. A FCB estava livre para continuar seu caminho como parte da holding True North, com os resultados descritos acima.

A Publicis tinha crescido em 1993 com a aquisição da rede francesa FCA-BMZ, que lhe deu escritórios na Alemanha, Reino Unido, Holanda, Bélgica e Itália, assim como força adicional na França. Mas o final do acordo com a True North significava que tinha perdido sua presença norte-americana e não podia mais se considerar global. "Assim como uma mulher não pode estar meio grávida, ou você é global ou não é", observa Lévy. "Quem quer trabalhar para clientes presentes em toda parte, tem que estar presente em toda parte também."

Para recuperar o tempo perdido, Lévy partiu para "uma louca trilha de aquisições", como ele mesmo admite. "A certa altura, entrávamos em um país novo a cada semana", ele conta. Uma presa valiosa foi a agência de criação Hal Riney & Partners, de San Francisco, que já tinha repelido avanços da Omnicom, da WPP e da Interpublic. Mas Lévy conquistou o fundador Hal P. Riney mostrando apreciação pelo trabalho criativo e assumindo na negociação uma abordagem pessoal e não corporativa. "De um ponto de vista mais cínico, acho que ajudou o fato de estarmos longe de San Francisco, com menos possibilidade de interferir." diz Lévy. "O acordo nos garantiu um grande respeito entre a comunidade criativa — e também dos anunciantes — porque perceberam que tínhamos um compromisso com a criatividade."

A agência de criação Fallon McElligott foi adquirida pouco tempo depois. E então a Saatchi & Saatchi apontou no horizonte.

O gigante ferido dos anos 80 lutava para construir uma nova imagem sob o comando do chairman Bob Seelert (ex-executivo da General Mills) e do extravagante CEO Kevin Roberts. A agência tinha precisado de um personagem colorido como Roberts para romper com o passado. Roberts descobrira o poder das marcas trabalhando para a designer de moda Mary Quant em Londres, nos anos 60. Levara então sua experiência para postos na Gillette, na Procter & Gamble, na Pepsi e na Lion Nathan Breweries, Nova Zelândia, onde foi diretor de operações antes de aceitar o convite para dirigir a Saatchi em 1997.

Com um sotaque que passa pela Inglaterra, por Nova York, pela Nova Zelândia e depois volta — muitas vezes na mesma frase — Roberts é um desses cidadãos globais informais e ligados, em que a indústria da propaganda parece se especializar. Ele é bom para fornecer inspiração e controvérsia em medidas iguais. Quando trabalhava na Pepsi, metralhou uma máquina de Coca-Cola no palco, durante uma conferência. Mais recentemente, criou o conceito de "Lovemarks" — marcas que inspiram uma lealdade que está além da razão.

Em 2000, Roberts e Seelert se viram dirigindo uma agência cheia de dívidas e desacreditada, que não prometia crescer muito mais sem uma grande injeção de dinheiro. (Nessa época, a Saatchi & Saatchi tinha se desligado da Cordiant, a holding que dividira com a Bates. Tempos depois, a Cordiant e a Bates foram parar nas mãos da WPP, onde se dissolveram em outras partes da empresa.) A Saatchi teve um flerte não consumado com a agência japonesa Dentsu e rejeitou uma proposta da WPP, que era considerada controladora demais. A resposta, então, talvez estivesse na Publicis.

A dança começou em outro ritmo, quando a Publicis, a Saatchi e a Bates começaram a discutir uma fusão de suas operações de mídia. Lévy ficou na dele nessa negociação, mas fomentou conversas nos bastidores com Bob Seelert sobre o futuro da Saatchi & Saatchi — começando com um discreto café da manhã no Connaught Hotel de Londres. As discussões informais sobre uma potencial fusão estavam em andamento quando Lévy foi abordado pela Young & Rubicam que, tentando fugir de uma aquisição pela WPP, queria saber se podia se juntar à Publicis. Mas a Publicis era um cavaleiro branco improvável para a Y&R — esta atendia a conta da Ford, que trombaria para-choques com a Renault, um cliente-chave da Publicis. Parece que até mesmo Lévy levava mais a sério suas negociações com a Saatchi. "Eu sabia que assim que minha troca de ideias com [a Y&R] viesse a público, minha conversa com a Saatchi & Saatchi se tornaria algo mais concreto — o que provou ser o caso."

Lévy conseguiu também o apoio de Kevin Roberts, que depois de uma reunião crucial decidiu que confiaria ao francês a marca Saatchi e os que trabalhavam para a companhia. O negócio de 1,9 bilhão de dólares foi concluído no dia 20 de junho de 2000. Agora não havia dúvidas de que o Publicis Groupe era global. "Havia três razões excelentes para adquirir a Saatchi", diz Lévy. "Era ainda uma marca excelente, com fama de criatividade. Eu tinha um grande respeito por Bob Seelert e Kevin Roberts. E, finalmente, ela nos deu status global instantâneo: o nome Saatchi & Saatchi é conhecido em toda parte, no mundo inteiro."

Um ano e meio depois, Lévy descobriu para sua surpresa que ainda estava faminto. Há meses ele vinha lendo na imprensa que havia agora duas camadas de grupos globais de comunicações — e o seu estava na segunda camada. "Para mim, a insinuação era 'primeira classe' e 'segunda classe'", diz Lévy. Se quiséssemos entrar na camada mais alta — nos transformar em 'primeira classe' — tínhamos que fazer outra aquisição.

Lévy já tinha tido alguns contatos informais com Roger Haupt, CEO da Bcom3. Como você deve lembrar, a Bcom3 era a holding de nome estranho da Leo Burnett e do MacManus Group, da qual a Dentsu detinha 22 por cento das ações. Na Leo Burnett, muita gente sentia que o nome parecia temporário — como se fosse um passo a caminho de outro lugar. Esse lugar veio a ser a Publicis.

Logo depois de 11 de setembro de 2001, Lévy retomou o contato com Haupt para discutir a possibilidade de uma fusão. Ele lembra que se encontravam em "lugares estranhos e improváveis, como o Hilton do Aeroporto Heathrow, sem advogados nem financistas presentes" para esboçar o acordo, que foi então apresentado à Dentsu. A agência japonesa concordou e o negócio de 3 bilhões de dólares foi anunciado em março de 2002. Durante várias reuniões com os funcionários, Lévy reuniu todo seu charme e todo seu tato para garantir aos empregados da Leo Burnett que o novo proprietário não tentaria interferir na herança única da agência.

A aquisição transformou a Publicis no quarto maior grupo mundial de propaganda, com uma renda anual de 5 bilhões de dólares.

HAVAS: FILHA DA ERA DA INFORMAÇÃO

A história moderna da Havas terminou numa batalha na sala do conselho. Sua história antiga começou com uma missão secreta.

Charles Louis Havas nasceu em Rouen, no dia 5 de julho de 1783, numa rica família judia de origem húngara. Seu pai tinha vários negócios, incluindo um pequeno jornal local. Como diz Jacques Séguéla em seu livro sobre a história da Havas, *Tous Ego* (2005), Charles se tornou, por sua vez, um comerciante, banqueiro, editor e negociador notável — mas parecia perder fortunas tão rapidamente quanto as fazia.

Em 1861, Charles partiu para uma viagem misteriosa. Ninguém sabe onde foi ou por que — há especulações de que se tratava de uma missão diplomática ou de espionagem (ou uma mistura de ambas) para o rei, Luís-Felipe. "Estou partindo para uma longa e perigosa viagem," escreveu ele para a cunhada. "Se for bem-sucedido, deixarei todos felizes; se não, só Deus sabe o que será de nós."

Embora os detalhes de sua viagem permaneçam obscuros, a missão parece ter fornecido o capital para sua incipiente agência de notícias. Além disso, ele pode ter recrutado correspondentes estrangeiros ao longo do caminho. Ao voltar, começou a traduzir notícias da imprensa estrangeira e a reunir boletins da bolsa de valores. Forjou contatos com homens de negócios e políticos. Mas Havas era mais do que um protótipo de repórter freelance. Sua ascensão coincidiu com o primeiro *boom* da informação: Luís-Felipe era cautelosamente tolerante com a imprensa livre e, por volta de 1835, havia 600 jornais e periódicos na França, todos eles famintos do tipo de informação que Havas fornecia. Além disso, as conexões políticas de Havas faziam dele o difusor quase que exclusivo de informações governamentais, criando uma relação desajeitadamente próxima entre a imprensa e o Estado.

Em 1835, a agência Havas estava instalada num espaço de três salas e 80 metros quadrados, onde hoje é o número 51 da rua Jean-Jacques Rousseau. Os boletins de notícias das agências vinham coroados com as palavras VITE E BIEN ("Rápido e bom"), indicando que Havas tinha faro para a autopromoção. Para cumprir sua promessa, fazia uso de todas as formas disponíveis de tecnologia da informação, de pombos correios ao novíssimo telégrafo elétrico. Em 1840, a agência publicava uma série de boletins para políticos, banqueiros e industriais, além de prestar serviços de publicidade para muitos deles.

Havas morreu em 21 de maio de 1858 e foi substituído na direção da companhia por seus dois filhos. Charles Auguste Havas assumiu rapidamente o papel de liderança. Logo após a morte do pai, comprou parte da Société Générale des Annonces (SGA), que negociava espaço de propaganda nos jornais e que, em 1914, ficaria sob o controle total da agência. A lenta transição da Havas, das notícias para a propaganda, tinha começado.

Durante a Guerra Franco-Prussiana (1870-1), entretanto, as notícias ainda estavam no centro da organização. Com Paris sitiada, Auguste Havas montou sua base em Tours para transmitir notícias da capital ao resto da França, usando pombos correios para se comunicar com o escritório de Paris. Numa tentativa de cortar o fornecimento, os prussianos soltaram falcões para pegar os pombos.

No final do seu reinado, Auguste vendeu sua parte no negócio para Emile d'Erlanger, um financista internacional. Outras partes do negócio já estavam nas mãos de políticos, industriais e homens de negócios. Isso contribuiu para dar a impressão de que a Havas era o serviço de inteligência da elite política e industrial da França. Auguste morreu em 1889, o último Havas a dirigir a agência. Foi sucedido primeiro por Edouard Lebey e depois por Léon Régnier.

A agência encontrou um novo representante em Régnier, que dirigiu a Havas de 1916 a 1944 — um período de imenso crescimento. Além de diversificá-la com propaganda internacional e investir em ligações de telégrafo com o norte da Europa e os Estados Unidos, Régnier ganhou o contrato para fornecer espaço de propaganda no sistema de metrô e nos quiosques de Paris. Em 1920, fundiu a SGA com a Havas (embora tenha permanecido como uma divisão independente chamada Havas Publicité). A agência agora cuidava da venda de anúncios para os cinco maiores jornais franceses.

Depois dos nazistas invadirem Paris, no dia 14 de junho de 1940, os escritórios da Havas foram requisitados pelo governo da Ocupação. A Havas começou uma estranha meia-vida. Foi dividida em três: 32,4 por cento continuaram com os então proprietários; 47,6 por cento ficaram para os alemães e 20 por cento para o Estado francês. Assim, a agência noticiosa se tornou uma ferramenta de propaganda para os invasores e para o governo de Vichy. Depois da guerra, a Havas foi nacionalizada e o Estado assumiu o controle da parte que estava em poder dos alemães.

Em 1947, a agência devia vários milhões de francos e enfrentava uma concorrência crescente por parte da Publicis, que renascia. Mas a divisão entre a propaganda e seus novos braços agora estava clara, com a agência de notícias operando sob a nova bandeira France Presse. A Havas entrou também na área do turismo, montando várias agências de viagem. Os ganhos com propaganda se recuperaram e, em 1957, mais de 80 por cento da receita da companhia vinha de vendas de anúncios (perfil WARC em associação com AdBrands, outubro de 2006). Parece que foi nesse período que a Havas e a Publicis — supostamente arquirrivais — celebraram um acordo tácito para dividir entre si o espólio da propaganda francesa, com o objetivo de impedir a concorrência internacional. Isso nunca foi oficialmente reconhecido mas parece plausível, considerando sua vasta rede de contatos comerciais e políticos.

Em 1959, Jacques Douce foi nomeado diretor de publicidade comercial e começou aos poucos a dar à Havas uma forma parecida com a organização que conhecemos hoje. Como time reserva para o braço criativo da agência, o Havas Conseil, fundou a agência Bélier. Em 1972, todas as operações da Havas relacionadas com propaganda foram combinadas sob o nome Eurocom. Essa entidade começou a sondar outros países, adquirindo pequenas agências nos Estados Unidos e participando de uma joint venture com a Marsteller Advertising, uma subsidiária da Young & Rubicam (uma parceria que seria desfeita no começo da década de 90).

Em 1989, sob o comando do novo CEO, Alain de Pouzilhac, a Eurocom comprou 60 por cento das ações do grupo de propaganda WCRS do Reino Unido. Essa participação evoluiu depois para a posse completa da empresa. Então, como se sabe, a Eurocom adquiriu a RSCG, acabando por fundir todas as suas agências criativas sob a bandeira Euro RSCG. A essa altura, a Eurocom estava operando de maneira praticamente independente da Havas — que tinha se transformado numa inadministrável coleção de negócios que incluíam televisão (lançou o Canal Plus em 1984), venda de mídia, publicações e turismo.

Em 1997, a estrutura foi incluída na Compagnie Générale des Eaux (CGE), uma antiga empresa de utilidade pública que o chairman Jean-Marie Messer estava transformando num conglomerado de mídia, e que logo seria rebatizada de Vivendi. Com a saga da Vivendi em curso, o império antes conhecido como Havas foi desmantelado e vendido. Embora isso fosse impensável alguns anos antes, tudo o que sobrou da organização gigantesca fundada por Charles Louis Havas foi a divisão de propaganda — agora chamada novamente de Havas e funcionando como entidade independente.

Mas o drama não tinha chegado ao fim. Na virada do milênio, a Havas fez duas compras importantes. Em 1999, fundiu seu potencial de mídia com o do gigante espanhol Midia Planning Group e com a veterana compradora de mídia de Nova York, a SFM (que você deve lembrar do capítulo anterior). E em 2000 comprou o grupo norte-americano Snyder por 2,1 bilhões de dólares, jogando-o instantaneamente na prestigiada camada superior de grupos de comunicação.

Então começaram as más novas. Em 2001, uma proposta feita ao Tempus Group, sediado na Inglaterra, perdeu para a da WPP. A instabilidade econômica, combinada aos custos de reestruturação, resultou numa perda de 58 milhões de euros naquele ano. A companhia oscilou entre lucros e perdas durante os dois anos seguintes. Sua fragilidade atraiu a atenção do empresário francês Vincent Bolloré, que acabou tendo uma participação de 20 por cento na companhia. Um bretão urbano com uma ampla gama de interesses, incluindo papel, algodão, transportes marítimos e mídia, Bolloré foi definido pela imprensa como especulador corporativo. O CEO da Havas, Alain de Pouzilhac, não fez segredo sobre o fato de que era violentamente contrário ao que descreveu como "ocupação traiçoeira" do grupo.

No começo de 2004, a Havas confirmou seu interesse pelo Grey Global Group. Isso preocupou alguns acionistas, que sentiam que a companhia podia estar se esticando demais. A situação se resolveu quando a Havas mais uma vez perdeu a sua presa para Martin Sorrell e a WPP.

Enquanto isso, o antagonismo entre Pouzilhac e Bolloré tinha se transformado numa batalha — aumentada e incentivada pela mídia. Bolloré exigira quatro assentos no conselho da Havas, que Pouzilhac não estava disposto a lhe dar. O CEO da Havas temia pelo futuro da companhia — estava ela para ser pilhada e vendida com lucro pelo bucaneiro bretão? Por que Bolloré não declarava com clareza suas intenções? A cena foi montada para um confronto no Encontro Anual Geral de 9 de junho de 2005. Enquanto acionistas e repórteres enchiam o auditório da Maison de la Chimie — a mansão do século 18 na Margem Esquerda — havia um clima de antecipação incomum nesse tipo de reunião tão sem atrativos.

Subindo ao palco, Bolloré garantiu aos acionistas que ele não era um "Darth Vader" e que aquilo não era um saque corporativo: ele tinha planos para o futuro da Havas. "Investi [na companhia] com o objetivo de desenvolvê-la e pretendo continuar a longo prazo. Comprometo-me aqui, diante de vocês... Meu único desejo é recuperar uma parte do terreno que ela perdeu nos últimos dois anos."

Na hora da votação, Bolloré conseguiu suas cadeiras no conselho. Duas semanas depois, Alain de Pouzilhac renunciou como CEO. Em julho de 2005, Vincent Bolloré foi indicado para *chairman* da Havas. Quando a poeira baixou, a Havas continuava sendo o sexto maior grupo de comunicações de marketing, com uma receita de 8,1 bilhões de dólares.

E agora você está se perguntando: "O sexto? O que aconteceu ao quinto?"

Bem, o quinto tem certas idiossincrasias que o separam das outras organizações da camada mais alta, de maneira que merece um tratamento especial.

Seu nome é Dentsu.

12

Gigantes japonesas

"Quinze segundos para a partida"

Os 47 andares do edifício Dentsu cortam o horizonte de Tóquio como uma barbatana de tubarão recoberta de vidro. Todos os dias, cerca de 6 mil pessoas vêm trabalhar aqui para a quinta maior organização de propaganda do mundo, cuja renda bruta de mais de 2 bilhões de dólares é em grande parte gerada no Japão. Entrar no edifício — que foi projetado pelo arquiteto francês Jean Nouvel — é como entrar no lounge de primeira classe de um espaçoporto. O saguão é um salão de baile sem fim, em mármore e aço. O balcão de recepção redondo parece flutuar silenciosamente, sustentado por painéis de brilho suave. Recepcionistas de cabelo brilhante e uniforme cinza-prata irradiam imaculados sorrisos Shiseido. O elevador panorâmico sobe através de uma estrutura de aço enquanto meu estômago afunda na cidade que recua.

Passei quase uma semana visitando a Dentsu e não consegui entender sua geografia. As perspectivas pareciam entortar e desaparecer. Havia andares inteiros de restaurantes. O andar executivo parecia mais um museu, com obras de arte inestimáveis nas paredes. Em outros andares, mesas se enfileiravam a perder de vista. Para ter uma ideia do zum-zum da organização, recomendaram-me visitar o seu website, onde colunas verticais multicoloridas acompanham o movimento dos elevadores em tempo real.

Fui um convidado de honra da Dentsu, uma posição extremamente útil para mim. Os japoneses sabem como tratar os visitantes. Não me deixaram ir embora antes de ter conhecido tudo o que havia para conhecer sobre a companhia. Mas primeiro me deram uma ideia geral.

UMA BREVE HISTÓRIA DA DENTSU

É fácil investigar a história da propaganda japonesa enquanto se visita a Dentsu, porque o Museu da Propaganda de Tóquio fica bem ao lado da sede da agência em Shiodome. O museu foi criado em 2002 para comemorar o centenário do nascimento do quarto presidente da Dentsu, Hideo Yoshida, considerado o pai da moderna propaganda japonesa. Vamos chegar nele em breve.

Embora a companhia que se tornou a Dentsu tenha sido fundada em 1901 — e sua rival, Hakuhodo, em 1895 — já existia propaganda no Japão bem antes disso. Desde o início do período Edo (que começou em 1603), volantes de propaganda eram afixados nos pilares dos relicários shinto e nos templos budistas, e também em cercas e portões. Como ainda não havia jornais, costumava-se inserir anúncios em livros. Devido à política de *sakoku* ou "isolamento", ditada pelos governantes shogun — sob a qual nenhum japonês podia sair do Japão e a entrada de estrangeiros era estritamente controlada — as notícias do mundo externo vinham através de jornais holandeses, já que a Companhia das Índias Orientais era a única organização estrangeira que tinha permissão de negociar com o país.

Durante o período *Meiji* (1868 a 1912), sob o Imperador Meiji (que significa "governante iluminado" — seu nome era Mutsuhito), o país se abriu à influência estrangeira. Juntamente com outras novidades da civilização estilo ocidental — do telégrafo e estradas de ferro a certos estilos de vestir — os jornais e as revistas finalmente chegaram. A modernização se acelerou ainda mais depois do final da Guerra Sino-Japonesa em 1895. À medida que a imprensa ficava cada vez mais dependente da propaganda para se manter, foram fundadas as primeiras agências de propaganda para negociar espaço de mídia.

Em 1901, um jornalista chamado Hoshiro Mitsunaga lançou os alicerces da Dentsu, criando a agência de notícias Telegraph Service Co. para cobrir os tempestuosos eventos políticos da época. Numa espécie de permuta, muitos jornais pagavam as reportagens com espaço de propaganda, que ele revendia através de uma companhia subsidiária, a Japan Advertising. Em 1907, essas duas unidades se fundiram sob o nome Nippon Denpo-Tsuchin Sha, depois encurtado para Dentsu. A companhia ganhou direitos exclusivos para distribuir o serviço telegráfico da United Press no Japão — e usava esse monopólio para negociar taxas ainda mais baixas para o espaço de propaganda. A própria propaganda estava se tornando cada vez mais eminente, com o surgimento de anúncios de página dupla e um significativo aumento no número de revistas femininas. Na reta final em direção à Primeira Guerra Mundial, a Dentsu já era uma força a ser considerada, operando de escritórios no distrito de Ginza.

Os gastos com propaganda diminuiu durante os duros anos entre as guerras. Em 1936, o serviço de notícias da Dentsu foi nacionalizado e a companhia se concentrou exclusivamente na propaganda. Embora a indústria da propaganda assumisse seu inevitável papel em tempos de guerra, como difusor de propaganda política, sua receita foi severamente restringida. Em 1945, no fim do que deve ter sido o mais sombrio período da companhia, o fundador da Dentsu morreu.

A chegada de Hideo Yoshida como o quarto presidente da companhia, em 1947, foi uma virada para a Dentsu. Coincidiu com a ascensão da classe média japonesa e com o surgimento do consumo de massa, avidamente apoiado pela propaganda. Yoshida ficou conhecido como "o grande demônio" e seu diligente quadro de funcionários como "pequenos demônios". Ele tirou vantagem do período pós-guerra recrutando antigos oficiais do exército e burocratas com conexões úteis no governo. Os executivos seniores tinham que chegar no trabalho uma hora antes dos demais e relatar diariamente o progresso de seus departamentos. A viagem anual de *team-building*, para fortalecimento das equipes, era uma estimulante escalada do Monte Fuji.

Nos anos 50, vendo o futuro e gostando do que via, Yoshida se tornou o maior defensor da introdução da radiodifusão comercial no Japão. Assim, depois de investir no rádio, a Dentsu praticamente assumiu a introdução da televisão, além de garantir o apoio publicitário. O primeiro comercial de TV transmitido no Japão foi a "hora certa" patrocinada pelos relógios Seiko. Era, naturalmente, uma criação da Dentsu. Graças à sua relação simbiótica com a mídia, a agência logo agarrou a parte do leão do espaço televisivo — mais de 60 por cento do horário nobre —, algo impossível de ser ignorado pelos maiores anunciantes do país. A Dentsu também tinha investido pesadamente na imprensa e forjou acordos para comprar espaço em jornais em grande quantidade. Por volta dos anos 60, a Dentsu praticamente dominava a mídia no Japão. Em 1974, foi apontada como a maior agência de propaganda do mundo pela *Advertising Age*.

Embora a economia japonesa tenha passado por reveses severos nos anos 70 — os efeitos colaterais da Guerra do Vietnã e duas crises do petróleo —, os gastos com propaganda continuaram a subir. Um desequilíbrio comercial causado pelo crescimento das exportações para os Estados Unidos causou mais instabilidade econômica no começo dos anos 80. Mas, em meados da década, com o desenvolvimento da TV via satélite, os gastos com propaganda recomeçaram a crescer. Ao longo de um período de dez anos, a partir de 1981, os gastos totais mais do que duplicaram.

A Dentsu ainda depende do faturamento japonês, que representa 90 por cento de sua renda, mas reconhece que essa posição é potencialmente vulnerável e tem combatido o isolamento. Em 1981, entrou numa joint venture com a Young & Rubicam, chamada DYR. Com isso, a agência norte-americana entrou no mercado japonês e a Dentsu teve acesso aos Estados Unidos e à Europa. A Dentsu também demonstrou bastante visão ao abrir uma filial em Xangai naquele mesmo ano. Desde então, tornou-se uma das mais proeminentes agências estrangeiras na China, com cerca de 1.000 funcionários espalhados em 13 escritórios. Além disso, tem uma forte rede de subsidiárias em toda a Ásia, com uma presença mais silenciosa na Europa e na América do Norte. Em 1990, adquiriu a Collet Dickenson Pearce do Reino Unido.

O colapso da "bolha econômica" do Japão em 1991 e o subsequente declínio nos gastos dos consumidores anunciavam uma mudança na atuação das agências japonesas. Nessa época, elas eram essencialmente corretoras de mídia. Embora desenvolvessem produtos criativos, os comerciais eram reduzidos a 15 segundos, pois assim cabiam mais comerciais num intervalo. Mas os consumidores japoneses, agora com pouco dinheiro, exigiam um pouco mais de persuasão antes de pôr a mão na carteira. Para convencê-los, os anunciantes teriam que construir marcas atraentes, o que significava dar mais atenção à criatividade — uma área em que as agências eram fracas. Sua evolução de provedores de *commodities* para recursos criativos ainda está em andamento. Além disso, a chegada da TV via satélite e da internet ameaçaram o domínio da Dentsu no mercado de mídia, oferecendo novos caminhos para os anunciantes — assim como uma oportunidade para as agências menores e mais ágeis furarem o bloqueio.

Fortalecendo ainda mais os serviços aos clientes, a Dentsu estabeleceu parcerias para acelerar o seu avanço nos mercados externos. Em 2000, investiu no grupo de agências Bcom3, que incluía a Leo Burnett. No ano seguinte, abriu o capital, com listagem na Bolsa de Valores de Tóquio. A aquisição da Bcom3 pela Publicis deu à Dentsu uma participação de 15 por cento no grupo de propaganda francês.

A Dentsu é a maior agência do mundo, com mais de 6.000 clientes e 16.000 funcionários no mundo inteiro. Além de fornecer os serviços tradicionais de propaganda, tem departamentos de promoções de vendas, comunicação corporativa, direitos de conteúdo de TV, eventos de marketing e soluções para a internet. E ainda controla cerca de um terço do espaço de mídia tradicional no Japão.

PROPAGANDA ESTILO HAIKAI

Reduzidos a poucos segundos, os comerciais japoneses saltam da tela como fogos de artifícios barulhentos e incandescentes. Mas embora os criativos ocidentais, acostumados a comerciais que são como "minifilmes", possam zombar desse formato reduzido, ele se encaixa perfeitamente na cultura japonesa.

O presidente de criação da Dentsu, Kunihiko Tainaka, diz que "os comerciais de TV no Japão tentam pôr a ênfase no rápido impacto emocional. Assim, são frequentes as palavras e frases simples, as canções, os *jingles* e os personagens altamente memoráveis. O objetivo é se destacar dos outros comerciais. Temos a sensação de que a propaganda ocidental é muito racional: ela é estratégica e orientada ao marketing. Nossa propaganda é instintiva e orientada à mídia".

O formato comprimido vem em parte da tradição. Nos primeiros tempos, um comercial de TV transmitia um status tão elevado a uma marca que 15 segundos eram suficientes para dar o recado. Mas transpirou que os espectadores aceitavam muito bem esses comerciais. Tainaka explica que a propaganda japonesa tem ligações claras com um aspecto muito mais antigo da cultura japonesa: o *haikai*, a bela poesia de três versos, cujo defensor mais conhecido entre os ocidentais é provavelmente Bashô. "Trata-se de uma forma de arte inteiramente fundamentada no simbolismo. Os japoneses são hábeis em ler nas entrelinhas, de modo que o público pode extrapolar a partir de uma única imagem."

A capacidade de apreciar um mundo contido em si mesmo sem insistir na narrativa pode explicar a primazia do Japão no campo dos videogames. Até mesmo os mangás, os famosos quadrinhos, demonstram uma abordagem não linear para a narrativa. O diretor de criação executivo Akira Kagami diz: "Fora do Japão, as revistas de histórias em quadrinhos são em geral orientadas para a história. O mangá tende a ser orientado para a situação.

Aqui também a abordagem é mais abstrata. Há tiras de mangá com apenas quatro painéis. Às vezes, dois são o suficiente".

Ele ressalta que as acusações de falta de criatividade com base na brevidade dos comerciais japoneses são injustas. Vender um produto em 15 segundos é por si só uma técnica — e quando se tem poucas palavras para jogar, a precisão é tudo.

"Estranhamente", acrescenta ele, " à medida que a mídia digital assume o controle e o tempo de atenção fica mais curto, tenho a sensação de que a propaganda em outros mercados está ficando mais parecida com a nossa. Nos anos 70 e 80, havia uma disparidade muito maior de compreensão entre o público ocidental e o asiático, o que se refletia em nosso desempenho nas competições criativas internacionais. Mas desde os anos 90, a criatividade asiática tem sido bem recebida e admirada."

Seja como for, a propaganda japonesa não pode ser abordada de maneira simplista e generalizada. Há estilos regionais. A propaganda dirigida ao público metropolitano de Tóquio — a área central da região Kantô — é vistosa e moderna. Mas há também o trabalho dirigido à região centro-sul de Kansai, cuja capital é Osaka. A região é considerada mais cultural e idiossincrática do que a eficiente Tóquio. A propaganda idealizada para seus cidadãos é mais cínica — e em geral se sai melhor em Cannes.

A necessidade de criar um impacto instantâneo explica outro conhecido aspecto da propaganda japonesa: o uso de estrelas de Hollywood para vender cerveja, uísque, refrigerante e automóveis. Mas Kagami sugere que esse tipo de propaganda pode estar evoluindo. "Os públicos japoneses estão ficando muito mais sofisticados e viajados — e as estrelas ocidentais não têm mais o apelo exótico que tinham antes. Na verdade, eu diria que há um movimento em direção aos ícones japoneses. Quando se tem apenas 15 segundos, as celebridades fazem uma conexão instantânea. Seu background já está estabelecido. Não é preciso desenvolver o personagem."

Não é surpresa, devido ao seu passado, que a Dentsu nunca tenha pensado em separar a mídia da criação. Na verdade, a mídia conduz a criação e não o contrário. Segundo a agência, isso tornou mais fácil criar campanhas "through the line", em que uma ideia única é desenvolvida para várias mídias diferentes, especialmente a internet e os telefones celulares. "A linha desapareceu. Acho que vocês podem ter cometido um grande erro ao desvincular a mídia da criação no Ocidente," diz Kagami. "Nossos criativos podem considerar diferentes escolhas de mídia desde o começo do processo."

Um funcionário sem paralelo na Dentsu é o planejador de TVC, conhecido também como "especialista em TV". Não se trata de uma disciplina análoga ao planejamento de mídia. O papel do especialista em TV envolve criar a ideia original para um comercial de TV e supervisionar todo o processo de produção.

Na Dentsu, não importa de onde vem um criativo. São recrutadas pessoas de formação e experiência muito variadas porque a agência tem um sofisticado sistema interno de educação para apoiar seu desenvolvimento.

Então, como é ser um criativo numa gigante japonesa?

FUTEBOL E SHISEIDO

Além de ser uma das estrelas criativas do Japão, Masako Okamura foi a primeira mulher diretora de criação da Dentsu. "Vai ver é porque às vezes as pessoas me confundiam com um garoto", brinca essa mulher graciosa e travessa. Ou porque ela é uma torcedora de futebol fanática, que costuma usar camisas do Chelsea ou do Real Madrid. (Admite até que vê gravações de gols espetaculares para liberar o estresse.) "Quando tenho um encontro importante, ponho um vestido Prada e as pessoas dizem: "Ora, afinal de contas ela é uma garota!"

Okamura começou na divisão de RP, mas se tornou redatora em 1992. Ela se orgulha de ter trabalhado com Akira Odagiri, considerado um dos mestres da criatividade japonesa, que agora dirige o departamento de criação na Ogilvy & Mather Japão. Foi promovida a diretora de criação em 2001, sendo hoje um membro sênior do *staff* de 800 criativos da Dentsu. Embora a Dentsu se negue polidamente a mencionar o nome de seus clientes, um pouco de pesquisa revela que suas maiores contas incluem os cosméticos Shiseido e a Toyota.

O dia de trabalho de Okamura começa por volta das nove e pode terminar a qualquer hora entre quatro da tarde e quatro da manhã, "como acontece com a maior parte das pessoas de criação em todo o mundo". Embora os diretores de criação da agência tenham espaços de trabalho idênticos, da sua mesa ela tem a visão do Monte Fuji. "Na mesa há todo o tipo de brinquedos engraçados do mundo inteiro, assim como catálogos de imagens enviados por companhias produtoras de outros países, de modo que os membros mais jovens da equipe muitas vezes param para ver se algo os inspira."

O processo criativo é um esforço de equipe que requer sessões regulares de brainstorm. "Na minha equipe a única regra estrita é que as reuniões estão limitadas a 90 minutos — como os jogos de futebol."

Okamura reconhece que alguns aspectos da propaganda japonesa parecem ser barreiras à criatividade — como exemplo o recurso às celebridades. Mas sente que há maneiras de ser criativa em meio a essas limitações. Por exemplo, aproveitando a recente popularidade da comédia stand-up, uma campanha para a linha masculina Uno da Shiseido apresentou 50 jovens comediantes em comerciais individuais de 15 segundos — e levou a marca para o *Guiness Book of Records*. Quanto à brevidade dos comerciais japoneses, ela observa: "Adolescentes e jovens nos seus vinte anos conseguem captar uma ideia visual em poucos segundos. Esse tipo de propaganda funciona muito bem em telefones móveis. Agora está sendo adotada no Ocidente, mas começou aqui."

Mas à medida que continua o movimento em direção à criatividade, começa a surgir uma abordagem alternativa. Um comercial de 2005 chamado "Garota Rouca" pode ser considerado um trabalho piloto: feito para promover o gigantesco Ajinomoto Stadium nos subúrbios de Tóquio, tinha nada menos do que 90 segundos. Apresentava uma série de garotas bonitas — com voz de motorista de caminhão que fuma sem parar. O desfecho revelava que suas cordas vocais tinham sido destruídas de tanto gritarem e torcerem nos jogos de futebol no estádio. O comercial bem-humorado indicava uma nova direção na propaganda japonesa.

Embora comerciais mais longos e anúncios no estilo ocidental, baseados numa história, comecem a aparecer, é improvável que o tom mais cáustico da propaganda inglesa chegue às telas japonesas. Sexo, política e religião são tabus. A correção política é a regra.

Os comerciais que sobrevivem são muito apreciados. Okamura observa que há mercados em que os consumidores suspeitam da propaganda, mas os japoneses são fãs. Existe até uma revista de consumidores dedicada ao assunto, chamada *CM Now* (sendo CM uma abreviatura de "comercial"). Para um espectador anglo-saxão, os comerciais têm um otimismo e uma exuberância — uma inocência quase infantil — que nossa cultura de mídia carregada de ironia, tipo "já vi isso antes e não fiquei impressionado", parece ter perdido.

A sociedade japonesa está mudando — e a reação dos consumidores junto com ela. Como mulher num ambiente predominantemente masculino, Okamura tem consciência do progresso que está havendo. "Depois do colapso da bolha econômica nos anos 90, os modos de comportamento que definiam homens e mulheres perderam a nitidez. Os homens ficaram menos obcecados pela carreira, mais espiritualizados. E as mulheres ficaram mais independentes. Elas têm o próprio dinheiro e gastam com mais liberdade. Assim, a propaganda retrata mulheres independentes no aspecto emocional e no econômico."

Os hábitos dos telespectadores no Japão também estão mudando. Quase todo mundo tem acesso à internet e um telefone móvel totalmente interativo. Assim, embora a TV ainda seja o principal veículo de comunicação, o poder da tela doméstica diminuiu um pouco. "Nos últimos 10 anos, acho que houve uma redução na tendência a assistir TV todas as noites," diz Okamura. "Mas isso porque a natureza da TV mudou. Agora é possível ver TV no *laptop* ou no telefone móvel. Então vimos o deslocamento dos comerciais para essa nova mídia."

E os consumidores japoneses não se sentem caçados pelas agências, insiste Okamura. "A propaganda é uma forma de cultura entre os jovens. Hoje, eles mal a diferenciam de qualquer outra forma de entretenimento."

A AGÊNCIA DESAFIADORA

A predominância da Dentsu na mídia japonesa tornou a vida difícil para as outras agências. A segunda maior delas é a Hakuhodo, com receita de cerca de 1,4 bilhão de dólares. Foi fundada em 1895 por um empreendedor chamado Hironao Seki, como provedora de espaço de propaganda em publicações educativas. Estas eram abundantes no período *Meiji*, quando o país corria para se modernizar, faminto por conhecimento. Em pouco tempo, a Hakuhodo se tornou o provedor exclusivo de anúncios de livros nos principais jornais, o que a tornou a maior agência do país. Mas, depois da Segunda Guerra Mundial, o setor editorial declinou com a chegada da televisão, permitindo à Dentsu passar rapidamente ao primeiro lugar. Desde então, as duas organizações são arquirrivais.

No entanto, a Hakuhodo conquistou algumas vantagens. Foi a primeira agência no Japão a desenvolver técnicas de pesquisa no estilo norte-americano, o que levou à criação em 1981 do Hakuhodo Institute of Life & Living, que fornece interpretações das tendências do consumidor japonês. Foi também mais rápida do que sua rival na exploração de oportunidades em outros países, formando uma aliança com a McCann-Erickson em 1960. Embora a McCann tenha comprado a sua saída do acordo no começo dos anos 90, a Hakuhodo formou outra joint venture, desta vez com a TBWA, que atendia a conta da Nissan fora do Japão. Em 2000, à aliança foi formalizada sob o nome de G1 Worldwide.

Embora várias agências ocidentais tenham entrado no Japão — seja através de joint ventures ou, mais recentemente, como entidades solo —, nem sempre isso foi fácil. Elas trazem clientes para o mercado, mas têm dificuldade para ganhar contas japonesas significativas e seu faturamento continua pouco expressivo se comparado ao da Hakuhodo e da Dentsu. Segundo a maioria das fontes, as 10 maiores agências do Japão continuam sendo japonesas (a terceira no *ranking* é a Asatsu). No entanto, redes ocidentais pequenas e descoladas como a Fallon, a Wieden & Kennedy e a BBH estão presentes e têm uma influência sutil na produção criativa das gigantes domésticas.

As butiques independentes de propriedade de japoneses são poucas. Mas há uma que vale a pena olhar mais de perto: a Tugboat.

Não pode haver maior contraste entre a Dentsu e essa pequena agência criativa de meia dúzia de pessoas. Seus escritórios pequenos mas elegantes ficam no andar térreo de um edifício discreto em Omotesando — um dos distritos mais descolados da cidade, onde jovens japoneses dão um tempo nos cafés antes de ir sem pressa até o cubo de Rubik distorcido, que é a loja local da Prada.

Ironicamente, o dono da Tugboat, Yasumichi Oka, aprendeu sua profissão na Dentsu, onde trabalhou durante 19 anos, até abrir a própria agência em 1999, levando consigo três membros de sua equipe criativa. "Dizer que a Dentsu ficou aborrecida não é exato", diz Oka hoje em dia. "Eles ficaram perplexos. Ninguém abandona o emprego no Japão, especialmente se trabalha na maior agência de propaganda do país."

Mas a própria Dentsu acendeu o estopim da partida de Oka. A agência o enviou à Grã-Bretanha e à Suécia com a missão de ver como as pequenas hotshops criativas trabalhavam e voltar com um relatório completo. Em vez disso, ele voltou ao Japão com uma nova visão de propaganda. "O fato da Dentsu ter me enviado nessa viagem indica uma tentativa de explorar novas formas de criatividade. Mas eu queria ser um pioneiro."

O nome da agência é um reflexo de sua filosofia: como o país, a propaganda japonesa é uma ilha. Oka deseja mudar seu curso em direção a novas ideias e influências.

"O maior perigo principal era os clientes não apoiarem nossa filosofia", admite ele. "Mas, na verdade, os clientes se autosselecionam. Os que buscam uma abordagem tradicional vão para as grandes agências. Os que desejam correr riscos e explorar novos caminhos vêm a nós."

Desde o lançamento, a agência trabalha para anunciantes como a gigante das telecomunicações NTT, a também gigantesca Suntory, a Japanese Railways, a Fuji Xerox, a Sky Perfect TV e até mesmo a Burberry. Faz "pop promos", cria embalagens e organiza eventos. Arrebanhou também uma pilha de prêmios em competições internacionais de propaganda. E não hesita em fazer comerciais de TV de 30 segundos ou até mesmo de um minuto. (Um comercial para a emissora de TV Star Channel chegou a colossais dois minutos.)

Oka acredita que a propaganda tem que mexer com as emoções dos telespectadores e ficar na sua cabeça por horas depois do comercial ser exibido. O estilo Tugboat é corajoso, otimista e levemente trash, misturando elementos do mangá com humor surrealista anglo-saxão. Por exemplo, um comercial para um serviço expresso da Japanese Railways com destino às rampas de esqui tinha como estrela um avestruz esquiador. E o filme visceral da agência, "Ronin Pitcher", feito para promover a cobertura de beisebol da PerfecTV, é uma explosão de violência em câmera lenta no estilo do diretor John Woo. Os telespectadores veem em primeiro plano a unha ensanguentada do lançador, que é arrancada quando ele arremessa a bola em velocidade supersônica. Para promover as copiadoras Fuji Xerox, uma série de comerciais mostra um vendedor agressivo surpreendendo as pessoas no banho ou abordando-as na porta de banheiros públicos. Tudo isso é coisa arriscada para o Japão oprimido pelos tabus.

"A gente percebe como os clientes são certinhos ao ver quantas agências seguiram nossos passos", diz Oka. "A soma total é zero. Somos os únicos a fazer o tipo de propaganda que fazemos. Eu esperava começar uma revolução, mas até agora ela ainda não aconteceu."

Por isso, a agência voltou a atenção para outros países. Começou a prospectar seriamente negócios fora do Japão e a construir ligações informais com outras hotshops na Europa e nos Estados Unidos. "Agora, meu objetivo é ser a primeira agência japonesa pequena a ter uma reputação internacional confiável," diz Osaka. "Quero ser mencionado juntamente com agências como a Mother [do Reino Unido] ou a 180 [de Amsterdã]."

Oka pode ter justamente o talento e a determinação para ser bem-sucedido. Esqueça o lançador *ronin* — conheça o publicitário *ronin*.

13

As alternativas

"Exiladas da tendência geral"

O prédio alto e estreito ao lado do Herengracht em Amsterdã pode ter sido o lar de um comerciante rico. Como em muitas das casas na rua pitoresca ao lado do canal, o acesso é por uma imponente escada de pedras. Ao entrar, você espera que um mordomo se materialize e pegue o seu casaco antes de conduzi-lo a uma sala forrada de prateleiras de livros, talvez com o fogo aceso na lareira. Mas esta é uma agência de propaganda do século XXI: o mordomo foi substituído por uma recepcionista eficiente, o fogo por uma tela de plasma, diante de um sofá de couro em forma de crescente.

Bem-vindo à sede da 180: do grupo de agências superdescoladas que se aglomeraram em Amsterdã, ela é uma das mais bem-sucedidas. Algumas, como a KesselsKramer, têm raízes holandesas. Outras, como a 180, a Wieden & Kennedy e a StrawberryFrog, são tribos de expatriados que se exilaram deliberadamente da tendência geral.

No mapa metafórico da propaganda, o pessoal de Amsterdã fica lá na beira. Mas faz parte também de um agrupamento maior que podemos chamar de "as alternativas". São as butiques, as microrredes — as agências que oferecem um caminho que diverge das grandes fábricas globais de ideias. Algumas surgiram nos anos 80, a maior parte nos 90. Equipadas com uma invejável reputação de criatividade, são conhecidas também por terem adotado a internet logo no começo. Algumas conseguiram se livrar dos sobrenomes e inventar um nome para a própria marca.

Uma das peculiaridades dessa panelinha de Amsterdã é a especialização em marcas de calçados esportivos. A 180 atende à Adidas, a Wieden &

Kennedy trabalha para a Nike e a StrawberryFrog atende a Onitsuka Tiger. Isso tem a ver em parte com o antigo axioma que fala de manter os amigos perto e os inimigos mais perto ainda: a sede europeia da Nike ficava perto de Amsterdã antes da Adidas levar seu departamento de comunicação para a mesma órbita, como já tinha feito em Portland, Oregon, que era um reduto da Nike.

Mas as ligações entre as agências são ainda mais fortes.

AMSTERBRAND — A MARCA AMSTERDÃ

Em 1992, o publicitário escocês Alex Melvin já tinha passado 10 anos trabalhando como planejador estratégico para várias agências de Londres. Tinha atendido contas grandes como Guinness, British Rail e Midland Bank. Mas Melvin era também um esportista com duas grandes paixões: futebol e iatismo. Naquele ano, decidiu dedicar mais tempo ao último — muito mais tempo. Deixou a propaganda para montar uma equipe de competição em Estocolmo, com o iatista Ludde Ingvall.

Isso quanto ao iatismo. O futebol vinha logo em seguida na agenda.

No ano seguinte, Melvin recebeu um telefonema de um caçador de talentos. Não estava esperando nada daquele telefonema quando sua atenção entrou em foco ao ouvir que o emprego em questão era na agência Wieden & Kennedy, que tinha montado um escritório em Amsterdã para atender à conta da Nike. "Precisam de alguém que entenda um pouco de futebol", disse o caçador de talentos.

Com base em Portland, Oregon, a Wieden & Kennedy tinha sido fundada 10 anos antes por Dan Wieden e David Kennedy. A dupla tinha trabalhado junta no escritório da McCann-Erickson em Portland, mas foi durante um breve período numa agência menor chamada William Cain que conheceram Phill Knight, dono de uma obscura marca de calçados esportivos chamada Nike. Ele se tornou o primeiro cliente da agência que a dupla resolveu abrir. A nova agência floresceu graças à parceria com a Nike, para quem Wieden criou o slogan "Just Do It". Ajudou o fato de Knight não aprovar quase nada: inovador e exigente, desafiava a agência a impressioná-lo. "A Nike espera que possamos surpreendê-los e maravilhá-los", disse Wieden, definindo em menos de 10 palavras o único tipo de relação com um cliente que pode levar à boa propaganda ("What makes Nike's advertising tick", *The Guardian*, 17 de junho de 2003).

Os anúncios iam de audaciosos e dramáticos a básicos e humanos. Um comercial para o tênis Air Revolution da Nike mostra imagens em Super 8 de atletas profissionais e amadores, tendo ao fundo "Revolution" dos Beatles. Os Beatles tomaram medidas legais contra o uso da trilha, o que resultou numa boa cobertura de imprensa. Mas, com ou sem esse furor que cercou o comercial, esse foi um dos usos mais eficazes do rock em propaganda. Um outro comercial para a campanha "Just Do It" feito em 1988 era estrelado por um corredor de 80 anos de idade, de San Francisco, que dizia: "Corro 17 milhas todas as manhãs. As pessoas me perguntam como faço para não bater os dentes no inverno. Eu os deixo no armário."

A Wieden & Kennedy foi a primeira agência a desafiar a hegemonia da Madison Avenue. E agora estava entrando na Europa.

Alex Melvin achou que era melhor não pensar muito.

Foi para a W&K em 1993, como seu primeiro diretor de planejamento europeu. Embarcou então no que descreve como "os cinco melhores anos de minha vida pessoal e profissional". Além de ser uma figura-chave no desenvolvimento da estratégia global da Nike no que diz respeito ao futebol, trabalhou com a Microsoft (no lançamento do Windows 95) e com a Coca-Cola. Viu-se também cercado por um grupo incomum de pessoas. "A agência era povoada por refugiados criativos de todo o mundo da propaganda. Na minha opinião, aquele escritório da Wieden & Kennedy mudou a forma com que era feita a propaganda internacional. Microrredes, mídia digital — fazíamos experiências com tudo isso."

Mas o problema com as filiais das agências dos Estados Unidos, na visão de Melvin, é que não conseguiam deixar de importar um estilo norte-americano de propaganda, "neste caso, o estilo cool da Costa Oeste". Com dois colegas — Guy Hayward e Chris Mendola — começou a se perguntar como seria uma agência puramente internacional. Afinal, as marcas globais exigem propaganda sem bagagem cultural. "Seria uma agência sem nenhuma filiação — herança cultural zero. E como nenhum de nós falava holandês, poderia muito bem ser sediada em Amsterdã."

Infelizmente, a Wieden & Kennedy ficou sabendo que os três planejavam ir embora — além de um boato ofensivo de que estavam na concorrência pela conta da Adidas. Melvin insiste que, embora soubessem da concorrência da Adidas, eram inocentes de fazer contato com a companhia. (Acabaram sendo inocentados da acusação depois de uma disputa legal.) No entanto, foram mandados embora. A intensidade da rivalidade entre Nike e Adidas mal pode ser imaginada. "Estávamos na rua numa cidade estranha sem falar a língua e a decisão se tomou sozinha. Decidimos entrar na concorrência da Adidas."

Um telefonema para a Adidas trouxe a informação de que uma das agências que concorriam pela conta tinha desistido — assim como a notícia não tão animadora de que a embriônica 180 tinha apenas 48 horas para convencer a Adidas de que merecia ser ouvida. Recrutando a ajuda do diretor de criação Larry Frey, que tinha trabalhado na Wieden & Kennedy nos Estados Unidos e no Japão, eles "se trancaram num apartamentozinho e foram colando as ideias nas paredes", diz Melvin.

Uma análise da marca Adidas revelou que ela estava passando por um ressurgimento importante graças a duas coisas: a introdução da chuteira Predator e o fenômeno crescente do estilo "street-wear", impulsionado pelos produtos Adidas Originals. Com isso, uma geração inteira de jovens consumidores via a Adidas como marca de moda de rua, tanto quanto de produtos esportivos. "Nossa apresentação para a Adidas", continua Melvin, "envolvia uma abordagem que firmava claramente a Adidas no mundo do esporte para evitar que ficasse sujeita à inconstância da moda. Destilamos nosso pensamento, reduzindo-o a duas palavras: 'Forever Sport' {Esporte para sempre}. Essa frase apareceu em todas as comunicações da Adidas por quatro anos, fixando seu trabalho na mente dos consumidores."

A apresentação foi em Londres. Obviamente eles ganharam — até aí você sabe — mas foi um caso de "tenha cuidado com o que deseja". Diz Melvin: "[A Adidas] queria um comercial no ar em 35 países em três meses — e nem tínhamos uma agência".

A 180 foi em frente e produziu anos de uma propaganda notável. E ao contrário de muitas agências tradicionais, tinha trânsito no meio digital desde o começo. Em 1999, na preparação para os Jogos Olímpicos de Sydney em 2000, a agência contratou o comediante Lee Evans para uma série de filmes curtos. As 12 vinhetas de dois minutos mostravam Evans conversando com vários atletas, experimentando o equipamento e bancando o palhaço. Os atletas eram todos patrocinados pela Adidas e a marca se fazia sentir nos filmes. Eram para ser exibidos na internet — mas as emissoras de TV se interessaram e as vinhetas acabaram indo ao ar na BBC inglesa, um ambiente totalmente isento de comerciais. "Tivemos problemas por causa disso", diverte-se Melvin. "Os filmes eram tão interessantes que nem pareciam propaganda."

Mais recentemente, um destaque da campanha "Impossible is Nothing" {Impossível é Nada} de 2004 foi uma fantástica composição de efeitos especiais que mostrava um Muhammad Ali miraculosamente rejuvenescido no ringue de boxe com sua *filha* Laila.

"Não há uma fórmula mágica para fazer boa propaganda", diz Melvin, "mas o primeiro ingrediente é talento de primeira linha. E isso é uma coisa maravilhosa em Amsterdã, uma cidade para onde é fácil atrair talentos. É à vontade, é multicultural, tem fama de criatividade e fica no coração da Europa."

O diretor de criação executivo Richard Bullock — que se juntou à 180 em 2003 — concorda. Diz ele: "O problema com Londres, por exemplo, é ser como uma grande agência. Lá, há um contexto específico e um humor escuro, absurdo. Mas a propaganda internacional tem a ver com grandes ideias visuais e símbolos globais — como Muhammad Ali, por exemplo".

Há muitos paralelos entre a 180 e outra agência de Amsterdã: a StrawberryFrog. Para começar, as duas estão localizadas em casas ao lado do canal. A sala de reuniões da StrawberryFrog tem realmente uma lareira acesa, mesmo que seja uma imagem eletrônica tremeluzindo numa tela.

Nascida no Dia de São Valentino de 1999, a agência se encaixa num contexto do final dos anos 90, quando a "rede virtual" se tornou possível. A globalização caminhava a passos acelerados, a indústria europeia das telecomunicações estava sendo liberalizada, a penetração da internet aumentava e os telefones celulares estavam para se tornar ubíquos.

Os fundadores, Scott Goodson e Brian Elliott, são canadenses nômades. Goodson viu o potencial do "mundo conectado" na Suécia, onde foi inicialmente para visitar sua futura mulher — e acabou como coproprietário de uma agência criativa chamada Welinder, cuja maior conta era a da Ericsson. Como os suecos eram o povo mais versado em tecnologia da Europa, em 1989 Goodson já tinha um celular e, em 1992, já estava desenvolvendo propaganda na internet. Conheceu Elliott, um planejador estratégico, na mesma agência.

Alguns anos depois, a Welinder foi comprada pelo Publicis e Goodson partiu para outra, aceitando um emprego na J. Walter Thompson em Toronto. A atmosfera não era bem a mesma, como dizia em conversas ao telefone com Elliott, que tinha ido para uma agenciazinha em Amsterdã. Elliott relembra: "O problema era que, na Welinder, tínhamos percebido que um tipo diferente de agência era viável. Scott ficou frustrado porque... bem, você sabe como é numa grande agência internacional: uma conferência telefônica nunca pode envolver muita gente. Mas a web tinha tornado o tamanho irrelevante. Um pequeno número de pessoas podia se comunicar com o mundo. Então pensamos: 'Chega — isso nós conseguimos fazer'".

Amsterdã foi escolhida porque era barata, chique e conectada. Além das vantagens fiscais, era uma cidade mercantil e uma encruzilhada cultural. Goodson tropeçou no nome StrawberryFrog {rã-morango} ao procurar o oposto de "dinossauro", que é como via as agências tradicionais da Madison Avenue. Começou com "lizard" {lagarto}, mas então alguém sugeriu o anfíbio. "Mas não queríamos simplesmente o nome 'Frog' {Rã} porque não tinha muita graça. Então, fizemos um pouco de pesquisa e descobrimos... a 'strawberry frog' {rã-morango}, que é do Amazonas. Ela é vermelha com as pernas azuis. É uma rãzinha muito exclusiva, vermelha com jeans azuis... acho que ela se sai bem explicando o que fazemos. Somos um pequeno grupo de pessoas, altamente focado e apaixonado, que se move com rapidez e eficiência" ("Ready, set, leap!", revista *Reveries*, outubro de 2002).

No começo, a agência era considerada intrigante, mas peculiar. Diz Elliott: "Éramos convidados para grandes concorrências como o azarão. Tipo: 'Vamos chamar aqueles doidos da StrawberryFrog.' Éramos o 'momento de humor'. Mas então ganhávamos a concorrência".

A agência ganhou concorrências da Elle.com, Xerox, Swatch, Heineken e Viagra. Agarrar a conta de 26 milhões de dólares do Credit Suisse foi uma virada importante — a StrawberryFrog deixou de ser definitivamente o momento de humor. Desde então, abriu um segundo "centro" em Nova York.

Hoje, a agência se especializa em criar "movimentos" usando uma ampla gama de pontos de contato com consumidores, de outdoors e eventos a iniciativas com base na web. Não é uma surpresa saber que o diretor de criação da agência, Mark Chalmers, tem formação de arquiteto. "Criamos o ambiente da marca", diz ele.

Um exemplo clássico é a campanha "karaokê online" criada para a Onitsuka Tiger em janeiro de 2006. Para celebrar o lançamento de uma nova chuteira, a agência reuniu 22 funcionários — incluindo um chairman de 87 anos, que fez questão de participar — e os filmou cantando uma cantiga absurda mas engraçada intitulada "Adorável Futebol". O filme, chamado "The Onitsuka Tiger National Choir", foi posto online, enviado para amigos e vizinhos e... vum! Espalhou-se como fogo no mato pela web. Quem via o filme era convidado a cantar junto e a inscrever a gravação digital de seu desempenho numa competição para ganhar a chuteira. Peculiar, divertida e ao mesmo tempo superatual, a campanha transformou a Onitsuka Tiger:

antes um austero fabricante japonês de artigos esportivos, passou a ser uma marca que dá vontade de abraçar.

Esse é um exemplo perfeito de marketing viral — um esquema que não tem nada a ver com propaganda na TV e tudo a ver com compreender o comportamento dos consumidores mais jovens. Isso se tornou uma das principais armas na artilharia desse novo tipo de agência.

RADICAIS PROFISSIONAIS

No final dos anos 90, a *Campaign* escolheu uma agência chamada Howell Henry Chaldecott & Lury como Agência da Década. Fundada em 1987, a HHCL era o modelo britânico de agência alternativa — a hotshop que todo mundo queria imitar. Por algum tempo, parecia tão revolucionária na Londres dos anos 90 quanto a Doyle Dane Bernbach tinha sido na Nova York dos 50.

Os fundadores da HHCL eram Robert Howell, Steve Henry, Axel Chaldecott e Adam Lury. Howell tinha sido atendimento no escritório londrino da Young & Rubicam, Lury um planejador da BMP e Henry e Chaldecott uma respeitada dupla de criação na WCRS.

No lançamento da agência, um anúncio para o trade mostrava um casal fazendo amor no sofá em frente da TV. Dirigido a clientes, ele dizia: "Segundo a pesquisa de audiência, esse casal está vendo seu anúncio. Então, quem está realmente se fodendo?" Como resultado, a agência perdeu um de seus primeiros clientes, a Thames Television. Mas foi um tremendo début.

Os funcionários da HHCL tinham cartões de visita que os identificavam como "radicais profissionais". A agência descartou a antiquada divisão entre "criativos" e "suits" e incentivava todo mundo a apresentar ideias. Incentivava os clientes a participar do processo criativo durante as "reuniões do guardanapo" (em que a agência lhes apresentava esboços de possíveis soluções rabiscados em papel-guardanapo). E, num cumprimento à Chiat/Day, adotou escritórios abertos, ou "open plan offices", onde os funcionários tinham liberdade para se jogar onde bem entendessem. Crucialmente, como *The Guardian* observou tardiamente, "suas campanhas irreverentes, agudamente inteligentes e muitas vezes controversas, eram uma saudação a um consumidor mais esperto, mais crítico a respeito da propaganda" ("When the fizz went pop", 1 de abril de 2002).

A HHCL fazia comerciais de TV atuais, engraçados e de baixo orçamento, em contraste marcante com os épicos exagerados dos anos 80.

Embora a agência tenha apresentado muitas campanhas inovadoras, sua contribuição mais duradoura para os arquivos da propaganda televisiva foi provavelmente seu trabalho para a Tango, uma marca de refrigerante. Os comerciais eram simples: alguém tomava um gole de Tango e um gordo careca, totalmente pintado de laranja, aparecia do nada e lhe dava um tapa na cara. Era inesperado, absurdo e muito inglês. A frase final foi praticamente incluída na língua: "You know when you've been Tango'd" {Você sabe quando foi tangado}. A *Campaign* a chamou de "campanha seminal" dos anos 90.

Mas nem só de humor absurdo era feita a HHCL. Seus anúncios para os filmes fotográficos Fuji eram retratos em preto e branco de pessoas excluídas da sociedade estabelecida devido à raça, deficiência ou idade. E o cast multirracial dos comerciais de TV da agência — atores negros e asiáticos com sotaques regionais — mostrava uma Grã-Bretanha realista, talvez pela primeira vez na propaganda. "Por um breve período no começo dos anos 90 [a HHCL] conduziu o resto da mídia — TV, jornais e até revistas da moda — na maneira de retratar uma sociedade britânica em mutação" ("Steve Henry: Great expectations", *The Guardian*, 31 de julho de 2006).

No artigo citado acima, Steve Henry dizia que, na época, ele foi acusado de "encampar questões sociais para ganho comercial". "E era verdade. Esse é o meu jogo. Mas se levanto a questão do racismo num comercial de 30 segundos, tenho mais chances de atingir as pessoas certas do que se fizer um programa de 30 minutos." Um documentário do Canal 4 pregaria quase com certeza para os convertidos, argumentava ele. "Mas um comercial de 30 segundos inserido num jogo de futebol será visto por todo tipo de gente."

A real importância da HHCL era como laboratório de técnicas que se tornariam conhecidas depois da virada do milênio. Seu objetivo era oferecer "marketing 3D" — mais conhecido agora como marketing "integrado" ou de "360 graus". Considerava o design e as relações públicas essenciais para sua atuação. Comprou uma empresa de promoções de vendas e a fundiu à agência principal. Era o lar de uma multidão de anunciantes pontocom e, em 1994, foi a primeira agência a incluir o endereço de um website num comercial de TV. Introduziu a comercialização dos "idents", patrocinando as vinhetas que identificam os programas no começo e no fim dos intervalos comerciais.

Infelizmente, logo depois da *Campaign* consagrar a HHCL como Agência da Década, as coisas começaram a correr mal. A falência das pontocom não ajudou em nada, mas o excesso de condescendência pode ter contribuído. A agência perdeu vários clientes importantes em rápida sucessão, incluindo a elogiada conta da Tango. Steve Henry relembra: "Nigel Bogle [da Bartle Bogle Hegarty] disse que todas as agências estão a três telefonemas do desastre e nós recebemos esses três telefonemas".

Em 1997, a WPP tinha adquirido uma parte do negócio, mas não conseguiu salvar a marca HHCL. A agência não conseguiu recuperar sua força, o nome foi abandonado e ela foi fundida à microrrede da WPP de agências criativas internacionais, tornando-se United London. Nessa época, todos os seus fundadores já tinham partido para outra. Mas a HHCL continua sendo um momento brilhante na propaganda britânica.

Entre seus muitos fãs estão os fundadores de outra agência londrina que se dispôs a transformar a prática da propaganda: a Mother.

A Mother foi fundada em dezembro de 1996 para cuidar do lançamento do Canal 5, o quinto canal de televisão terrestre do Reino Unido. Embora seja por vezes criticada como pioneira da escola de agências com "nomes idiotas", na época a Mother era renovadoramente livre de qualquer indício do nome de seus fundadores. Eram eles: Robert Saville, antigo diretor de criação da GGT, Mark Waites, que tinha trabalhado na divisão criativa da McCann Erickson em Amster Yard, Nova York, Stef Calcraft, antigo diretor de atendimento da Bartle Bogle Hegarty, e Libby Brockhof, um diretor de arte da GGT (perfil da WARC em associação com AdBrands, outubro de 2006). A eles juntou-se Andy Medd, que tinha trabalhado do lado do cliente para a Glaxo Wellcome e para a Coca-Cola, e o diretor financeiro Matthew Clark.

A Mother rompeu de várias maneiras com as tradições dos anos 80, a começar pela localização. Uma das primeiras decisões criativas foi abrir a agência na parte leste de Londres, em Clerkenwell, e não no Soho ou em Covent Garden. Sua sede lembrava o ateliê de um artista, com os funcionários trabalhando em bancadas na mesma sala aberta. Mais uma vez, os "suits" foram relegados: em vez de planejadores e atendimentos, figuras denominadas "estrategistas" eram uma combinação das duas coisas. Supervisionando tudo isso havia os "mothers" {mães}, que assumiam a coordenação, um papel normalmente desempenhado pelo departamento de tráfico. Além disso, os funcionários tinham fotos de suas mães de verdade nas costas dos cartões de visita. O andar térreo era "dominado por uma caravana kitsch gigante... iluminada por candelabros" ("Mother loves you", *Creativity*, 1 de março de 2002). Desde então, a agência mudou para escritórios mais elegantes em Shoreditch, mas a aparência colaborativa de seu espaço continua intacta.

O nome da agência foi escolhido porque mãe é supostamente alguém com quem todo mundo pode contar. Coincidentemente, esse era também o codinome do agente do governo que dava as ordens na série cult de TV *The Avengers*, que combinava bastante com a qualidade kitsch de alguns trabalhos da Mother. Muitos dos primeiros comerciais da agência eram encharcados de referências ao estilo televisivo dos anos 70. Como era de se esperar num lugar tão propenso a modismos como Londres, o estilo foi copiado por outras agências, fazendo com que a Mother se afastasse dele.

À maneira de uma marca de moda exclusiva, que cria sua mística através da raridade, a Mother se mantém sem grande exposição ao público. Controla rigorosamente seus contatos com a imprensa e as várias encarnações de seu website têm sido minimalistas ou frustrantes, dependendo do ponto de vista.

Em termos de impacto na história da propaganda, a Mother é uma prova indubitável de que uma agência totalmente independente e com uma rede limitada (tem escritórios em Nova York e Buenos Aires) pode fazer um trabalho altamente criativo para clientes multinacionais como a Unilever e a Coca-Cola. Em parte, isso é possível porque os próprios clientes mudaram. Muitas posições sêniores são hoje ocupadas por uma geração mais jovem e criativa, com uma compreensão instintiva de cultura popular. Pondo-se na pele do consumidor, buscam uma propaganda que seja calorosa e atraente, e não bombástica e com peso excessivo na marca.

"Sempre entramos numa concorrência como se o cliente já estivesse trabalhando conosco", disse Stef Calcraft à revista *Campaign*. "Sem tapete vermelho, sem truques e sem muita conversa fiada. Acreditamos que os melhores clientes não têm tempo para isso e não estão interessados nesse tipo de coisa" ("How Mother grew up", 17 de novembro de 2006). Os clientes são convidados a se juntar ao resto da equipe naquela mesa de concreto durante o processo criativo.

A Mother acredita que a chave para a propaganda eficaz é simplesmente dizer a verdade. O exemplo mais óbvio é uma campanha para uma marca de macarrão instantâneo, a Super Noodles. Os comerciais de TV mostravam consumidores preguiçosos e relaxados — mas com um módico charme meio bobo. Na Bíblia da Mother — uma visão da sua filosofia — a agência explica que, falando honestamente, é improvável que um pote de Super Noodles seja o motivo "das crianças adorarem a mamãe". "Um pacote de Super Noodles é um bom rango para quando você está com preguiça, com pressa ou, o que é mais provável, muito bêbado para preparar uma boa comida. Assim o consumidor se reconhece e dá ao anunciante o benefício da dúvida."

Na época em que este livro foi impresso, a Mother tinha teimosamente se recusado a vender um pedacinho seu que fosse para um dos gigantes internacionais, insistindo que pretendia continuar "pura". Pequena, flexível, honesta e determinadamente independente — é possível ser mais radical do que isso?

LONGE DA TURMA DA MADISON

Antes que eu seja acusado de dar atenção demais aos britânicos, é melhor voltar minha atenção para os Estados Unidos. O maior mercado de propaganda do mundo não é de modo nenhum privado de agências ágeis que oferecem abordagens alternativas (embora muitas tenham feito alianças com os gigantes).

É difícil escolher uma favorita. Que tal Goodby, Silverstein & Partners em San Francisco? Encabeçada por Jeff Goodby e Rich Silverstein, a agência foi fundada em 1983 e se reequipou com sucesso para a era digital. Foi descrita pela revista *Creativity* como uma "estufa criativa" que ajudou a "definir a propaganda moderna" ("The Creativity 50", 1 de março de 2006). No mesmo artigo, o diretor criativo Gerry Graf — que trabalhou lá antes de ir para a TBWA em Nova York — resumiu o papel de uma agência alternativa quando disse: "Eram simplesmente mais espertos e divertidos do que os outros, faziam as grandes agências de Nova York parecer velhas e estúpidas".

Não conhece essa agência? Deve estar brincando... é a agência por trás da campanha "Got milk?" {Tem leite?} Tudo começou em 1993 quando Jeff Manning, então diretor executivo do California Milk Processor Board, contratou Goodby e Silverstein para transformar uma bebida com uma imagem sem graça em alguma coisa como Coca ou Sprite. A pesquisa da agência revelou que o leite era fortemente associado a certos alimentos granulosos — como cookies ou brownies — que os consumidores nem imaginavam engolir sem o acompanhamento líquido adequado.

Esse foi o gatilho para o primeiro comercial de TV, "Aaron Burr". Nele, um apaixonado por História recebe por acaso um telefonema de um programa de perguntas e respostas no rádio. Vendo-se de repente no ar, ele é incapaz de responder a uma pergunta trivial valendo 10.000 dólares — cuja resposta ele claramente sabe — porque tinha acabado de dar uma mordida enorme num sanduíche de manteiga de amendoim. Seus olhos saltam quando percebe que a caixa de leite ao seu lado está vazia, impedindo-o de engolir o exagerado naco de comida. Incapaz de entender seus murmúrios abafados, o apresentador do programa desliga o telefone. O humor pouco convencional desse filme fez o leite parecer divertido — e o slogan grudava mais do que manteiga de amendoim.

Depois desse comercial premiado, as campanhas "Got milk?" assumiram miríades de formas, incluindo a de um planeta sem leite numa galáxia distante. Para esse comercial, a agência literalmente criou um mundo inteiro — levemente inspirado em *Star Trek* — com experiências interativas na web que se misturavam harmoniosamente ao trabalho impresso e televisivo.

Nosso tour por postos avançados criativos não estaria completo sem uma visita à Crispin, Porter & Bogusky, que sozinha transformou Miami numa capital da propaganda criativa. A agência foi fundada em 1965 por Sam Crispin, mas permaneceu teimosamente inconspícua até 1987, quando Chuck Porter foi chamado para transformar seu destino criativo. Dois anos depois, ele recrutou Alex Bogusky como diretor de criação. Mais ou menos na mesma época em que, na distante Amsterdã, a 180 e a StrawberryFrog afirmavam que não precisavam de uma grande rede para fazer trabalho internacional, a dupla sediada em Miami percebeu que podia ficar na dela e ainda assim causar um impacto global. Até certo ponto, criaram a agência do futuro antes que os outros sequer se dessem conta de que o futuro tinha chegado.

Porter disse à *Adweek*: "Sempre tivemos a visão exata do que a agência seria — queríamos montar uma agência de primeira linha em Miami. E tomamos todas as nossas decisões com base nisso... Se fizéssemos um trabalho incrível e interessante, o resto se arranjaria. Sempre pensamos assim e continuamos pensando" ("How the little creative shop in Miami grew up, but refuses to grow old", 9 de janeiro de 2006).

A agência foi notada pela primeira vez com a campanha "Truth" {Verdade} — um esforço antitabaco. Visando ao público mais jovem, evitou os sermões e mostrou de maneira hilária as táticas usadas pelas grandes companhias de tabaco para fisgar os jovens. Um dos comerciais mostrava uma cerimônia de premiação no inferno, em que executivos da indústria do tabaco recebiam prêmios pelo Maior Número de Mortes num Único Ano.

Depois de não vender cigarros, Crispin Porter partiu para relançar com sucesso o Mini Cooper — um carrinho jeitoso com uma herança inglesa que tinha despertado pouco interesse nos Estados Unidos em suas encarnações anteriores. A agência capturou o firme apelo britânico do carro com o slogan "Let's motor" {uma expressão muito inglesa para dizer "vamos andar de carro"} e algumas proezas muito elegantes — como estacionar um Mini em cima de um utilitário esportivo bebedor de gasolina.

Trabalhos como esse levaram a agência a ganhar inesperadamente a conta do Burger King. Outras agências a consideravam um cálice envenenado: "a pior conta em propaganda" ("Will success spoil a cheeky agency?", *The New York Times*, 7 de novembro de 2005). Mas Crispin Porter passou à frente da McDonald's com uma atividade na internet chamada "O Frango Subserviente". Os visitantes do website descobriam o que parecia ser um cara fantasiado de frango. Eram então convidados a lhe dar uma tarefa. Na verdade, centenas de filmes tinham sido pré-gravados com o objetivo de responder a uma ampla série de comandos, como fazer flexões ou beber cerveja. Quando o frango não conseguia entender uma ordem, ele simplesmente se aproximava da câmera e sacudia o dedo repreensivamente. Quando o website foi posto online, 200.000 pessoas o encontraram. O número de visitantes acabou chegando a milhões. A promoção era vinculada a uma campanha mais ampla que usava o slogan "A gente faz do seu jeito".

Para mim, no entanto, a mais extraordinária agência "off Madison Avenue" tem sua base em Minneapolis e seu nome é Fallon.

COMUNICAÇÃO POR CONTEÚDO

A agência teve um longo período de gestação. Começou com uma parceria informal entre Pat Fallon, que trabalhava numa agência chamada Martin/Williams, e Thomas McElligott, então diretor criativo da Bozell & Jacobs. A dupla já vinha trabalhando em projetos pessoais há sete anos quando decidiu abrir a própria agência, em 1981. A eles se juntaram Fred Senn, Irv Fish e Nancy Rice.

Desde o começo, a Fallon McElligott Rice — para lhe dar o nome original — queria oferecer uma alternativa à Madison Avenue. No livro sobre o trabalho da agência, *Juicing the Orange* (2006), Pat Fallon e Fred Senn evocam o fantasma de Bill Bernbach quando escrevem: "Embora a pesquisa mostrasse que as pessoas desenvolvem uma resistência psicológica à exposição repetida a um único anúncio, a Madison Avenue continuava a bombardear os consumidores e chamava isso de sucesso". Eles imaginaram "um novo tipo de agência, que se comunicasse com os consumidores de maneira nova, inteligente e sedutora". Que, acima de tudo, priorizasse a criatividade: "nada de autoindulgência... anúncios arte-pela-arte que ganham prêmios mas não afetam decisivamente o cliente", e sim a criatividade suada, que pessoas como Bernbach e David Ogilvy produziam.

Isso já tinha sido dito antes e poderia ser descartado com um bocejo — mas a Fallon cumpriu suas promessas. Seu primeiro cliente foi uma pequena barbearia sem verba. Os cartazes da Fallon mostravam "famosos com cortes de cabelo ruins". Uma imagem do descabelado Albert Einstein levava o título: "Um corte de cabelo ruim faz qualquer um ter cara de bobo." E havia outros personagens com penteados excêntricos, de Betty Boop a Moe Howard. "O mercado-alvo da barbearia gostou tanto da campanha que as pessoas roubavam os cartazes dos pontos de ônibus", contam Fallon e Senn.

Embora tenha começado com pequenos clientes da vizinhança, a Fallon acabou chamando a atenção de anunciantes nacionais, como a revista *Rolling Stone*, o *The Wall Street Journal* e a Lee Jeans. Depois de uma série de fusões e aquisições, a agência foi parar no grupo WPP. Mas entrou em depressão criativa e, em 1992, Pat Fallon a comprou de volta do WPP por 14 milhões de dólares (perfil WARC em associação com AdBrands, dezembro de 2005) e começou a recuperá-la. A volta à boa forma foi confirmada com a conta da BMW, que a agência ganhou em 1995.

Foi para a BMW que Fallon criou a que é sem dúvida sua campanha mais influente: "The Hire", uma série de filmes curtos de ação realizados por grandes diretores de Hollywood e disponíveis exclusivamente na internet. Em 2001, essa foi uma opção extremamente arriscada para uma marca convencional. Mas a BMW tinha tido bom resultado com colocação de produto no filme *GoldenEye*, da série James Bond, e a pesquisa mostrava que os clientes de carros de luxo usavam a internet para pesquisar os veículos que os interessavam. Além disso, sabia-se que os jovens entre 25 e 35 anos já estavam definitivamente online.

No livro, Fallon e Senn explicam: "Acreditávamos que, para mostrar a legitimidade desses filmes, nada melhor do que contratar diretores famosos. Com a ajuda de roteiristas de Hollywood, criamos cerca de 15 roteiros e pedimos a alguns diretores de primeira linha para escolher um".

Intrigados com as possibilidades da web e dispostos a experimentar, um bando de grandes diretores aderiram à ideia, incluindo John Frankenheimer (*Ronin*), Ang Lee (*Crouching Tiger, Hidden Dragon*), Wong Kar-Wai (*In the Mood For Love*) e Guy Ritchie (*Lock, Stock and Two Smoking Barrels*). Clive Owen, um ator muito bem cotado depois de seu desempenho em *Croupier*, foi escolhido para fazer o protagonista dos filmes, um motorista sem nome que é contratado por várias pessoas e inevitavelmente arrastado para o perigo, só com seus nervos e seu BMW para se safar.

Os filmes foram promovidos como genuínos arrasa-quarteirões, com outdoors nas ruas e comerciais de TV que pareciam trailers. A agência publicou também anúncios em revistas para o trade, como *Variety* e *Hollywood Reporter*. O primeiro filme foi lançado online no dia 25 de abril de 2001. Nove meses depois, os filmes tinham sido vistos na bmwfilms.com mais de 10 milhões de vezes, por 2,13 milhões de pessoas. Não foi uma surpresa: com diretores pesos-pesados, elencos estrelados (Madonna, Mickey Rourke, Forest Whitaker) e produção hollywoodiana, os filmes indicaram o futuro da propaganda — desde que você pudesse bancar.

Segundo o website corporativo da BMW (bmwusa.com), os oito filmes foram vistos quase 100 milhões de vezes antes que o site fosse finalmente fechado, em outubro de 2005. (Eles ainda podem ser encontrados em vários websites não oficiais.) Isso foi um triunfo para a Fallon e para a BMW — mas era ainda muito mais significativo. A internet tinha finalmente se firmado como veículo legítimo para as marcas convencionais — e a "comunicação por conteúdo" tinha chegado.

Nesse meio tempo, a Fallon foi adquirida de novo — dessa vez pelo Publicis Groupe. Embora tivesse sido forçada a fechar o escritório em Nova York, que estava efetivamente competindo com a agência de Minneapolis, a Fallon tinha aberto uma filial em Londres em 1998 e estava disposta a desenvolver uma pequena rede internacional. O suporte do grupo francês lhe deu condições para isso. Em pouco tempo, outros escritórios foram abertos em Cingapura, São Paulo, Hong Kong e Tóquio.

O escritório londrino foi responsável por outra campanha inovadora, desta vez para a Sony Bravia LCD TV. Para passar a ideia de "cor, como nenhuma outra", a agência soltou 250.000 bolinhas de borracha vivamente coloridas nas ruas ladeirentas de San Francisco e esperou para filmar os resultados. Batendo e rolando pelas ladeiras, as bolas pareciam granizo colorido. Uma história do diretor de criação Juan Cabral ilustra a direção que a mídia — e a propaganda — estavam tomando. "Durante a filmagem, recebi um e-mail de alguém que dizia que já tinha visto nossa ideia online. Era um filme que alguém tinha feito da janela com o celular enquanto fazíamos o comercial. Ele tinha dado a volta no mundo e voltado para mim" (*Shots* conference, Londres, 21 de março de 2006).

Essa não foi a última vez que o filme foi apropriado por amadores entusiasmados. Com base numa boa ideia e não em efeitos especiais, o comercial foi apreciado pelos espectadores por sua "autenticidade". O anúncio ganhou vida própria, gerando uma canção de sucesso e muitas imitações. E, o que é ainda mais interessante, versões não oficiais começaram a aparecer na web, com músicas diferentes ao fundo. Juan Cabral observou: "A mídia é global agora — não é mais apenas eu — é eu mais todo mundo."

Como a campanha da BMW, o comercial da Sony ofereceu uma visão de como os consumidores interagiam com as marcas na web. As agências começavam aos poucos a domar a internet, embora muitas ainda tragam as cicatrizes das primeiras tentativas desastradas.

14

Ascensão e queda das pontocom

"Acabamos de esbanjar dois milhões de dólares"

Em dezembro de 1999, eu estava entocado num hotel na cidade de Nova York, zapeando pelos canais da TV enquanto esperava que as ruas degelassem. A propaganda pontocom estava em todo lugar naquele inverno: lembro-me de ter visto um comercial para a Amazom.com que mostrava um grupo heterogêneo de funcionários cantando músicas natalinas e usando chapéu de Papai Noel. Outras pontocom seguiam o mesmo caminho "lúdico", não conseguindo explicar exatamente o que estavam vendendo. Quando voltei a Nova York um ano depois, a maioria delas tinha desaparecido das telas para sempre.

Será que as agências são culpadas pela queda das pontocom? Há por certo bases para argumentar que elas precipitaram a implosão. Hipnotizadas pelo capital dos investidores de risco, concordaram em pôr de lado tudo o que tinham aprendido sobre construção de marcas para produzir uma propaganda rasteira, só ocasionalmente espirituosa, cujo único objetivo era gerar visibilidade hiper-rápida para seus clientes. Enquanto isso, os anunciantes tradicionais afluíam online com pop-ups e banners desajeitados.

Foi divertido enquanto durou. No dia 10 de setembro de 1999, a revista *Campaign* publicou um artigo com o título "A guerra das pontocom". A primeira frase era: "Se alguém fosse fazer um outdoor para a era pontocom, ele se estenderia por dezenas de metros na Rodovia 101 no Vale do Silício, dizendo: 'Bem-vindo à nova corrida do ouro'".

Em 1998, os 50 maiores anunciantes da internet dos Estados Unidos tinham gasto apenas 420 milhões de dólares em propaganda offline. Nos primeiros dois meses do ano seguinte, as pontocom aumentaram seu gasto em propaganda em mais de 280 por cento. Do outro lado do Atlântico, o Reino Unido passava por um boom semelhante. No final de 1999, o gasto total com propaganda tinha ultrapassado a barreira dos 15 bilhões de libras pela primeira vez. Um porta-voz da Advertising Association disse que a atividade da propaganda pontocom estava sustentando o sucesso da mídia tradicional. "É difícil ver qualquer nuvem no horizonte", acrescentou ("Dotcom boom helps propel UK ad spend beyond £15 billion mark", 26 de maio de 2000).

A indústria do outdoor foi uma das maiores beneficiárias dessa liberalidade, já que as pontocom espalharam suas logomarcas incompreensíveis por toda parte. Os outdoors atravancaram realmente a Rodovia 101. No Reino Unido, o gasto com propaganda em outdoor pelas pontocom subiu de 1 milhão de libras em 1998 para implausíveis 23 milhões no final do ano seguinte. Em vez de construir marcas, muitos desses cartazes tinham o objetivo de atrair investidores. Há relatos de pontocom britânicas pedindo a seus compradores de mídia que se concentrassem na City para chamar a atenção da comunidade financeira.

Houve ocasionais vozes da razão. Stevie Spring, executivo-chefe da More, uma empresa de outdoors, disse à revista *Marketing*: "O que vimos foram as pontocom precisando de fama rápida e gastando montes de dinheiro para isso. A maioria ainda tem que chegar ao estágio seguinte, quando terão também que construir suas marcas" ("Dotcoms gain real presence outdoors", 30 de março de 2000).

O frenesi das pontocom atingiu o ápice durante a última metade de 1999 e as primeiras semanas do ano seguinte. Há relatos de agências nos Estados Unidos que recebiam mais de cinco telefonemas por dia de pontocom querendo campanhas prontas para o segundo semestre. Algumas agências avisavam que construir uma marca leva tempo, enquanto outras admitem que era difícil recusar clientes de muitos milhões de dólares.

Um artigo em *New Media Age* resume isso muito bem: "Espantados, atendimentos de meia-idade ficavam de boca aberta enquanto equipes de idiotas de bermudão e tênis japoneses despejavam sobre eles baldes de dinheiro dos financiadores... Recebiam briefs de diretores de marketing de 26 anos cuja única experiência anterior tinha sido a produção de panfletos para a danceteria..." ("How dotcoms killed off the ad agencies", 13 de setembro de 2001).

Mesmo quando as equipes em questão tinham uma experiência razoável, os anúncios eram no máximo excêntricos. No Reino Unido, os rostos por trás da ready2shop.com — os especialistas em moda Trinny Woodall e Susannah Constantine — eram também os corpões por trás do site, aparecendo nus num anúncio impresso. Outros recorreram ao estilo "guerrilha" de propaganda, então emergente. O site feminino Handbag.com projetou sua logomarca e sua URL na lateral do Museu de História Natural, que estava abrigando a London Fashion Week. Disse uma porta-voz: "Queríamos tirar a marca Handbag do éter e injetá-la com uma personalidade urbana, descolada". Essa pode ter sido a primeira e última ocorrência das palavras "handbag" e "descolada" na mesma frase.

A apoteose do boom das pontocom foi o Super Bowl de 2000. Dezenas de pontocom queimaram milhões de dólares em comerciais de 30 segundos atordoantemente caros e em geral horríveis. O primeiro prêmio em arrogância foi para a E-Trade.com por um comercial maluco com um macaco dançante. O texto final dizia: "Acabamos de esbanjar 2 milhões de dólares. O que você está fazendo com o seu dinheiro?"

E o que exatamente as pontocom conseguiram com tanto dinheiro? Baixada a poeira, a Salon.com observou: "O resultado final parece ser uma desajeitada cobertura de imprensa e um [aumento] temporário no trânsito de sites, mas nada tão duradouro que possa ser chamado de "construção de marca" e nem de valor tão irrefutável... que possa possivelmente justificar o enorme gasto com um bando de companhias que não geram lucros" ("Fumble.com", 3 de maio de 2000).

Um anunciante do Super Bowl se tornaria o símbolo do colapso das pontocom: a Pets.com, cujo animado fantoche de meia encantou uma nação, mas não conseguiu salvar uma companhia. "O que a boca de sino foi para os anos 70, o fantoche de meia foi para a era das pontocom", comentou a revista *Wired* ("1999 — O que eles estavam pensando?", agosto de 2005).

A Pets.com queimou milhões de dólares em dois anos. Como outra baixa famosa da era das pontocom, o site de moda Boo.com, ela descobriu que o custo de administração, estocagem, envio e marketing ultrapassava enormemente os ganhos. Enquanto preparava o comercial para o Super Bowl, já tinha perdido 61,8 milhões de dólares, contra vendas de 5,8 milhões até o final de dezembro ("Pets.com to put puppet on Bowl", *USA Today*, 25 de janeiro de 2000).

O fantoche de meia foi criado pela TBWA/Chiat/Day em San Francisco. Era basicamente uma meia esportiva branca, com olhos de feltro descombinados, manchas marrons, língua vermelha e orelhas presas com alfinetes de segurança. O fantoche segurava um microfone e tinha como coleira um relógio de pulso. Os anúncios eram deliberadamente amadorísticos e o estilo chistoso do fantoche agradou os consumidores. (Num comercial de Natal, o fantoche olhava para a fileira de meias penduradas na lareira, voltava-se para a câmera e exclamava: "O horror!"). Cada comercial terminava com a frase: "... porque pets não podem dirigir".

O fantoche de meia gerou artigos na imprensa e foi convidado para programas de entrevistas. Muitas peças de merchandising foram lançadas para capitalizar sua popularidade. Apesar do sucesso da propaganda, os consumidores não morderam a isca, acreditando que era melhor ir à pet store do que esperar pela ração ou pela areia que tinham pedido online. A Pets.com foi afundando mas o fantoche de meia continuou sendo seu ativo de maior valor e acabou sendo vendido para uma empresa de licenciamento. A agência de propaganda fez um trabalho brilhante vendendo o mascote, mas não conseguiu provocar entusiasmo pelo site.

A Pets.com foi o perfeito estudo de caso da febre das pontocom. Como explicou o *Financial Times*, os investidores tinham "ousado sonhar com mercados baseados na internet com alcance mundial instantâneo". No primeiro jorro de entusiasmo, as companhias pontocom "não precisavam provar que suas ideias funcionariam, só que tinham uma visão atraente" ("Tech stocks in turmoil", 23 de dezembro de 2000).

Quando perceberam que se passariam anos antes que a maioria das pontocom começasse a dar lucro — se é que um dia dariam — os investidores esfriaram rapidamente. No inverno de 2000, a temperatura era glacial. O artigo do *Financial Times* relatava que o mercado Nasdaq, lar das maiores empresas tecnológicas, tinha perdido mais de 3 trilhões de dólares em valor desde seu pico no mês de março anterior. "Este será conhecido como o ano em que a riqueza do mercado de ações foi destruída como nunca antes."

Quando as agências de propaganda sentiram o vento gelado, o gasto online congelou. Nos Estados Unidos, o Internet Advertising Bureau confirmou que, depois de crescer a taxas de 150 por cento ao ano, no começo do segundo semestre o gasto já tinha caído 6,5 por cento — o primeiro declínio desde 1996, quando o IAB começou a publicar números. Ironicamente, isso foi devido em parte ao sucesso da internet como veículo — o número de websites crescia tão depressa quanto encolhia o número de anunciantes. Muitas das que partiram eram pontocom fracassadas, mas as marcas tradicionais também estavam fugindo da web.

Um artigo na *The Economist* resumiu muito bem a situação. Observou que havia um alto nível de desperdício na propaganda impressa — os anunciantes em jornais e revistas pagam o mesmo preço por um espaço, independentemente dos leitores olharem ou não para seus anúncios. Mas na internet estavam pagando por visitas à página ou cliques em seus banners. Em outras palavras, ao contrário do que acontecia quando anunciavam em revistas e jornais, não eram forçados a pagar por pessoas que não notavam seus anúncios. "Os divulgadores online estão sendo punidos pela eficiência de seu veículo" ("Banner ad blues", 24 de fevereiro de 2001).

Quando a situação normalizou, todos pareciam vagamente surpresos que a internet não tivesse sumido numa nuvem de fumaça. Mas só as pontocom que ofereciam um conteúdo genuinamente atraente ou serviços confiáveis tinham sobrevivido. A web continuou sendo um meio poderoso para informação e entretenimento, mas exigia da propaganda uma abordagem mais sofisticada. Cada vez mais, passou a ser usada como um dos elementos de uma campanha integrada. E o recente entusiasmo por blogs e comunidades online, apesar de quase tão exagerado quanto o primeiro boom da internet, foi temperado pelo desejo de evitar os erros do passado.

A única coisa que todo mundo aceita é que a web mudou a equação da propaganda para sempre. Para confirmar, faça a si mesmo a pergunta: é mais fácil viver sem a TV ou sem o computador?

15

Espírito latino

"Os torcedores de futebol cantam jingles de propaganda nas arquibancadas"

"Em Cannes, se quiser encontrar pessoas de uma agência espanhola", aconselhou-me alguém pouco antes de eu sair para a farra anual da propaganda, "procure primeiro os sul-americanos. Eles estão sempre trocando países uns com os outros."

Essa observação não apenas se revelou totalmente correta — como vamos logo descobrir — mas também me induziu a cobrir a Espanha e a América Latina no mesmo capítulo. Além de ter fortes vínculos históricos, culturais e mercantis, os espanhóis e os sul-americanos fazem um tipo semelhante de propaganda. Jacques Séguéla a chamaria de "propaganda do coração". Em outras palavras, tem um certo calor e sensualidade que falta à bufonaria dos britânicos, à ironia dos norte-americanos e à suavidade dos franceses.

Como quis o acaso, os primeiros latino-americanos que encontrei eram dois argentinos da Publicis Lado C, uma empresa de Madri. Os criativos Fabio Mazia e Marcelo Vergara estavam trabalhando como dupla na famosa agência argentina Agulla y Baccetti — um dos maiores nomes do mercado nos anos 80 — quando foram atraídos para a Espanha pela BBDO, para trabalhar na conta da Renault. Mais tarde, quando a Renault passou para a Publicis, foram convidados a montar uma subsidiária para atender ao cliente.

"Nunca tínhamos pensado em mudar de país, mas a língua em comum tornou a decisão mais fácil", confirma Mazia, enquanto ele e o colega relaxam no bar do hotel daquele jeito desleixado e atual que só os criativos conseguem ter. "Ainda assim, fica a 12 horas de voo e em outro continente. Fora isso, se há semelhanças, há também muitas diferenças. Mas a Agulla y Baccetti formou uma geração de publicitários argentinos que agora são reconhecidos internacionalmente. Juan Cabral [da Fallon] é o exemplo perfeito."

Há outras agências argentinas consideradas influentes, especialmente a Savaglio/TBWA. Ernest Savaglio é um dos publicitários mais conhecidos do país, tendo reposicionado a marca Carrefour no começo dos anos 90, com uma campanha populista que foi também um protesto contra a hiperinflação. Ele se especializou em sátira, em controvérsia e em adotar a "voz do povo": um tom pouco comum na propaganda da época.

Pergunto a Mazia se ele sente que há um "estilo" argentino de propaganda. "O país é uma tal mistura de culturas que o resultado é altamente idiossincrático", responde ele. "Por exemplo: há um humor irônico que contrasta com o forte amor à sentimentalidade. Eu diria que é uma mistura de cultura espanhola, cultura italiana, cultura norte-americana e de uma sensibilidade melancólica que é muitas vezes associada ao tango. Também acho que as pessoas nos admiram porque trabalhamos com orçamentos de Terceiro Mundo, mas conseguimos fazer propaganda de Primeiro. A necessidade de ser criativo com um orçamento pequeno nos força a esticar o talento."

Vergara acrescenta: "Uma das principais diferenças [com relação à Europa] é que o povo argentino adora propaganda. Os torcedores de futebol cantam jingles de propaganda nas arquibancadas e os seriados de TV fazem referências a campanhas populares".

A menção ao futebol nos leva a um país que tem tido um impacto fora da proporção sobre a propaganda mundial — e especialmente sobre Cannes, onde tem arrebatado impressionantes pilhas de prêmios ao longo dos anos. É o Brasil, naturalmente.

OS MENINOS DO BRASIL 1: WASHINGTON OLIVETTO

"Nos anos 60, a propaganda argentina era melhor do que a nossa", considera o guru da propaganda brasileira, Washington Olivetto. "Vários criativos argentinos vieram para cá, o que contribuiu para o desenvolvimento da nossa propaganda. Depois dos anos 80, o Brasil ultrapassou bastante a Argentina em termos criativos. Mais recentemente, a lacuna se fechou outra vez."

Olivetto é o superastro da propaganda brasileira — tão famoso por lá quanto qualquer astro do rock. Essa visibilidade fez com que fosse sequestrado em 2001 e mantido em cativeiro por 53 dias, até ser libertado numa operação policial. Mas Olivetto já tinha gerado muitos centímetros de colunas de jornal antes desse incidente. Para começar, ele é mencionado no *Guinness, o Livro dos Recordes*, como o criador da campanha há mais tempo no ar com o mesmo personagem, para o produto de limpeza Bom Bril. A ideia é simples mas altamente eficaz: o comediante Carlos Moreno personifica várias figuras improváveis — de Che Guevara à Mona Lisa, além de vários políticos contemporâneos — em divertidos anúncios impressos e comerciais de TV. Isso já rendeu mais de 300 versões.

Olivetto lançou a campanha em 1978, quando você teria dificuldade para encontrar outra imagem de um homem brasileiro disposto a cuidar da casa. Os estereótipos tradicionais homem/mulher estavam só começando a se dissipar — e a campanha de Olivetto tocou os consumidores. As pesquisas mostraram que 90 por cento das pessoas que viam um dos comerciais mal podiam esperar para ver o que Moreno personificaria em seguida. A certa altura, os comerciais eram tão populares que apareciam nas listagens de TV.

"A campanha foi descontinuada em 2004, mas recomeçou em maio de 2006 por exigência do público", diz Olivetto. "Os personagens tendem a ser atuais e, assim, a mistura de propaganda com notícia e sátira significa que a campanha nunca fica obsoleta. Além disso, o talento do protagonista, Carlos Moreno, é incrível, tornando nosso trabalho muito mais fácil."

Olivetto tem alma de escritor e charme de vendedor. Ele conta que lia e escrevia prodigiosamente aos cinco anos de idade. Criança ainda, imaginou um futuro no jornalismo, mas também admirava o pai vendedor e ficou encantado quando descobriu que "podia misturar o estilo em que queria escrever com o estilo de vender que admirava — ou seja, a propaganda. Decidi me tornar redator".

"A moderna propaganda brasileira começou nos anos 60", diz Olivetto, mas "ganhou visibilidade e força na minha geração — nos anos 70 e especialmente nos 80, quando começou a ser notada internacionalmente. A força e a qualidade da televisão brasileira, especialmente da TV Globo, foi sem dúvida fundamental." Iniciada em 1965, a rede Globo está entre os canais de TV mais populares do mundo, com 80 milhões de telespectadores todos os dias. É famosa pelas novelas do horário nobre. Sua companhia-mãe transmite via satélite programação em língua portuguesa para o mundo todo.

Olivetto começou como trainee numa agenciazinha chamada HGP. Mas foi na agência seguinte, a Lince Propaganda, que ele ganhou um Leão de Ouro em Cannes, por um comercial para a Deca, fabricante de peças de banheiro. Ele tinha só 19 anos. "O prêmio me deu muita visibilidade e fui convidado para trabalhar na DPZ, que na época era a mais brilhante agência brasileira. Eu me tornei diretor de criação e fiquei lá por 15 anos."

Em 1986, ele foi convidado pelo grupo suíço de propaganda GGK (ver capítulo 9, Ícones europeus) para montar seu posto avançado no Brasil, originalmente para atender à conta da Volkswagen. Chamada de W/GGK, o faturamento da empresa aumentou oito vezes em três anos. Em julho de 1989, Olivetto e seu sócio compraram as cotas suíças da agência com capital brasileiro e a renomearam como W/Brasil.

A agência ganhou fama por fazer uma propaganda de TV atraente num mercado onde o espaço televisivo era mais barato do que o espaço em revistas. Os brasileiros eram telespectadores vorazes: uma telenovela conseguia entrar em 90 por cento das casas. Pelo preço de uma página dupla numa revista upmarket, a agência conseguia inserir um comercial de 30 segundos durante os noticiários e atingir 45 milhões de pessoas. Olivetto admitiu na época que, devido à economia esquizoide do país e da inflação supersônica, só uma fração desse total tinha probabilidade de comprar os produtos que ele estava anunciando. Mas, assim como os telespectadores argentinos, "os brasileiros adoram ser entretidos pela televisão e são muito receptivos à propaganda".

Em 1990, quando o então presidente Fernando Collor de Mello congelou uma grande parcela da poupança corporativa e pessoal como medida anti-inflacionária, Olivetto agiu rapidamente. Para uma cadeia de lojas de pneus chamada Zacharias — cujos clientes tinham evaporado de um dia para o outro — sua agência criou um anúncio que dizia: "Se você tem alguma necessidade mas não tem dinheiro, fale com a gente que nós damos um jeito". Isso punha em prática, em circunstâncias extremas, a teoria de que as marcas têm que continuar a anunciar durante uma recessão para que possam emergir numa posição mais forte quando a economia se recuperar. Mas Olivetto não sugeriu essa abordagem para todos os seus clientes: "Nós nos concentramos em clientes que vendem produtos de alta rotatividade e aconselhamos outros a não anunciar. As pessoas não compram uma nova máquina de lavar num clima como esse", disse ele ao *Financial Times*. "Queremos a conta dos nossos clientes por 20 anos e não por três meses. Por isso, somos totalmente claros ao apresentar a nossa visão de suas perspectivas" ("Finest moment of adland's rock star", *Financial Times*, 19 de julho de 1990).

Mesmo naquele ambiente difícil, o *Financial Times* parecia aprovar o estilo extravagante de Olivetto. "Ele manda flores regularmente para as funcionárias, o dia do trabalho é celebrado com bebidas para todos e uma sexta-feira sim outra não, estrelas se juntam à celebração, de personalidades da TV a jogadores de futebol, de artistas a cantores", entusiasma-se o jornal.

Hoje, o Brasil é uma das promissoras economias BRIC, junto com a Rússia, a Índia e a China. E embora o país ainda não tenha atingido a expansão que alguns analistas previam, fato é que agora a W/Brasil tem um pool muito maior de consumidores a atingir com sua propaganda espirituosa. E o Brasil continua a se sair muito bem em competições internacionais de propaganda. Como Olivetto explica esse sucesso?

"O que torna o Brasil um país extraordinariamente criativo em propaganda e em outras áreas — como música, futebol, arquitetura e moda — é o fator da miscigenação. Somos uma mistura de muitas raças e isso nos torna criativos, sensuais, musicais, talentosos e bem-humorados."

Apesar do elogio a essa mestiçagem cultural, Olivetto é uma pessoa que não vai gostar da ligação que eu faço entre a Espanha e a América do Sul — ou entre o Brasil e o resto da região. "O Brasil não está situado na América Latina. É um continente à parte, com uma língua diferente, características diferentes e personalidade própria. É claro que nossos irmãos latino-americanos, italianos e espanhóis nos influenciam. No entanto, nossa personalidade é absolutamente distinta, o que não é nem qualidade nem defeito. É só o nosso jeito de ser e isso se reflete em nosso comportamento e em nossa propaganda."

OS MENINOS DO BRASIL 2: MARCELLO SERPA

Uma das agências que Olivetto elogia é a Almap/BBDO, que lidera regularmente as premiações do Brasil em Cannes. A força criativa por trás da agência é Marcello Serpa, que tem pouco mais de 40 anos e já é uma lenda do mundo da propaganda, com montes de prêmios em seu nome. Muito acessível, apesar de fisicamente imponente, ele leva também o crédito por ser o precursor de um novo tipo de propaganda impressa.

Embora seja, como diz ele, "100 por cento brasileiro", Serpa começou a carreira na Alemanha, para onde foi aos 18 anos estudar desenho gráfico e arte comercial em Munique. Trabalhou na GGK em Düsseldorf — que, como já discutimos, é atualmente a agência alemã mais criativa. Em 1987, voltou definitivamente ao Brasil, onde trabalhou na agência DPZ no Rio de Janeiro e depois em São Paulo. A agência seguinte foi a DM9, parte da rede DDB Worldwide. Foi lá que ganhou o primeiro Grande Prêmio de Cannes da América Latina, em 1993, com uma campanha para um guaraná diet. O anúncio mostrava simplesmente dois torsos perfeitamente tonificados, bronzeados e enxutos, com uma tampinha de garrafa cobrindo o umbigo. Nenhuma explicação era necessária.

"A abordagem veio de minha educação na Alemanha", explica Serpa. "Os brasileiros são muito anarquistas em sua abordagem à propaganda, enquanto os alemães são muito disciplinados. Eles me passaram o conceito de redução, o que significa expressar uma ideia nos termos mais simples possíveis. Todos os elementos não essenciais têm que ser removidos. Na época, ideias diretas e puramente visuais eram pouco comuns." Ele ri. "Neil French [redator famoso] diz que sou responsável por matar os longos textos na propaganda, embora naturalmente nunca tenham desaparecido."

A abordagem de Serpa foi iluminadora na medida em que mostrou a direção que a propaganda tomaria na nova era da globalização. As marcas multinacionais voltadas para a juventude precisavam de campanhas que servissem para muitos mercados com um mínimo de adaptação: assim o texto pesado e os jogos de palavras não vinham mais ao caso.

Essa abordagem minimalista é boa também para o mercado brasileiro, sugere Serpa. "No Brasil, nem sempre temos grandes orçamentos para brincar", diz ele. "Às vezes, temos que fazer um comercial de TV com cem mil dólares, o que é uma gota no oceano comparado a uma superprodução norte-americana. E as ideias simples são em geral ideias baratas."

O ano de 1993 foi um ano decisivo para Serpa: ele se juntou à Almap BBDO como CEO conjunto com José Luiz Madeira — que é mais da área do planejamento — e a dupla partiu para transformar a agência. Fundada nos anos 60 por Alex Periscinoto e Alcântara Machado, a Almap tinha sido comprada pela Omnicom em 1998, passando a fazer parte da rede BBDO. Considerada lugubremente tradicional naquela época, foi rejuvenescida pelo trabalho de Serpa e Madeira. Eles produziram peças ganhadoras de prêmios para clientes como Audi, Volkswagen, Pepsi e Bayer, entre outros, e a agência encabeçou as listas das mais premiadas no mundo. Depois disso, não havia mais dúvidas de que o Brasil estava definitivamente no mapa criativo.

Serpa alega que os clientes brasileiros se tornaram "um pouco menos valentes" diante de uma economia lenta, mas tempera essa observação dizendo que eles se beneficiam da cultura pró-propaganda do país. "No Brasil, os clientes também são consumidores. Eles não ficam em suas torres de marfim fazendo contas — eles veem a propaganda da TV em casa, com a família. E se importam com o que as pessoas pensam. Querem um comercial que se destaque e impressione seus filhos. Os clientes me perguntam: 'Você não pode me fazer um comercial que todos comentem?' Essa é uma abordagem muito revigorante."

O REINO DA ESPANHA

Para descobrir mais coisas sobre a propaganda espanhola, recorri a Manuel Valmorisco, um homem que parece um urso simpático e é um dos maiores talentos criativos do país (que deixou sua marca como chefe da própria agência e como diretor de criação da Lowe em Paris e Madri). Ele confirmou minha teoria de que há uma propaganda hispânica com conexões distantes, como Argentina, Miami e Cuba.

"Muitos criativos cubanos chegaram aqui depois da revolução e trouxeram com eles um estilo de marketing americano. Mas tivemos também uma longa relação com a Argentina. Durante a ditadura e as várias crises financeiras que se seguiram, uma maré de talento argentino atravessou o Atlântico para alimentar o trabalho criativo espanhol."

Domesticamente, a história da propaganda espanhola esteve centrada na batalha pela supremacia criativa entre Barcelona e Madri. "Não há dúvidas de que nos anos 70, 80 e até no começo dos 90, Barcelona era mais inovadora que Madri", opina Valmorisco. "Desenvolveu uma indústria de produção de filmes com muitos diretores bons. Muita gente começou as próprias hotshops. O estilo era mais livre do que em Madri, que era onde todas as agências [e clientes] multinacionais tinham sua base. As agências de Barcelona tinham uma relação mais próxima com os designers e diretores de arte do momento. Mas hoje o faturamento em Madri é provavelmente duas vezes maior do que em Barcelona — e o trabalho criativo recuperou o tempo perdido."

Na Espanha, a revolução criativa é associada à agência MMLB, de Barcelona. Fundada em meados da década de 1970 por Marçal Moliné, Miguel Montfort, Joaquín Lorente e Eddy Borsten, a MMLB era para a Espanha o que a DDB tinha sido para os Estados Unidos e o que a CDP estava se tornando — mais ou menos na mesma época — para Londres. Num mercado que se tornara democrático e com uma mídia florescente, foi a primeira butique puramente criativa, operando sem um departamento de mídia. "A MMLB era uma agência com um posicionamento distinto, uma imagem diferente", relembra Marçal Moliné. "Em todos esses anos, nunca tivemos que caçar clientes ou brigar para entrar em listas de concorrências. Eles vinham por vontade própria e o crescimento era constante" (*Anuncios Online*, 11 de dezembro de 2001).

A MMLB desenvolvia seus planos de mídia com uma empresa independente chamada Tecnimidia. Essa abordagem terceirizada parece ter inspirado a criação do bem-sucedido grupo Media Planning em 1978, na Espanha. Tornando-se uma das maiores empresas compradoras e planejadoras de mídia da Europa, esse grupo depois se fundiu ao braço de mídia da Havas francesa, em 1999.

No fronte criativo, o redator Joaquín Lorente é o pai (como vimos, todo país precisa de um) da moderna propaganda espanhola. Ele forneceu uma ligação contemporânea com figuras do passado como Pedro Prat Gaballí, que desenvolveu teorias científicas da propaganda semelhantes às de Claude Hopkins nos anos 30. "Lorente *é* propaganda", diz o folheto de uma exposição dedicada a ele na Generalitat de Catalunya em 2006. "A MMLB foi a escola e Lorente foi o professor, reunindo discípulos à sua volta como um mestre com seus aprendizes."

É mais exato dizer que a MMLB criou uma escola de propaganda barcelonense, quando um caloroso estilo catalão se fundiu à revolução na música, na moda e no design. O público espanhol começou então a gostar de propaganda, que antes era associada apenas à propaganda política.

Como já sabemos, uma agência não faz uma revolução — mas dois egressos da MMLB resolveram esse problema montando a própria agência. Em 1977, os criativos Ernesto Rivola e Luis Casadevall se juntaram ao estrategista Salvador Pedreño, que tinha trabalhado com clientes grandes como Heinkel e Braun, na agência Unitros, muito mais conservadora. Juntos, formaram a RCP. A ideia era combinar criatividade com estratégia de marketing feita na prática. E funcionou. No verão de 1981, a RCP ganhou Ouro em Cannes pelo comercial para o desodorante de ambientes Ambi Pur. Mostrava um gato vendado ignorando um peixe morto bem diante do seu nariz. Ao lado do peixe, um recipiente de Ambi Pur. Assim que o recipiente era removido, o gato saltava sobre o peixe.

O estilo minimalista da RCP — que, devido a limitações de orçamento, trabalhava com ideias simples e não com altos valores de produção — estabeleceu o modelo para uma década de propaganda espanhola. Em 1987, a Saatchi & Saatchi comprou a RCP. Mas dois de seus fundadores ressurgiram três anos depois com uma nova agência. E não tinham perdido o taco: em 1992, a Casadevall Pedreño ganhou o Grande Prêmio de Cannes com um comercial chamado "Freiras", para uma marca de cola extraforte. Duas freiras passavam pela estátua de um querubim no convento, percebendo com alarme que o pênis da estátua tinha quebrado e caído no chão. Elas embrulhavam o pequeno órgão num lenço e o levavam para a madre superiora. Na tomada seguinte, a madre o colava cuidadosamente — ao contrário. Quando ela saía, uma freira mais jovem retificava a situação. O anúncio foi citado como exemplo da "bonita simplicidade" da propaganda espanhola.

Outra figura respeitada que veio da propaganda barcelonense dos anos 70 é Luis Bassat. Depois de trabalhar como vendedor — inicialmente para pagar a faculdade — Bassat fundou uma agência de propaganda, a Venditor, em 1965. Ele a vendeu em 1973, convencido de que podia montar outra agência, com uma imagem mais internacional. Nessa época, já estava procurando um sócio internacional — e tendo lido *Confessions of an Advertising Man*, de David Ogilvy, decidiu que queria trabalhar com a O&M. Em 1975, com a Bassat Associados florescendo, procurou a O&M e propôs a venda de metade da agência para a rede. "Não aceitamos presentes", teria lhe dito o então presidente Jock Elliott ("Olympic feats of the Barcelona boy turned O&M maestro", *Campaign*, 30 de janeiro de 1998).

Mas, cinco anos depois, a O&M mudou de ideia. Comprou 25 por cento da agência, dando a Bassat uma cadeira no conselho. Em 1992, ele organizou a abertura e o encerramento dos Jogos Olímpicos em Barcelona. Muitos publicitários espanhóis alegam ter participado dos Jogos de um jeito ou de outro, mas Bassat teve um papel-chave.

O período entre a entrada da Espanha no Mercado Comum em 1986 e os Jogos de Barcelona em 1992 viu a segunda onda da revolução criativa no país. "Nunca tinha recebido tantos telefonemas de grupos internacionais pedindo orientação sobre que companhia comprar", disse Luis Bassat ao *Financial Times* em 1989 ("Riding high on an economic surge", 28 de dezembro). E na crista da onda estava uma agência de Madri: a Contrapunto.

Essa agência foi fundada em 1974 por um grupo de seis profissionais de agência, incluindo seu primeiro diretor de criação, Jose Luiz Zamorano. Embora fosse uma das agências mais criativas nos anos 70, ganhou reconhecimento internacional só no começo da década seguinte, com a chegada de uma nova geração de criativos, como Juan Mariano e José Maria Lapeña. Em 1989, a Contrapunto se tornou a primeira agência espanhola a ganhar o Grande Prêmio de Cannes, dois anos antes de sua rival de Barcelona, Casadevall Pedreño, ganhar o prêmio.

O comercial vencedor foi considerado outro exemplo da capacidade da propaganda espanhola de manter a simplicidade atingindo ao mesmo tempo uma nota comovente. Feito para o canal TVE, mostra um cachorrinho — seu nome era Pippin, soubemos depois — fazendo de tudo para distrair seu jovem dono da tela da TV. Mas nada desviava a atenção do garoto, hipnotizado pela diversidade de entretenimento oferecida pela TVE. Finalmente, depois de olhar pesaroso uma foto do dono sobre a lareira, o cachorrinho pegava uma mala na boca e saía de casa. (Uma continuação mostrava Pippin sozinho num bar na véspera de Natal, com a mala ao seu lado.)

Agora parte da rede BBDO, a Contrapunto continua a produzir um trabalho forte, já na terceira geração de talento criativo.

E não está sozinha. Tome por exemplo a SCPF de Barcelona. Em 1996, foi fundada por quatro membros importantes da agência Delvico Bates: o diretor de criação Tony Segarra e os executivos administrativos Luis Cuesta, Ignasi Puig e Félix Fernández de Castro. Eles têm feito um ótimo trabalho para clientes como Ikea, Vodafone, BMW — e até para o über-hip restaurante El Bulli. Montaram também um escritório em Madri e outro em Miami, que funciona como ponto de partida para o mercado hispânico nos Estados Unidos e para a América Latina.

Em Madri, a tocha criativa foi passada para a Señora Rushmore, criada em 2000 por alguns ex-executivos da BBDO: Miguel García Vizcaíno, Marta Rico e Roberto Lara. A agência recebeu o nome de um personagem de uma campanha interativa criada por eles. (Sua verdadeira identidade é a de Dolores Goodman, mais conhecida pelo papel de Miss Blanche no filme *Grease*.) Além de um website extraordinário — projetado para lembrar o apartamento abafado de sua "madrinha" honorária — a agência criou a espetacular campanha Euro 2004 para a Coca-Cola, com estrelas do futebol de toda Europa. Isso faz sentido, já que a primeira conta da Señora Rushmore foi o time de futebol Atlético de Madrid. O time estava passando por um período especialmente ruim na época, o que inspirou a tagline: "Um ano no inferno".

O apelo de Buenos Aires pode ser forte, mas a Espanha ainda tem muito dinamismo de reserva.

16

Postos avançados internacionais

"Se ficar no meio da estrada, você será atropelado dos dois lados"

As agências de propaganda participam muitas vezes de campanhas eleitorais. Mas poucas tiveram a oportunidade de trabalhar com Nelson Mandela, o que é uma das muitas razões para a TBWA/Hunt Lascaris se destacar da multidão. A agência é como um livro ou um filme que sobrepuja seu gênero para se tornar um fenômeno cultural. Nos anos 90, a Hunt Lascaris irrompeu da África do Sul para impressionar todo o mundo da propaganda.

"Desde o começo, nossa missão era ser a primeira grande agência da África", diz John Hunt, que fundou a agência de Johannesburg com Reg Lascaris em 1983. "Todo mundo estava tentando ser o melhor do quarteirão, mas tínhamos ambições internacionais que articulamos com muita clareza."

Os caminhos de Hunt e Lascaris se cruzaram inicialmente numa agência local. Lascaris era atendimento e Hunt redator. Tinha começado como aspirante a escritor e jornalista ocasional, mas uma conhecida que trabalhava em propaganda viu um de seus artigos num jornal e sugeriu que ele daria um bom redator. (Ele continuou a escrever como "carreira paralela" e uma de suas peças, um drama anticensura, ganhou um prêmio importante.) Na época em que montou a agência com Lascaris, ele já "tinha trabalhado em duas ou três agências locais antes de sair viajando de mochila pelo mundo por uns dois anos". Acrescenta: "Esse pode não ter sido o melhor pedigree para trabalhar numa agência na África do Sul, mas sinto que foi uma vantagem, pois significava que não tinha muito a desaprender".

Hunt e Lascaris começaram literalmente do nada. "Vendemos nossas primeiras campanhas do porta-malas de um carro. Levamos uns quatro ou cinco anos para engrenar com os clientes locais. Em 1985, assinamos um acordo de adesão com a TBWA. Isso significava que podíamos ir às conferências internacionais da agência e comparar o nosso trabalho com os comerciais da rede. As pessoas nos elogiavam e isso nos deu muita confiança."

A grande guinada da agência aconteceu com a conta da BMW, que ela ganhou em 1990. Os comerciais em especial chamaram a atenção da mídia. O primeiro zombava de um conhecido comercial da Mercedes Benz, que mostrava um motorista saindo ileso dos destroços de seu Mercedes depois de uma batida na notoriamente sinuosa estrada costeira de Chapman's Peak, perto da Cidade do Cabo — e era aparentemente baseado num incidente da vida real. A versão da Hunt Lascaris apresentava um BMW correndo sem esforço pelas curvas fechadas, com a frase "Beat the bends" {Vença as curvas} que, quando dita em inglês, contém uma evidente provocação. O comercial causou um debate a respeito da propaganda comparativa e deu notoriedade à agência.

Outro comercial para a BMW apresentava a direção hidráulica do carro. Mostrava um ratinho correndo pelo painel e depois pulando sobre o volante. Correndo pelo volante de lá para cá, a criaturazinha conseguia dirigir o carro. No fim, o ratinho ficava de pé e agradecia.

Diz Hunt: "De repente, os jornalistas estavam nos telefonando e perguntando: 'Vocês têm mais anúncios assim?' Ganhamos contas como a do departamento de turismo das Ilhas Seychelles e descobrimos que nossa atuação estava se tornando mais regional do que puramente sul-africana. Isso era uma confirmação de que nossas ambições globais não eram tão descabidas".

Mas, no final de 1992, a Hunt Lascaris ganhou um trabalho insuperável na propaganda sul-africana: a campanha para o Congresso Nacional Africano de Nelson Mandela durante as primeiras eleições multirraciais do país. Isso não exigiu nenhuma mudança de visão política por parte dos fundadores — eles tinham sido sempre liberais e reformadores. No começo dos anos 80, Lascaris escreveu um livro chamado *Third World Destiny*, que contestava a segregação racial dos mercados e insistia que a propaganda tem que visar pessoas e não cores. Embora Lascaris achasse o apartheid repugnante, seu argumento era em parte pragmático. "Para mim, o ponto decisivo é que, quando 80 por cento do seu mercado é negro, você não pode andar por aí falando de diferenças raciais" ("The world's hottest shops", *Campaign*, 25 de setembro de 1992). O livro se tornou um campeão de vendas.

Na época em que foi escolhida pelo CNA, cerca de 30 por cento dos funcionários da agência eram negros. Além disso, ela fazia comerciais mostrando, por exemplo, brancos e negros bebendo juntos num pub. Esses comerciais não refletiam a realidade — mas retratavam a África do Sul da maneira que a agência esperava que ela viesse a ser. Em outro livro, *Communications in the Third World*, publicado em 1990, Lascaris escreveu que a propaganda "reflete sonhos e anseios" e sugeria que a comunicação efetiva podia "acelerar essas realidades esperadas". Agora, esse futuro desejado parecia de repente viável e a Hunt Lascaris contribuiria de maneira fundamental para torná-lo realidade. O brief do CNA punha a agência do lado contrário da filial da Saatchi & Saatchi, que estava fazendo a campanha para o partido do governo, o Partido Nacional de F.W. de Klerk.

No começo de 1993, a Hunt Lascaris transformou uma divisão "through-the-line", de Comunicações e Marketing Aplicado, numa unidade do CNA que funcionaria 24 horas por dia em turnos. A agência começou atacando a oposição com anúncios táticos. Por exemplo, quando o Partido Nacional subiu o preço do petróleo, a Hunt Lascaris criou um cartaz mostrando um marcador de gasolina no zero, com o texto: "Isso é o que o PN acha da sua inteligência". Na corrida para as eleições, a agência passou para uma maciça campanha de rádio, já que essa era a melhor maneira de atingir a maior parte da população. Dos 23 milhões de pessoas com idade para votar, 18 milhões nunca tinham votado antes, a metade era de analfabetos e a área geográfica a ser coberta era vasta. A TV foi considerada cara e não tão difundida quanto o rádio.

Os slogans da campanha incluíam uma releitura da frase de Abraham Lincoln — "Um governo do povo, pelo povo, para o povo" — com sua referência oculta à abolição da escravatura, e outro mais direto: "O CNA por empregos, paz e liberdade". Trabalhar para Mandela não fez com que a agência caísse na simpatia de todos na África do Sul: o telefone de Hunt foi grampeado e a agência recebeu várias ameaças de bomba. No ápice da campanha, o prédio foi protegido por uma cerca de arame farpado.

Ao mesmo tempo, diz Hunt, "nossos anúncios estavam sendo discutidos na CNN e a nossa visibilidade subiu às alturas". Ele relembra que Mandela era "muito mais impressionante na realidade do que seu RP poderia levá-lo a acreditar". "Trabalhar com ele me modificou como pessoa. Pôs as coisas em seu devido lugar. Eu o conheci seis meses depois de ele ter ficado 28 anos na prisão e ele não mostrava amargura alguma. Quando nos passou o brief da campanha, frisou que deveríamos evitar referências ao passado. 'Vamos voltar nossa mente para o futuro', dizia ele. Percebia a importância de passar por cima das complicações da política para ir diretamente ao ponto, o que tornou nosso trabalho muito mais fácil."

Mandela convidou a agência para as comemorações depois das eleições, o que Hunt descreve como "um momento maravilhoso". No fim, embora 19 partidos tivessem participado das eleições, os três maiores partidos — o CNA, o Partido Nacional e o Partido Democrático — tinham usado 90 por cento dos 40 milhões de dólares gastos em propaganda durante as eleições ("Ads bonanza in South Africa poll", *Campaign*, 29 de abril de 1994).

Longe da política, Hunt considera que a mistura específica da África do Sul motivou a abordagem cortante e bem-humorada da agência. Com tantas culturas, atitudes e níveis de educação, há pouco espaço para complexidade. Os orçamentos locais também tendem a pedir uma abordagem mais direta. A frase favorita de Hunt é: "A vida é curta demais para ser medíocre". Sabe-se que ele disse também: "Se ficar no meio da estrada, você será atropelado dos dois lados". Ao mesmo tempo, os anúncios da agência conservam uma certa sutileza. "Boa parte do nosso trabalho tem uma espécie de sorriso sarcástico", diz ele. "Não é tão 'in' quanto o humor inglês, nem tão 'torta-na-cara' quanto o norte-americano."

Relembrando como a agência atingiu a notoriedade em meados dos anos 90, ele observa: "Depois das eleições, a África do Sul passou de país venenoso a país pródigo. Estava numa fase de transição e isso a fazia parecer muito sexy para os de fora. Era estranha, tensa e divertida".

Em 1994 — o ano depois das eleições — o comercial da agência para o comprimido solúvel para dor de cabeça Aspro Clear ganhou ouro em Cannes. Mostra um homem oferecendo um copo de Aspro Clear dissolvido para uma mulher, supostamente a esposa, a seu lado na cama. "Mas... não estou com dor de cabeça", diz a mulher. "Excelente", responde o homem, sorrindo lascivamente. Para o pessoal de propaganda do mundo inteiro, esse foi um daqueles momentos "por que não pensei nisso antes?"

A fama recente da agência teve seu lado adverso — como outras empresas sul-africanas, ela começou a perder talento doméstico para a Grã-Bretanha e para os Estados Unidos. Teve também que equilibrar as necessidades dos clientes internacionais e domésticos. Hoje, a principal vantagem da TBWA/África do Sul — como é chamada agora — é que continua sendo a primeira da África e a segunda do mundo. O continente e seus consumidores representam um potencial considerável para anunciantes ambiciosos — e a agência está perfeitamente posicionada para atendê-los.

OS PUBLICITÁRIOS FAVORITOS DA AUSTRÁLIA

Da perspectiva europeia, a África do Sul parece impossivelmente remota, mas sua presença constante nos noticiários lhe dá uma estranha familiaridade. A Austrália, por outro lado — apesar das muitas semelhanças culturais com a Grã-Bretanha e os Estados Unidos — parece consideravelmente mais longínqua.

Britânicos com mais de 30 anos talvez associem a propaganda australiana ao ator Paul Hogan e a uma campanha dos anos 80 para a marca de cerveja Foster. Numa série muito popular de comerciais, criada pela agência Hedger Mitchell Stark, Hogan interpretava mais ou menos o mesmo personagem que ele representa no filme *Crocodile Dundee* (1986) — o rude mas simpático australiano. Nos comerciais, Hogan é transportado para o Reino Unido, onde fica constantemente perplexo com os hábitos bizarros ou esnobes dos britânicos. Felizmente, pode se consolar com um gole da cerveja australiana Foster, "o néctar âmbar" que, garante ele, tem o gosto de "um anjo derramando lágrimas na sua língua". Praticamente sozinho, Hogan levou a saudação australiana "G'day" aos britânicos.

Ironicamente, o verdadeiro rei da propaganda australiana, John Singleton, tem uma persona pública que não é muito diferente do personagem ficcional de Paul Hogan. Homem de negócios astuto e inteligente, Singleton desenvolveu uma marca eficiente de charme que o tornou benquisto para a mídia e para o público. Chamado de "Singo" pela imprensa, Singleton é considerado um redator talentoso e um rebelde nato, com um espírito irrepreensivelmente irreverente.

Quando lançou ações da Singleton Advertising na Bolsa de Valores Australiana em 1933, os jornalistas citaram alegremente exemplos de sua campanha descaradamente sexista para a Eagle Beer. Protagonizados por uma dupla de personagens machões conhecidos como "Beer Men" {Homens da Cerveja}, os comerciais mostravam, por exemplo, um cachorro rasgando os jeans de uma garota. As feministas reclamaram e Singleton respondeu: "Não me importo. Só há umas oito feministas e elas não bebem cerveja mesmo" ("Australia's biggest shop goes public", *Adweek*, 6 de dezembro de

1993). Ele desenvolveu a Filosofia do Beer Man, que tem como um de seus princípios: "O Beer Man sabe que as mulheres não devem mais ser vistas como objetos sexuais. Hoje em dia, elas têm que saber cozinhar também". Como você já percebeu, os comentários de Singleton vêm com uma piscadela quase imperceptível.

Singleton nasceu em 1941 numa área violenta de Sydney. Mas ele era brilhante e talentoso e teve uma boa educação na respeitável Fort Street High School. Começou em propaganda nos anos 60, fundando em Sydney a agência Strauss, Palmer e Singleton, McAllan (SPASM), que depois vendeu para a DDB. A agência foi uma das primeiras a parar de imitar o estilo dos comerciais norte-americanos e a usar convincentemente personagens australianos nos comerciais de TV. Um artigo descreve Singleton como um "bucaneiro de slogans e imagens", sugerindo também que sua imagem pitoresca é só metade da história: "[Seu] sucesso reflete muito trabalho, pesquisa de mercado e bom aconselhamento profissional" ('Ocker, yes, but Singo doesn't fit the mould", *Canberra Times*, 8 de agosto de 2002).

Depois de deixar a rede DDB, Singleton montou sua agência epônima nos anos 80. Ela cresceu e acabou se transformando no gigante STW Group, que tem mais de 50 prestadoras de serviços de marketing, incluindo a Singleton Ogilvy & Mather e uma parte das empresas australianas da J. Walter Thompson.

Mas embora seja o publicitário que todos os australianos conhecem, Singleton não pode dizer que foi o pioneiro da propaganda no país. Esse título cabe a George Herbert Patterson.

Patterson morreu em 1968, mas seu legado sobrevive na George Patterson Y&R. Ele já tinha 44 anos e trabalhava com propaganda há mais de 20 quando abriu a agência que leva seu nome, em 1934. Nasceu em Melbourne no dia 24 de agosto de 1890, o quarto filho — e o único homem — de um comediante e de uma atriz (*Australian Dictionary of Biography — Online Edition*). Em 1905, quando sua mãe morreu, as crianças foram viver com parentes e George logo arrumou um emprego para sustentar as irmãs. Começou a trabalhar como office boy para os comerciantes de máquinas Thomas McPherson & Sons, mas sua aptidão teatral para vender o levou em direção ao marketing e, em 1908, já era gerente de marketing da firma.

Patterson levou uma vida meio picaresca e, em 1912, partiu para a Grã-Bretanha e Estados Unidos, onde trabalhou por algum tempo em Nova York. Voltou para a Austrália no começo da Primeira Guerra Mundial. Quis se alistar no exército mas foi inicialmente rejeitado por motivos médicos.

Acabou entrando para a Força Imperial Australiana e serviu no Egito e no front ocidental.

Em 1920, Patterson juntou forças com Norman Catts para montar uma agência em Sydney, chamada Catts-Patterson Co. Ltd. Seus clientes incluíam Palmolive, Ford, Dunlop, Pepsodent e Gillette. Mas os dois homens se desentenderam e Patterson se demitiu. Em 1934, comprou uma agência quase falida e a transformou na George Patterson Ltd. Embora tivesse prometido não levar nenhuma conta da agência anterior, a Colgate-Palmolive e a Gillette fizeram questão de continuar com ele. Além disso, fugindo totalmente à regra, Patterson foi premiado com um lugar no conselho de seus clientes mais leais — incluindo Colgate-Palmolive e Gillette — garantindo na prática essas contas para a sua agência. Na tentativa de superar a falta de papel para impressão durante a Segunda Guerra Mundial, a agência de Patterson se tornou a primeira na Austrália a criar um departamento de produção de rádio. Foi também a primeira a construir uma rede nacional de escritórios e a primeira a montar um departamento de pesquisa. Durante décadas, foi a primeira agência australiana em faturamento.

Em 2005, quando a "Patts" — como a agência é chamada — se tornou parte do império WPP, a imprensa australiana lamentou o fim de uma era. "Praticamente todas as marcas importantes foram em algum momento atendidas pela Patts", observa um artigo em *The Australian* ("Industry benchmark bites the dust", 25 de agosto de 2005). "Era tal o poder da Patts que ela podia descartar clientes quando surgia um negócio maior e mais suculento." Mas o artigo acrescenta com admiração que quando a Patts ganhava uma conta, o cliente raramente saía sem a permissão da agência.

Nos anos 60, a agência tinha se tornado parte da rede Ted Bates, que acabou não sendo uma boa escolha de parceiro internacional. Globalmente, a Bates era mais fraca do que muitas concorrentes e Patts continuou dependendo de negócios locais. Mas continuou sendo a agência número um da Austrália até 2002, quando foi derrubada da posição mais alta pela rival Clemenger. (Fundada pelo tenista Jack Clemenger em 1946, esse poderoso grupo de serviços de marketing é mais conhecido no mundo da propaganda como o posto avançado na Austrália da rede BBDO.) Só que a Bates acabou sendo engolida pelo grupo WPP — e a Patts com ela.

Mas as marcas admiradas são tão resistentes na Austrália como em qualquer outro lugar. Pouco tempo depois, George Patterson Y&R voltou à superfície, promovendo-se como "A mais nova (e mais velha) agência da Austrália".

17

Estrelas cadentes

*"Trabalhamos para os diretores
e eles trabalham para nós"*

Em Paris, até as atividades mais glamorosas não fogem à regra: um labirinto de escritórios na cobertura de um prédio de apartamentos elegantemente caindo aos pedaços, onde se chega por uma escada curva e estreita, ou por um elevador barulhento com grade de ferro. A Partizan, uma respeitada produtora de filmes e comerciais, não é diferente.

Estou aqui porque sou fã de Michel Gondry, o alucinantemente talentoso diretor de filmes que aperfeiçoou sua técnica em comerciais e vídeos musicais produzidos pela Partizan. O website da empresa o chama de "o diretor cujo trabalho faz outros diretores chorarem" e observa que ele entrou para o *Guinness, o Livro dos Recordes* como o diretor do comercial que mais prêmios ganhou na história: "Drugstore", feito para a Levi's em 1995 (da última vez que verifiquei, estava disponível em www.partizan.com).

Mas hoje não vou me encontrar com ele. Meu encontro é com o homem que põe na tela o trabalho de pessoas como Gondry: Georges Bermann, o produtor executivo da Partizan. Quero lhe perguntar sobre a delicada relação entre agências de propaganda e produtoras — mais exatamente, entre diretores de criação e diretores de filmes.

Do ponto de vista das relações públicas, dirigir comerciais é o oposto de dirigir filmes. Todo mundo sabe quem dirige os filmes — poucos sabem quem dirige os comerciais. Nas revistas de propaganda, o cliente, a agência e seu diretor de criação aparecem como estrelas quando um novo comercial é lançado. O diretor e a produtora são mencionados lá no canto da página

— quando são. Quanto ao público, a menos que a curiosidade leve a uma busca na internet, é pouco provável que fique sabendo o nome das pessoas que dirigem os extravagantes argumentos de venda que vê na televisão todas as noites.

Isso é uma pena, já que alguns dos mais talentosos diretores de todos os tempos trabalharam em propaganda.

Vamos dar nome aos bois. Quase no topo da minha lista pessoal está Tony Kaye, cuja arte sem regras para clientes como Volvo, Guinness e Sears, entre outros, torna o intervalo dos comerciais um momento mais emocionante desde os anos 80. Figura direta e controversa, ele continua a intrigar os rivais, os telespectadores e a mídia. Se for para ver só um comercial no website de sua produtora (www.supplyanddemand.tv), veja "Twister", comercial da Volvo feito para a AMV.BBDO em 1995, em que um meteorologista entra com o carro no caminho de um tornado — embora essa descrição seca não faça justiça ao comercial. Mas aposto que depois deste, você verá todos os outros comerciais de Kaye. Em 2002, o Clio Festival o presenteou com um Lifetime Achievement Award, um prêmio pelo conjunto da obra, por sua contribuição para a propaganda.

E depois há Frank Budgen, cofundador da produtora londrina Gorgeous Enterprises (suas recepcionistas chilreiam "Hello, Gorgeous" {Alô, Lindo} quando você telefona para lá) e diretor de muitos arrasa-quarteirões da propaganda: lembra do comercial do Sony PlayStation em que uma multidão de pessoas sobe umas nas outras para formar uma montanha humana gigante?

Quem já viu *Sexy Beast*, filme britânico de gangsters de 2000, não precisa ser apresentado a Jonathan Glazer, outro admirado diretor de comerciais. Ele filmou o comercial "Surfer", para a Guinness, que foi ao ar em 1999: uma obra de arte em preto e branco, em que o poder das ondas que estouram é simbolizado por uma investida de cavalos brancos.

Impossível falar sobre diretores sem mencionar Joe Pytka, o prolífico cineasta norte-americano que faz comerciais há mais de 30 anos para marcas icônicas como IBM, McDonald's e Pepsi. Segundo a Associação de Diretores dos Estados Unidos, Pytka dirigiu mais de 5.000 comerciais. Tendo feito muitos filmes documentários nos anos 60 e 70, ele trouxe uma realidade bravia aos comerciais.

Com mais de um metro e oitenta de altura e uma juba de cabelo branco, Pytka é famoso por dizer as coisas como elas são. Foi notado pela primeira vez quando, para custear seus documentários, fez alguns comerciais para a cerveja Iron City em tavernas reais, com fregueses de verdade. Falando de seu *début* para a revista DGA, ele disse: "Tinha feito documentários que tinham muita emoção, mas que eu precisava manipular para passar a ideia. Queria chegar a esse ponto em meu trabalho comercial, trabalhando com pessoas reais em situações reais. Na época, ninguém fazia isso. Os comerciais eram muito teatrais... Durante uns dois ou três anos, fiz comerciais em Pittsburgh para uma cervejaria local. Para filmar, íamos para algum lugar com pessoas de verdade — e eles tiveram muito sucesso" ("Joe Pytka, King of the Commercial World", *DGA Monthly*, setembro de 2002).

A respeito da questão do não convencionalismo, gostaria de falar um pouco do Traktor, o grupo sueco que trouxe um inesperado tom surrealista para a propaganda com seus filmes dos Jukka Brothers para a MTV — cujo conteúdo só pode ser resumido assim: "caipiras escandinavos bem bobões descobrem a music television" — seguidos por um trabalho igualmente surreal para clientes como Nike, Levi's e Miller Lite. Castores maldosos, galinhas loucas, cachorros selvagens e uma dança muito ruim: ache tudo isso em www.traktor.com.

Outros, como Spike Jonze e David Fincher, são cineastas cult que — sem o conhecimento do público e até de alguns fãs de seus filmes — tiveram um impacto indelével sobre a indústria da propaganda.

Tudo isso nos leva de volta a Michel Gondry, à Partizan — e a Georges Bermann, *ici présent*.

FROM POP TO SODA: DISTO PARA AQUILO

"Não comecei querendo fazer comerciais", diz Bermann, enquanto tomamos café em seu escritório espartano. Na parede, um cartaz do filme *The Science of Sleep*, de Michel Gondry, que a Partizan produziu. "A companhia foi fundada em 1986, durante a *grande époque* da video music. Era o que eu queria fazer e foi assim que ficamos conhecidos. Mesmo hoje, se alguém lhe pergunta o que você faz e você responde 'Produzo filmes de propaganda', a pessoa vai lhe pedir para explicar. Esse é um *métier* que a maioria desconhece."

O sucesso da Partizan como produtora de vídeos de rock fez com que fosse notada pela comunidade da propaganda. Controversialmente, Bermann sugere que a propaganda é sempre um degrau para outras profissões criativas. "Poucas vezes a propaganda inventou alguma coisa. Artisticamente, ela recicla. Isso é uma coisa que notei com os vídeos: fazemos alguma coisa e a ideia acaba indo parar num anúncio uns três anos depois." Ele observa que isso é lógico, já que a propaganda televisiva é comunicação de massa. "Uma nova forma precisa penetrar na consciência do público antes de ser efetivamente usada num anúncio."

A Partizan fez seus primeiros comerciais no Reino Unido em meados dos anos 90, pondo seu elenco de pioneiros do vídeo à disposição das marcas. Isso se revelou uma decisão inteligente, já que a grande era do vídeo tinha passado, em grande parte graças à internet. Hoje, a Partizan faz mais propaganda do que vídeos, embora os últimos continuem sendo um elemento importante do seu repertório.

A Partizan, como outras grandes produtoras, trabalha com um quadro de diretores contratualmente ligados a ela. A produtora atua como agente e manager para seus diretores, promovendo-os junto às agências de propaganda e designando-os para projetos compatíveis com cada um. "É um compromisso recíproco: trabalhamos para os diretores e eles trabalham para nós", explica Bermann. "Não se trata apenas de apresentá-los para as agências de propaganda. Cuidamos da carreira deles. Damos a eles a oportunidade de trabalhar na França, na Grã-Bretanha e nos Estados Unidos, em comerciais, vídeos e filmes de longa-metragem. A diferença entre nós e uma agência de talentos convencional é que nos arriscamos — como produtora de filmes, temos que mostrar resultado."

A Partizan tem um quadro fixo de cerca de 50 diretores e escritórios em Paris, Londres, Nova York e Los Angeles. "Michel Gondry é provavelmente o mais conhecido do grande público porque fez filmes de longa-metragem", diz Bermann. E acrescenta com um sorriso: "Mas não se preocupe: no círculo profissional mais restrito, sabe-se que temos acesso a outros gênios também".

Ele discorda, no entanto, da minha teoria de que a propaganda é um solo fértil para o talento. Ele a considera uma arte aplicada. "Ocasionalmente, dá aos diretores a oportunidade de experimentar coisas novas. Mas, em geral, permite que ganhem seu sustento enquanto esperam por uma oportunidade de fazer um filme de longa-metragem. Em termos de inovação, acho que os music videos ainda têm a dianteira."

Ele admite que figuras como Alan Parker e Ridley Scott saíram da indústria da propaganda — mas o passado é outro país. "Isso foi antes da era do music video. E foi na Inglaterra, onde a indústria do cinema era muito pequena. Se você fosse diretor ali, fazer comerciais era uma forma de ir para trás da câmera. Não acho que os diretores do futuro virão puramente da propaganda, embora esta seja capaz de produzir imagens arrebatadoras."

Seja como for, até onde vai a liberdade de um diretor na feitura de um comercial? Em Amsterdã, na 180, o diretor de criação Richard Bullock revelou que o controle da agência é quase total. Por exemplo, usando material de outros filmes, uma agência pode fazer uma espécie de "rascunho" do comercial e dá-lo ao diretor como modelo. Nem todos os diretores são iguais — eu ficaria muito nervoso dizendo a um Joe Pytka ou a um Tony Kaye para deixar seus impulsos criativos em casa — mas a impressão é que a agência de criação tem o chicote na mão.

A produtora não é incentivada a interferir. "Na prática, temos pouco poder. Nosso papel é, por um lado, escolher o diretor e, por outro, atender às exigências da agência. O que exige conhecimento é sugerir o diretor certo para o projeto. Depois, uma vez que a agência esteja convencida de que tem a pessoa certa para interpretar o roteiro, nosso papel é marginal. Viabilizamos o projeto do ponto de vista técnico, mas mantemos uma distância profissional. Na verdade, seria considerado muito inoportuno se começássemos a dar a nossa opinião. Ele ri. "Mas é claro que quando alguma coisa dá errado, é sempre culpa da produtora."

E — é claro — dominando a cena está o cliente. Numa entrevista para a revista *Boards*, Frank Budgen expressou frustração diante do abismo entre diretor e cliente. "Gostaria que a participação do cliente fosse mais direta. Do jeito que é, semanas de pré-produção podem ir para o ralo caso o cliente não goste de alguma coisa... Os clientes nos veem como pistoleiros de aluguel, mas a verdade é que cumprimos exigências. Gostaria de ter a chance de dizer ao cliente: 'É assim que eu trabalho e é isso que quero desse projeto'" ("The year of Frank", 2 de dezembro de 2002). No entanto, Budgen admite que o trabalho, embora seja muitas vezes frustrante e exaustivo, pode também ser imensamente gratificante.

E como é que um novato entra nessa profissão? Encorajador, Georges Bermann diz que não há regra a respeito de onde vem um diretor. Pode vir das melhores escolas de cinema do mundo ou pode ter aprendido fazendo filmes super 8 (ou mais provavelmente digitais) experimentais no quintal de casa. O ex-estudante de design Michel Gondry, por exemplo, começou fazendo vídeos animados para uma banda de rock em que ele era o baterista. Um dos vídeos foi descoberto na MTV por Björk.

Bermann admite que jovens diretores podem ganhar visibilidade fazendo comerciais de TV, mas isso depende da agência. Fala com desalento da falta de disposição das agências para se arriscar. "Nos Estados Unidos, esse é praticamente um ambiente com risco zero", diz ele. "Eles admitem que não estão fazendo comerciais para explorar possibilidades, mas para vender produtos. É por isso que uma grande porcentagem da propaganda deles é baseada no humor, o que é altamente eficaz. Só que, por outro lado, não dá muito espaço para manobra. O Reino Unido é um mercado mais audacioso. As agências gostam de usar diretores jovens porque eles lhes trazem as últimas tendências. As agências britânicas têm mais interesse na cultura em geral e sua propaganda reflete isso."

Segundo ele, quem pretende fazer grandes anúncios deve aceitar a influência da arte, da literatura, do teatro, da dança — mas não do trabalho de outros diretores. "A propaganda mais criativa é inspirada por tudo que não seja propaganda. Agora, se é preciso criatividade quando o objetivo principal é vender coisas, já é outra discussão."

18

Controvérsia em Cannes

"Não se trata só de diversão ao sol"

As noites em Cannes sempre terminam na sarjeta. Ou seja, no Gutter Bar {Bar da Sarjeta}, uma biboca que fica em frente ao agradavelmente pomposo Martinez Hotel. A rotina é a seguinte: você se esbalda no Martinez até que um garçom o ponha para fora e então atravessa afetadamente a rua e entra no Gutter. O verdadeiro nome do bar é 72 Croisette, mas ninguém o chama assim. Seu apelido anglo-saxão é mais descritivo do que metafórico: até altas horas da manhã, eles servem bebidas por um balcão lateral, de modo que você engole seu veneno ao ar livre, de pé na calçada. Para um jornalista cobrindo o festival, o lugar é chave: ficando por ali algum tempo, você vai com certeza trombar com uma celebridade da indústria da propaganda ou ouvir uma fofoca útil sobre uma delas.

Assim como no festival de cinema — um evento menos glamoroso e mais restrito —, na reunião anual da indústria da propaganda em Cannes, acontecem oficialmente premiações, seminários e uma mostra dos melhores filmes do mundo. Mas alguns diriam que, na verdade, as pessoas vão lá para fazer contatos, paquerar, beber champanhe aos baldes, tomar drogas recreativas e dormir na praia. E é bom socializar com o pessoal de propaganda porque fazem tudo isso muito bem.

O Festival Internacional de Publicidade de Cannes ocorre em meados de junho e é adequadamente chamado de Leões de Cannes: o significado de "leões" ficará claro logo a seguir. Atrai mais de 9.000 delegados e 11.000 visitantes por ano. Estima-se que participem da competição cerca de 25.000 peças de propaganda: filmes, anúncios impressos, outdoors, rádio, anúncios interativos, marketing direto e assim vai. Cada disciplina tem um grupo de jurados internacionais. O ponto focal da ocasião é o Palais des Festivals, um prédio enorme à beira-mar que parece um monte de cubos de gelo semissubmersos no concreto. Lá, você pega suas credenciais, folheia revistas, toma café, verifica os stands dos expositores e assiste a seminários em salas escuras. Se está mesmo a fim de trabalhar, você pode assistir seleções de comerciais em salas escuras ali por perto.

Alternativamente, pode passar o tempo papeando com os colegas de propaganda durante o café da manhã, o almoço, o chá, os drinks de fim de tarde e o jantar. Depois do jantar, tem sempre a festa de uma agência ou três festas para ir nos badalados bares à beira-mar ao longo da La Croisette. Seguidas de mais drinques no Martinez, seguidos de mais drinques no Gutter Bar — seguidos pelo esquecimento.

Há várias cerimônias de entrega de prêmios durante a semana, mas a mais quente é a festa de premiação dos filmes na última noite. Os comerciais vencedores ganham Leões de Ouro, Prata e Bronze. O melhor dos Leões de Ouro ganha o Grande Prêmio. Como já se tornou uma tradição, quando o público discorda das decisões de algum dos júris, todo mundo assobia em protesto durante a exibição do comercial vencedor. Isso serve pra provar que há gente muito jovem em propaganda: e que alguns estão longe de ser bem-educados. Quando a cerimônia acaba, há uma festa de encerramento na praia.

Cannes não é a única cerimônia de premiação no calendário da propaganda — longe disso. Há outras, como D&AD Awards, IPA (Institute of Practitioners in Advertising Awards, Clio Awards, Cresta Awards, Eurobest, Epica Awards, The London International Advertising Awards, New York Festivals e The One Show. Há também muitos eventos locais e regionais. Depois disso tudo, uma influente publicação chamada *The Gunn Report* (compilada por Donald Gunn, antigo chefe de criação da Leo Burnett) relaciona todos os maiores prêmios que as principais agências ganharam durante o ano e fornece um ranking. As agências de propaganda adoram receber prêmios porque esses pedaços brilhantes de metal e vidro são a prova tangível de seu bem mais efêmero — a criatividade.

Há algo de especial em Cannes. É tudo grande, brilhante e um pouco exagerado. E o festival pode se dar a esse luxo — embora os organizadores se recusem a fornecer um número oficial, dizem que o lucro é de 10 milhões de euros por ano, sobre um movimento de 20 milhões de euros. Isso é de se esperar, com taxa de inscrição de 580 euros por cada peça e taxa de 2.000 euros por cada delegado. Atualmente, o evento é administrado pela EMAP, uma editora e organizadora de eventos britânica, que o comprou em 2004 por supostos 52 milhões de euros.

Mas, para descobrir a história dos Leões de Cannes, temos que visitar um elegante apartamento cheio de obras de arte no 16º *arrondissement* de Paris e tomar chá com o homem que transformou o festival.

O HOMEM POR TRÁS DE CANNES

Roger Hatchuel foi o representante de Cannes por quase 20 anos. A EMAP comprou o evento de uma companhia off-shore, mas foi o nome de Hatchuel que apareceu nas manchetes quando o negócio foi anunciado. Segundo ele, o festival de uma semana era no começo um evento tranquilo, administrado por um círculo restrito de distribuidores de filmes de propaganda. E, a cada dois anos, acontecia em Veneza.

"A história começou em 1953", explica Hatchuel. Elegante e gentil, ele deixa entrever uma determinação de aço, que sem dúvida lhe foi útil. "Nessa época, o único meio audiovisual disponível para anunciantes fora dos Estados Unidos era o cinema — a TV comercial ainda não existia na Europa. No entanto, o investimento em propaganda para o cinema era muito baixo e por isso havia esse pequeno grupo de distribuidores independentes que se conheciam entre si. Eles se juntaram para formar uma associação."

Para se promover, os distribuidores decidiram fazer um festival anual para o qual convidariam clientes em potencial. E como eram ligados à indústria cinematográfica, decidiram fazer o evento nas duas cidades europeias associadas a festivais de cinema: Cannes e Veneza. A ligação com Veneza explica a adoção do leão para dar nome e forma ao prêmio. (Um leão alado é o símbolo do santo patrono da cidade, São Marcos.) O primeiro ganhador parece ter sido um comercial italiano para a pasta de dente Chlorodont.

Essa associação, chamada Screen Advertising World Association, era sediada em Londres, devido em grande parte à importância da distribuidora Pearl & Dean. Hatchuel, que tinha sido diretor de propaganda na Procter & Gamble na França, entrou em contato com ela quando foi contratado para dirigir a distribuidora francesa de propaganda para o cinema, a Mediavision. Com relutância, deixou que seu patrão — Jean Mineur, cofundador da Mediavision — o convencesse a se tornar chairman da associação. "Achei que seria terrível para a minha imagem pessoal porque, pelo que sabia, a associação era dirigida de maneira muito pouco profissional por um bando de velhos. Mas respeitava Monsieur Mineur e aceitei. Isso foi em 1985.

Um ano depois, disse a eles: 'Olha, não vou continuar envolvido nesse festival dirigido amadoristicamente como organização sem fins lucrativos. Precisamos de investimento, marketing e força de trabalho para transformá-lo num negócio de verdade.' Lembre-se que, até o começo dos anos 80, eles se recusavam a aceitar a inscrição de comerciais que só tivessem passado na televisão porque se viam como uma organização de propaganda para cinema." A essas alturas, o festival não acontecia mais em Veneza por causa das frequentes greves nos transportes e falta de acomodação viável para os delegados. A partir de 1987, Hatchuel apostou financeiramente no festival e começou a desenvolver suas atividades. "Queria transformá-lo nas Olimpíadas da propaganda no que dizia respeito aos prêmios, em Davos no que dizia respeito aos seminários e à rede de contatos, e em Harvard no que dizia respeito às oportunidades para aprender."

O progresso foi lento: Cannes só passou a aceitar a inscrição de anúncios impressos em 1992. (As categorias internet, estratégia de mídia, marketing direto e rádio foram acrescentadas ao longo dos anos.) Hatchuel tentou afastar da imagem do festival a ideia de sol, mar e sexo, aproximando-a de alguma coisa mais séria. Em 1991, criou o slogan "Menos praia, mais trabalho", que depois se transformou em "Sem praia, só trabalho". "A estratégia não foi 100 por cento bem-sucedida", diz ele piscando o olho, "mas consegui convencer as pessoas de que o festival tem um valor genuíno — que não se trata só de diversão ao sol."

Para Hatchuel, pelo menos, o festival foi sempre uma fonte de estresse. Houve acusações de táticas de votação escusas e de anúncios "fantasmas" — que teriam sido criados só para o festival sem nunca terem sido veiculados — e o embate de egos entre os criativos hipersensíveis do júri era por vezes espetacular. Suas decisões eram no mínimo discutíveis. Hatchuel ainda estremece com a lembrança de 1995, quando um júri presidido pelo combativo Frank Lowe considerou que nenhum trabalho merecia o Grande Prêmio, para o ruidoso descontentamento do público da noite da premiação.

Em 2004, quando ficou claro que seu filho Romain não queria assumir a administração do festival, Hatchuel decidiu que era hora de se aposentar, aos 71 anos. Foi então a vez da EMAP. Os delegados que voltaram ao festival sob a nova administração perceberam pouca diferença — um pouco mais de seminários, talvez, nomes um pouco mais poderosos no salão de palestras, um ar enérgico de profissionalismo. Mas o Gutter Bar continuou imutável.

CALCULANDO O CUSTO

As agências gastam milhares de dólares inscrevendo trabalhos em Cannes e indo até lá para acompanhar o resultado. Um artigo na *Creative Review* relata que uma agência gastou 500.000 dólares para participar da premiação ("What's Cannes worth?", 1 de julho de 2003). Ocasionalmente, o pessoal de agência sugere que o Effie Awards — um evento rival que julga as campanhas pela eficácia nas vendas e não pela criatividade — é mais relevante para a indústria da propaganda. Mas apesar desses resmungos ocasionais, a maioria dos pesos-pesados da propaganda defende os prêmios criativos.

"Idealmente, você quer ser o melhor na premiação por criatividade e o melhor da premiação por eficácia", diz Sir Martin Sorrell, chefe da WPP. "Mas certamente não acho que as duas coisas sejam mutuamente exclusivas."

Phil Dusenberry, a lenda criativa da BBDO que difundiu o mantra "o trabalho, o trabalho, o trabalho" durante sua carreira na agência, concorda. Diz ele: "Os prêmios criativos são o seu boletim — permitem que você saiba como está o seu trabalho. Mas você não pode deixar que eles se transformem na sua meta. A melhor recompensa é fazer soar a caixa registradora".

Mas, hoje em dia, clientes grandes como Procter & Gamble também vão a Cannes. "As premiações são uma parte importante da cultura da indústria da propaganda", disse uma porta-voz da P&G para a *Advertising Age*. "Temos prazer em ver nossos parceiros da agência reconhecidos pelo seu trabalho em foros da indústria da propaganda." Marlena Peleo-Lazar, vice-presidente e executiva-chefe de criação da McDonald's nos Estados Unidos, acrescentou: "Entre as exibições e almoços que as pessoas acham que acontecem em Cannes, há um diálogo constante sobre trabalho... Isso realmente o faz lembrar do brilho que acontece nesta indústria" ("Are advertising creative awards really worth the cost?", 15 de junho de 2006).

Erik Vervroegen, o multipremiado diretor de criação da TBWA\Paris — Agência do ano em Cannes por vários anos seguidos — acredita que a atitude com relação ao festival está mudando. "Num mundo em que milhões de peças de comunicação gritam por atenção, os clientes percebem que a criatividade é a única coisa que faz a diferença. Quando você considera a quantidade de trabalhos que os juízes têm que analisar, percebe que eles estão numa posição ainda mais extrema do que o público porque são obrigados a decidir com base no que veem. Qualquer peça de trabalho criativo que se destaca da pilha é obviamente eficaz."

Ele acrescenta que uma agência que ganha prêmios não tem dificuldades para atrair jovens talentos criativos. "Se você não está ganhando, é considerado insípido."

Kevin Roberts, chefe mundial da Saatchi & Saatchi concorda. "Os que reclamam de Cannes são os que nunca ganham", diz ele. "Em geral, as pessoas criativas precisam ser apreciadas e reconhecidas. Na minha visão, os prêmios não têm nada a ver com clientes ou novos negócios — eles servem para inspirar o talento criativo. Na Saatchi, valemos pelo talento criativo. Então, quando a Saatchi ganha um monte de prêmios, adivinhe o que acontece. Nosso pessoal criativo quer continuar na agência e outros criativos querem se juntar a nós. Estamos no negócio das ideias, ideias de gente criativa, e gente criativa precisa ser motivada pelo reconhecimento. Simples."

Cilla Snowball, a chefe da premiada agência londrina AMV.BBDO, diz: "Para nós, é importante sentir que estamos nos superando em termos criativos. Mas como se mede a criatividade? Cannes é uma das maneiras de fazer isso... Os prêmios são uma medida, um farol, um estímulo, eles dão às pessoas uma sensação de realização e todo mundo quer ganhar um".

E não há dúvidas de que Cannes é incrivelmente influente. A reputação criativa não apenas de uma agência, mas de um país, pode ser impulsionada por uma boa participação em Cannes. Foi o que aconteceu em meados dos anos 90, quando a agência Paradiset DDB de Estocolmo ganhou uma fieira de prêmios por seus anúncios pouco comuns para a marca de jeans Diesel, culminado na indicação de seu cliente para Anunciante do Ano em 1998. Parecia que a Suécia era o novo canteiro da criatividade. Desde então, a luz dos refletores se moveu — mas os suecos ainda fazem uma propaganda muito inteligente. A Espanha, o Brasil e a Tailândia também se beneficiaram desse efeito halo num momento ou no outro.

Então, como se ganha um prêmio em Cannes? Uma das críticas feitas ao festival é que não é provável que referências culturais específicas sejam compreendidas pelos jurados internacionais: o que é uma piada incrível no seu mercado doméstico pode deixar o resto do mundo no ar. Jogo de palavras em qualquer outra língua além do inglês não dá certo. Você precisa de uma grande ideia visual que agrade as multidões e que expresse o que o pessoal de propaganda chama invariavelmente de "verdade universal".

Richard Bullock da agência 180 adverte: "Cannes é uma boa ocasião para ver trabalhos novos e para comparar seus trabalhos com os dos outros, mas não tem um atalho para ganhar. Em termos do dia a dia, você se concentra em resolver o problema que lhe foi dado. Se o objetivo for ganhar um prêmio, é mais provável que não ganhe".

19

Novas fronteiras

"O futuro está sendo inventado em Beijing ou Xangai"

Já houve terras prometidas. No começo dos anos 90, depois da queda do Muro de Berlim, as agências de propaganda se espalharam pela Europa Central e Oriental, atendendo ao comando de seus impacientes senhores. General Electric, Colgate, Procter & Gamble, Unilever e R.J. Reynolds estavam entre os clientes dispostos a explorar esse território virgem. A morte do socialismo trouxe para o mundo milhões de consumidores em potencial — quase 40 milhões só na Polônia — alguns dos quais clamavam há anos por acesso aos produtos ocidentais. A Philip Morris e a Gillette sondavam a região há mais de uma década. A McDonald's abriu sua primeira filial na Hungria em 1989 — assim como a Ikea. A *Playboy* estava igualmente interessada na Hungria e negociou rapidamente uma edição em língua local. Cigarro, sabonete, pasta de dente cara, móveis baratos e sexo em papel brilhante: bem-vindo ao mundo livre.

Mas não foi tão fácil. Em 1991, a comida ainda estava sendo racionada em Moscou. Os executivos de propaganda do Ocidente se viram às voltas com sistemas de telefonia antediluvianos e corrupção sofisticada. A Gillette deu duro na tradução para o checo do slogan "O melhor para o homem". As agências descobriram que o público oriental não reagia bem a um dos recursos básicos da propaganda: figuras de autoridade como dentistas ou cientistas explicando os benefícios do flúor ou do sabão em pó biológico. Era preciso uma propaganda sob medida, mas os clientes ocidentais não se dispunham a destinar grandes verbas para mercados onde era improvável que vissem grandes lucros. O conceito de trabalho de marca era desconhecido e as companhias locais tendiam a pensar em termos de anúncios isolados em vez de estratégias a longo prazo.

"Houve excesso de entusiasmo das agências a respeito da Europa Oriental", admitiu um executivo da Young & Rubicam para a revista *Marketing*. "Quem pretende entrar na União Soviética... precisa de muita paciência e precisa estar com o bolso preparado... Os russos tendem a pensar que um produto precisa de propaganda quando é abaixo do padrão ou quando a oferta é muito grande" ("Ignorance blunts ad firms' forays in East", 12 de julho de 1990).

Anos depois, as agências ainda lutavam para acertar. O *Wall Street Journal* noticiou que as "gafes culturais" eram comuns e que os comerciais ocidentais adaptados mostravam "cenas e produtos irrelevantes para o cotidiano dos consumidores da Europa Central". Pior ainda, havia uma reação dos consumidores contra produtos ocidentais mais caros e nostalgia por marcas locais falecidas ("Ad agencies are stumbling in East Europe", 10 de março de 1996).

Um dos mercados mais promissores era a República Checa. A antiga cidade de Praga, preservada no tempo, atraía tantos turistas que um artigo da *Adweek* a descreveu como "o máximo em parque temático... um verdadeiro Reino Mágico". Acrescentava: "E aqueles milhões em moedas ocidentais jorrando para dentro do país também não fazem nenhum mal". Parecia que finalmente as caixas registradoras começavam a soar. O publicitário local Jiri Kartena comentou: "Na época da revolução, passamos pelos anos 70. Agora, começaram os 80. Todo mundo quer entrar no mundo dos negócios. Todo mundo quer ganhar dinheiro. Tudo é rápido, rápido, rápido" ("Let the 80's begin", 23 de março de 1994).

Classificada por mais de uma década como "mercado emergente", pelo menos metade da Europa Central e Oriental já avançou e emergiu, embora o gasto com propaganda seja um quarto do que é no Ocidente. A República Checa e a Hungria são consideradas mercados europeus de tamanho médio. A Rússia, dizem, está passando por um verdadeiro boom. "Há mais Rolls-Royces nas ruas de Moscou do que em Londres", diz Perry Valkenburg, presidente europeu da TBWA, que montou a rede da agência na Europa Oriental. As agências estão de olho em mercados menores como a Romênia, que ainda se encaixa na categoria "emergente". Mas, mesmo na Polônia, os salários continuam baixos, o desemprego alto e as agências continuam na luta. Apesar do tamanho da população, que a fez parecer tão promissora, a região tem ainda que alcançar seu potencial.

CRIATIVIDADE ASIÁTICA

Devido às diferenças culturais e ao tumulto econômico dos anos 90, a situação das redes de propaganda ocidentais não era melhor na Ásia. Mas, desde 2000, sua atitude com relação à região passou do fogo lento a entusiasmo borbulhante. É a China que as empolga mais, mas espera-se que o país arraste consigo mercados menores como o Vietnã e a Indonésia. O Vietnã tem uma economia em crescimento e bandos de jovens consumidores famintos de marcas na Cidade de Ho Chi Min e em Hanói. Mercados maduros como o Japão e a Coreia do Sul estão se recuperando de dificuldades econômicas. A Índia é a maior democracia do mundo, com uma classe média crescente, incentivada pela expertise tecnológica.

As grandes agências já estão na Ásia há muitos anos. J. Walter Thompson abriu um escritório na Índia em 1920 — um fato que é provavelmente motivo de orgulho para Sir Martin Sorrell, chefe da companhia-mãe WPP e entusiasta declarado da Ásia. A McCann-Erickson abriu um escritório em Tóquio em 1960. Outras redes entraram na região nos anos 70 e 80.

Neil French, antigo "padrinho criativo" da WPP, está na Ásia há muito tempo e há quem lhe dê o crédito por ter levado a revolução criativa para o Extremo Oriente nos anos 80. French começou a carreira na cidade de Birmingham ("esplêndida como lugar de onde se sai", diz ele) antes de se mudar para Londres no final dos anos 70. Em 1983, foi para Cingapura como diretor criativo da Ogilvy & Mather. Depois de breves passagens pela Batey Advertising e pela Ball Partnership, voltou para a O&M como diretor de criação. Acabou se tornando executivo-chefe de criação do grupo WPP, mas saiu em 2005 depois de fazer observações controversas sobre mulheres na propaganda durante uma conferência, o que causou tumulto na imprensa especializada. (Ele sugeriu em termos diretos que o instinto maternal delas tende a atrapalhar a carreira.)

Relembrando sua chegada em Cingapura, French diz que o mercado era pouco sofisticado — quase uma tela em branco para alguém embebido no ambiente criativo dos anos 70 em Londres. "Não havia um estilo definido quando eu apareci. Tudo o que eu tinha a fazer era imitar os bons de Londres e bingo! Depois de um ano, percebi que se eles compravam imitações baratas, podiam comprar alguma coisa um pouquinho original, e esse foi o sinal de partida para Frenchie."

Uma das agências do currículo de French teve um impacto considerável sobre a produção de propaganda do sudeste da Ásia. A Ball Partnership foi fundada por Michael Ball em 1986 e tumultuou o cenário sem nenhum escrúpulo. "Você quer que seus anúncios se destaquem como os da Ball?", perguntava um de seus cartazes promocionais. Na época, disse Ball: "Cingapura tinha a propaganda mais feia fora da África. Era medonha, dominada por letras reversas, em que a tinta escorria invariavelmente para dentro das letras, tornando-as quase ilegíveis" ("The world's hottest shops", *Campaign*, 22 de janeiro de 1993). Trabalhando para grandes clientes de além-mar como a Mitsubishi, ou para pequenas firmas locais como a Yet Kon, a agência injetava emoção e surpresa na propaganda de Cingapura.

No entanto, anúncios temerários nem sempre são bem aceitos pelas autoridades. O governo de Cingapura proibiu cartazes que supostamente incutiam sentimentos ocidentais impróprios em seus cidadãos: imagens de jovens rebeldes foram particularmente mal recebidas. Mas isso era um subproduto natural do colonialismo cultural. As agências ocidentais na Ásia empregavam um grande número de expatriados, mas poucos eram tão talentosos quanto French. Um número menor ainda compreendia direito as culturas que estavam tentando infiltrar. Mas isso também começou a mudar com a virada do milênio. À medida que a velha guarda voltava para Londres e Nova York para ocupar cargos sêniores, jovens executivos locais eram içados para posições de comando. Em 2004, o presidente do júri em Cannes foi pela primeira vez um asiático: Piyush Pandey, chefe da Ogilvy & Mather na Índia.

Mas, em termos de criatividade, a Tailândia ainda ofusca o resto da Ásia. O país tem excelentes resultados em Cannes — e Neil French acha que sabe por que. "O que agrada aos melhores juízes também agrada às pessoas em geral: o humor e a capacidade de pôr na tela o que essas mesmas pessoas estão pensando, de modo cativante."

Enquanto isso, a China não tem mostrado indícios de uma veia criativa semelhante — pelo menos aqui no Ocidente. No entanto, há poucas dúvidas entre os líderes da indústria da propaganda que é lá que mora o futuro.

E AGORA, PARA A CHINA

No final de 2006, a agência londrina BBH anunciou que tinha aberto um novo escritório em Xangai. Não era a primeira a fazê-lo: em 1918, um ex-jornalista norte-americano pôs seu nome na porta da Carl Crow Inc, "a maior organização do Extremo Oriente dedicada exclusivamente à propaganda". Coincidentemente, o excelente livro de Paul French — *Carl Crow: A Tough Old China Hand* — saiu bem no momento em que a BBH estava abrindo as portas.

Como conta French, depois da Primeira Guerra Mundial Xangai estava em expansão, à medida que o comércio engrenava. "A Europa precisava de quase tudo que a China podia produzir — borracha, carvão, óleo de soja, algodão e seda, além de cigarros e outros produtos..." Visitantes ocidentais abastados se misturaram aos novos ricos chineses. A Bund passou a ser uma vitrine da arquitetura corporativa. Surgiram lojas de departamentos e a Nanking Road foi apelidada de "Oxford Street do Oriente". As marcas estrangeiras "foram atraídas pelas baixas tarifas de importação e pelo sonho de um mercado de consumo aparentemente ilimitado". Na verdade, Crow usou as próprias aventuras em propaganda como base para seu livro campeão de vendas, *Four Hundred Million Customers*, publicado nos anos 30.

As marcas de além-mar e os comerciantes locais precisavam anunciar e Crow estava na posição perfeita para ajudá-los. Tendo trabalhado na China por muitos anos, conseguia negociar tanto com clientes domésticos quanto com os recém-chegados da Europa e dos Estados Unidos. Segundo a descrição de French, o negócio de Crow parece conspicuamente moderno. Ele comprava espaço em jornais e revistas de toda a China e compilou o primeiro guia das publicações do país. Dedicou-se à pesquisa de mercado, estudando o comportamento dos consumidores e seus hábitos de consumo, e fornecendo informações sobre clientes concorrentes. Empregou equipes de afixadores de cartazes em 60 cidades. Quando as autoridades limitaram essa atividade, ele alugou locais oficiais para a colocação de cartazes no país inteiro — "chegou a ter 15.000 desses locais".

A Carl Crow Inc estava também na avant-garde criativa. Crow contratou alguns dos principais cartunistas e ilustradores de Xangai. O mais importante era T.K. Zia, também conhecido como Xie Zhiguang, cujas ilustrações de jovens chinesas ousadas e sedutoras contribuíram para o mito da viciosidade de Xangai. "As mensagens sexuais de Xie se tornaram explícitas e seus modelos usavam batom vermelho e *qipaos* [vestidos com gola mandarim] transparentes com fendas profundas e os olhos penetrantes que atraíam a atenção do consumidor e que eram uma marca do artista." Um anúncio para um creme Pond's no jornal *Shenbao* em março de 1920 "prenunciou na propaganda de Xangai a imagem da garota moderna, que se tornaria ubíqua ao longo dos anos 20 e 30", escreve French. Outras fontes sugerem que as imagens de propaganda criadas por Xie revolucionaram o estilo de vestir das chinesas, incentivando-as a usar saias em vez das tradicionais calças compridas.

Mas Crow não tinha só sexo para vender. Acreditando que o consumidor chinês desconfiava da propaganda, fazia questão que as ilustrações de cigarros e sabonetes fossem precisas ao máximo.

E a sua não era a única agência internacional de propaganda em Xangai. Na China, a propaganda e a mídia foram em grande parte uma criação dos ocidentais: as primeiras revistas e jornais modernos tinham sido criados por expatriados no século XIX. Em 1921, foi fundada uma agência britânica chamada Millington Ltd. A propaganda continuou a crescer até a Guerra Sino-Japonesa em 1937, quando as agências de além-mar saíram fora. As agências locais continuaram operando até os anos 60 mas, depois de se tornarem propriedade do estado, acabaram entre as baixas da Revolução Cultural (1966 a 1976).

No final da década de 1970, a política "Porta Aberta" da China atraiu de volta as agências de além-mar. A Dentsu foi a primeira a entrar no mercado, em 1979, seguida pela McCann-Erickson, que conseguiu abrir um escritório de representação graças à parceira com a Jardine Matheson, a famosa companhia de comércio de Hong Kong. Tendo sido considerada irrelevante pela Revolução Cultural, a propaganda era de novo politicamente correta. Em 1987, o então premiê Wan Li declarou: "A propaganda liga a produção e o consumo. É uma parte importante da atividade econômica da sociedade moderna. Tornou-se um elemento indispensável na promoção de prosperidade econômica" ("400 million to more than 1 billion consumers: a brief story of the foreign advertising industry in China", *International Journal of Advertising*, vol. 16, nº 4, 1997).

Esse vasto mercado estava outra vez aberto aos negócios.

Os paralelos entre a Xangai de Carl Crow e a China em expansão de hoje são incríveis. Impulsionada pela China e pela Índia, espera-se que a Ásia-Pacífico suplante a Europa Ocidental como segundo maior mercado de propaganda num futuro próximo — se é que isso já não aconteceu enquanto você lê este livro. Hoje, seu gasto com propaganda está em mais de 90 bilhões de dólares (segundo a ZenithOptimedia). A conversa sobre as economias BRIC (Brasil, Rússia, Índia e China) está sendo abafada pelo zunzum sobre a "Chíndia". Sir Martin Sorrell da WPP descobriu um diagrama econômico demonstrando que a participação da China e da Índia no PIB mundial voltará aos níveis do boom de 1825 exatamente 200 anos depois. Michael Birkin, que comanda a região da Ásia-Pacífico para a Omnicom, poderia estar citando Carl Crow quando disse à *Campaign*: "Na China... há um imenso apetite para tudo. Você tem 400 milhões de pessoas que saíram da pobreza nos últimos 20 anos" ("Asia: the view from the top", 10 de novembro de 2006).

Pergunte a Sorrell quais são os fatores-chave que afetarão a indústria da propaganda no futuro e ele dirá sem hesitação: "A internet — e a China". E sugere que seria tolice subestimar o talento criativo chinês. Com sua herança na área das artes e da manufatura de artigos de luxo, essas pessoas têm a criatividade nos genes. "O futuro provavelmente está sendo inventado em algum barracão de Beijing ou Xangai, por um bando de jovens saídos da universidade", diz Sorrell. Kevin Roberts, o chefe mundial da Saatchi & Saatchi, declara: "Nos próximos 10 anos, o mercado mais importante para a propaganda será a China. E depois, continuará sendo a China".

Chefiando os pequenos postos avançados da BBH em Xangai está Arto Hampartsoumian, que antes trabalhou na Wieden & Kennedy em Tóquio. Hampartsoumian está na Ásia há 14 anos, "sempre de olho na China". As mudanças nas regras da Organização Mundial do Comércio em novembro de 2005 permitiram às agências estrangeiras entrar no mercado sem precisar formar uma joint venture com um sócio local. A BBH vinha estudando a viabilidade de abrir uma filial lá desde o começo de 2004. Em novembro de 2006, isso finalmente se concretizou e a agência atende hoje clientes como Johnnie Walker, Bailey's, equipamentos de áudio Bose e o Conselho Mundial do Ouro.

"A coisa mais extraordinária que você sente aqui é o enorme senso de otimismo", relata Hampartsoumian. "Enquanto no Ocidente há uma ansiedade subjacente a respeito do futuro, aqui há a convicção, principalmente entre os mais jovens, de que as coisas vão melhorar e continuar melhorando. E temos que admitir: se você tivesse nascido na China no começo dos anos 80, teria testemunhado um crescimento sem precedentes em riqueza e oportunidades. Em comparação, a Índia é um mercado muito mais maduro e sua relação com as marcas ocidentais é muito mais antiga."

A questão discutível dos direitos humanos na China não é percebida como barreira para a entrada de marcas estrangeiras. Como já demonstraram no passado, eles são insensíveis à política local quando as condições econômicas são favoráveis e os meios de comunicação acessíveis. Hampartsoumian reconhece: "Aqui ainda é o Oriente Selvagem — é a última fronteira. Entendo que viver em Xangai não é viver na China. Não há dúvida de que a disparidade entre ricos e pobres continuará a ser um problema e que as implicações sociais da velocidade do crescimento são enormes. Mas esta geração é muito diferente e muito mais difícil de controlar. Para a China, acredito que não há volta."

Ele admite que, quanto às agências de além-mar, o consumidor chinês continua sendo "indefinido". A BBH firmou uma parceria com uma companhia de pesquisa local para uma atualização trimestral chamada Chinese Whispers, que oferece uma visão das atitudes e hábitos de consumo de consumidores com idade entre 18 e 35 anos, em Xangai, Beijing e Guangzhou — com uma "segunda camada" de cidades em breve. "Um fator que surgiu é a falta de lealdade com as marcas. Os consumidores estão numa fase inquieta, experimental." Ele confirma que, embora haja um alto nível de interesse por produtos ocidentais, "este é um país que pode falsificar qualquer coisa, de um relógio de luxo a um ovo de galinha".

Acrescenta que as agências que chegam são obrigadas a abandonar seus preconceitos. "Propaganda em série não funciona aqui. Não adianta lançar um trabalho internacional, que é quase sempre irrelevante. Pegue por exemplo o Johnnie Walker. No Ocidente, as imagens que cercam o uísque são de relaxamento e fruição. Mas aqui é bebida de festa, de alta energia. E depois há as nuanças regionais."

Alguns analistas acreditam que os consumidores chineses abandonarão as marcas ocidentais quando tiverem internalizado a tecnologia ou o conhecimento de design que elas trazem. Hampartsoumian não está convencido, mas diz que essa possibilidade traz consigo uma oportunidade intrigante. "Há um grande desafio que a propaganda tem que enfrentar. Ninguém ainda conseguiu pegar uma marca chinesa e torná-la global."

20

A agência do futuro

*"As marcas não podem mais se impor
a um público que não está a fim"*

A agência de propaganda do futuro não parece muito futurística. Está localizada num prédio pós-industrial em Clerkenwell, onde o acesso é por um elevador barulhento que poderia fazer um papel de apoio num thriller de Hitchcock. Seus escritórios parecem um reduto boêmio, com mobília rococó e mesinhas de centro cheias de revistas brilhantes contrastando com telas acesas e um ar de idiossincrasia determinada. Na verdade, ela se parece muito com a agência de propaganda do passado recente.

Mas é o conceito que sustenta a Naked Communications que a torna futurística. A Naked não tem um departamento de criação. Nem um departamento de mídia, planejadores ou atendimento. Ela não acredita em mídia tradicional ou em mídia alternativa. Acredita em examinar as necessidades do cliente e apresentar soluções inovadoras — o que pode ou não ter alguma coisa a ver com a propaganda convencional.

Por quase 30 anos, a paisagem da propaganda evoluiu notavelmente devagar. Qualquer um que tivesse trabalhado com Bill Bernbach no começo dos anos 50 não se sentiria deslocado numa agência do final dos anos 70. Praticamente a única inovação tecnológica digna de nota tinha sido a adoção da rádio FM pelas estações de rock. Foi só quando o cabo e o satélite surgiram nos anos 80 que mudanças tectônicas nos hábitos de consumo de mídia começaram a ocorrer. No começo dos anos 90, ficou claro que os públicos fragmentados da TV e o surgimento da internet mudariam tudo. Parecia provável que, em algum ponto do futuro próximo, os computadores e os aparelhos de TV se fundiriam. "Convergência" tornou-se a palavra da vez.

Em maio de 1994, Edwin L. Artzt, chairman e CEO da Procter & Gamble, disse à Associação Norte-Americana de Agências de Propaganda: "O negócio da propaganda está indo em direção a um grande problema... ou em direção a uma nova era de glória. Acreditem ou não, a direção... está em nossas mãos. A razão: o nosso mais importante veículo de propaganda — a televisão — está à beira de uma grande mudança... De nossa atual posição, não podemos ter certeza se a programação de TV paga por anunciantes terá futuro no mundo que está sendo criado — um mundo de video-on-demand, pay-per-view e televisão por assinatura. Nos próximos anos — os telespectadores estarão escolhendo entre centenas de programas e de filmes pay-per-view. Terão dezenas de canais de compras. Jogarão horas de video-game interativo. E em muitas dessas opções não haverá propaganda. Se isso acontecer, se a propaganda não for mais necessária para pagar a maior parte do custo do entretenimento doméstico, então os anunciantes como nós terão muita dificuldade para atingir o alcance e a frequência que precisamos para sustentar nossas marcas" ("P&G's Artzt: TV advertising is in danger", *Advertising Age*, 23 de maio de 1994).

As agências de propaganda acharam que ele provavelmente tinha razão, correram para escrever relatórios sobre o assunto e fizeram relativamente pouco. Essa não foi a primeira vez que foram avisadas. Já no começo da década de 1960, um publicitário da Costa Oeste chamado Howard Gossage tinha detectado tudo o que poderia dar errado com a propaganda. Conhecido como Sócrates de San Francisco, tinha uma lucidez incomum a respeito da própria profissão. A propaganda, considerava ele, "é desatenciosa, chata e simplesmente em excesso". Criticava a repetição, dizendo que basta um só golpe para matar um elefante. Embora não lhe faltasse cinismo com relação aos consumidores, ele pelo menos defendia o envolvimento do público na propaganda, citando um antigo provérbio: quem põe a isca numa ratoeira, tem que deixar espaço para o rato. Acreditava que um anúncio "deve ser como o fim de uma conversa interessante".

Mas é a seguinte citação que é destacada pelos fãs de Gossage pela relevância nos dias de hoje: "Pode parecer que a propaganda é como atirar em peixe num barril, mas há evidências de que os peixes não ficam quietos como antes e que estão desenvolvendo blindagem. Eles sabem que tipo de munição você tem, quando o gatilho é puxado e qual a velocidade do tiro.

Ah! E não ficam mais todos no mesmo barril" ("Rich media, online ads and Howard Gossage", Clickz.com, 8 de novembro de 2004).

A chegada do gravador de vídeo digital em 1999 deu um susto nas agências. Permitindo ao telespectador escolher o que assiste e evitar os intervalos dos comerciais, representava a morte lenta da televisão programada e, potencialmente, do comercial de 30 segundos. E havia também todas as outras distrações à disposição do público: video games, media players portáteis, sites de relacionamento, blogs, podcasts e telefones celulares que estavam se transformando em centros de entretenimento... de repente, as agências não sabiam mais para onde ir. A indústria da propaganda parecia um desses personagens de desenho animado tapando freneticamente os buracos de uma canoa, enquanto outros continuam a aparecer.

Até mesmo Kevin Roberts, CEO mundial da Saatchi & Saatchi, sugere que os consumidores estão, na média, menos confusos do que os anunciantes. "Os consumidores sabem exatamente o que querem", diz ele. "Eles querem tudo. Querem ler as notícias no jornal. Querem uma revista semanal para lhes dar um pouco de perspectiva. Querem atualizações no celular. Querem verificar as coisas na internet. Querem ouvir rádio no carro. Querem grandes filmes na TV à noite. Não estão nem um pouco confusos."

Para Roberts, isso é uma mina de ouro para as marcas. No futuro, haverá mais telas, não menos. Em casa, no trabalho, no supermercado, no celular... o mundo inteiro é uma tela. "Nossa tarefa é criar conexões emocionais com as pessoas, estejam onde estiverem", diz ele.

A Naked Communications se encaixa nesse ambiente em rápida mutação. Num território onde não há mais um chão seguro, a Naked se vê como um veículo para todos os terrenos.

Os três fundadores da agência — Will Collin, Jon Wilkins e John Harlow — se conheceram em Londres, na especialista em mídia PHD. Tinham experiência em planejamento estratégico, pesquisa e planejamento de mídia. Collin diz que, para ele, uma das coisas que impulsionou a criação da Naked foi a desilusão com o modelo existente da indústria da propaganda. "Enquanto eu estava na PHD, participamos de concorrências por várias contas grandes de mídia centralizada [planejando e comprando]. Mas logo percebi que o que esses clientes grandes queriam era pagar o menor preço possível pela mídia, com o fee da agência pressionado lá para baixo. Não dava para competir nesses termos, o que era deprimente — mas pior ainda era que, nesse contexto, nossa estratégia e nossas ideias pareciam não ter importância alguma. Na hora do vamos ver, o que o cliente realmente queria era mídia barata. Em outras palavras, você tinha que comprar um monte de espaço para conseguir um bom desconto."

Collin, Wilkins e Harlow inferiram que aquilo de que realmente gostavam — descobrir maneiras criativas de se ligar aos consumidores — não era o que os clientes em geral buscavam nas agências de mídia. "Alguns clientes pareciam altamente motivados e interessados no que dizíamos, mas tínhamos a impressão de que estávamos falando no lugar errado. A negociação fica no coração da agência de compra e planejamento de mídia."

O trio decidiu retirar o elemento do pensamento criativo e fazer dele o objeto da venda. Desenganchariam a estratégia da execução e da implementação e venderiam ideias brutas — daí o nome da agência, fundada em 2000. "Isso nos leva de volta a um velho aforismo: só respeitamos aquilo pelo que pagamos. As agências tradicionais cobram na verdade pela execução: fazer comerciais, construir websites, enviar malas diretas... elas dão a estratégia de graça."

Como mercadora de ideias, a Naked tem total liberdade quando se trata de resolver problemas de marketing, diz Collin. Segundo ele, as agências de propaganda tradicionais, com grandes equipes de criação, argumentam inevitavelmente a favor da propaganda como solução ideal para os problemas do cliente. As agências da internet são igualmente tendenciosas. "Sempre dissemos que não queremos ser donos dos meios de produção. Uma das nossas citações favoritas é: "Você não perguntaria ao peixeiro o que comer no jantar", o que acerta bem no centro do que queremos fazer.

Fugindo do termo "media neutral", a Naked prefere se definir como "agnóstica em comunicações". "Afinal, se você é um varejista, o meio de comunicação mais importante para você é a sua loja. Se você é um fabricante automotivo, ter seus carros nas ruas é provavelmente melhor para a sua marca do que a propaganda. Mas não estamos descartando a propaganda como solução em potencial. Não existimos só porque o poder da televisão está sendo erodido. Existimos porque a indústria da propaganda é construída segundo especificações da década de 50."

A proliferação de canais de mídia significa que o poder do anunciante de exigir a atenção do consumidor se dissipou. Hoje em dia, o sucesso das campanhas não depende de repetição e de presença avassaladora na mídia, mas de envolver o consumidor através do canal apropriado, no momento apropriado — e preferivelmente de modo que lhe permita interagir. "As marcas não podem mais se impor a um público que não está a fim", diz Collin.

Mas os clientes estão convencidos disso? Afinal, até certo ponto, a Naked está apenas continuando o lento desmembramento da agência de propaganda full-service. Se os clientes já estão aflitos porque as agências de mídia e de criação não falam mais umas com as outras, será que separar a estratégia é uma boa ideia? A Naked responde que está tentando reverter o processo: que pode entrar em contato com qualquer especialista para chegar à solução indicada para o cliente. É certo que nomes como Coca-Cola, Unilever e Johnson & Johnson já morderam a isca. E a Naked tem hoje escritórios na Europa, nos Estados Unidos e na Austrália.

Em 2000, quando falávamos sobre controle do consumidor, comunicações integradas e fim do abismo entre criação e mídia, os clientes olhavam para nós como se tudo aquilo estivesse levemente deslocado", diz Collin. "Agora todo mundo está usando a mesma linguagem."

Mas há bolsões de resistência. Quando a Naked fez seu début em Nova York, houve murmúrios céticos em algumas esquinas da Madison Avenue. Chuck Porter, chairman da inovadora agência Crispin Porter & Bogusky, não ficou muito surpreso. Disse ele à *Fast Company:* "A maioria dos redatores e diretores de arte ainda querem ir para Santa Monica e fazer comerciais de TV. Essa é a cultura de onde vêm e fazê-los pensar de maneira diferente é muito difícil" ("Is Madison Avenue ready to go Naked?", outubro de 2005).

Não que não haja agências futurísticas na Madison Avenue. Pegue por exemplo a Anomalia. A agência abriu em 2004 e é ocasionalmente chamada de "hotshop criativa" — mas isso é uma visão da propaganda tradicional dos serviços que ela oferece. A Anomalia vende ideias, que podem muito bem ser produtos como campanhas de propaganda. Ou pode criar o produto, a embalagem e a campanha de lançamento também. Ela cria propriedade intelectual, que depois licencia para os clientes em troca de uma porcentagem na renda. Trabalha para companhias como Coca-Cola, ESPN Mobile e a linha aérea Virgin America. Em associação com um de seus clientes, o sistema de pagamento online PayPal, introduziu uma tecnologia que permite aos consumidores pagar produtos via celular. Em 2006 lançou um braço de "marketing móvel" chamado Assembly, especialista em ajudar as marcas a entrar no novo espaço de mídia oferecido pelos celulares.

Mais ou menos na mesma época, o diretor de criação australiano Dave Droga expressou ambições semelhantes para a sua nova agência, a Droga5, que fundou como geradora de ideias. "Quero que os clientes nos deem liberdade para apresentar uma miríade de soluções de comunicação", disse

Droga à *Campaign*. "Isso pode envolver entretenimento, arquitetura, comunidades online... Eu não reinventei a roda: só quero levar essa roda off-road para todos os lados" ("Why Droga enjoys being in control of his destiny", 4 de agosto de 2006).

A campanha viral na internet, que Droga fez para o designer de moda Marc Ecko, ganhou o Cyber Grand Prix em Cannes naquele ano. Ela mostra imagens de um grafiteiro marcando o avião presidencial norte-americano Air Force One com as palavras "Still free". Tais campanhas — que podem ser difundidas via internet para alguns poucos e postas em circulação por muitos — podem representar o futuro do comercial de 30 segundos. Há anúncios que estão entre os downloads mais populares — e podem ser perfeitos como aplicativos multimídia para celulares. O desafio para as agências é que os comerciais virais bem-sucedidos são autosseletivos: se não forem muito bons como entretenimento, ninguém os passa adiante. Isso significa que as marcas serão forçadas a disfarçar o aspecto "venda" na sua propaganda. Mas saem ganhando a longo prazo porque, uma vez que estabeleçam suas credenciais como entertainers, os consumidores estarão mais receptivos a elas no futuro.

GIGANTES MUDANDO DE FORMA

As grandes redes de agências tradicionais não vão desaparecer — e estão todas às voltas com esse novo universo. É interessante observar que o novo empreendimento de Droga teve o apoio da Publicis. O grupo francês está se equipando para o futuro de todas as maneiras. Em 2006, lançou uma unidade chamada Denuo (termo latino para "de novo"). Administrada de Chicago, ela juntou um grupo de "futuristas de marketing" para analisar as possibilidades de videogames, marketing viral e todas as outras possibilidades de propaganda que se abrem para os clientes. E, no começo de 2007, a Publicis pagou 1,3 bilhão de dólares pela Digita, uma companhia de marketing online sediada em Boston, cujos clientes incluíam American Express, General Motors, Heineken, Sanofi-Aventis, Delta Airlines e Inter-Continental Hotels. O chefe do Grupo Publicis, Maurice Lévy, disse que a compra refletiu o fato de que a propaganda online logo representaria 10 por cento do gasto total.

Havas, o grupo francês rival, também tem consultado a bola de cristal. Como resultado, sua agência BETC Euro RSCG foi reorganizada de forma a pôr a mídia no centro do processo criativo. "Sempre nos recusamos a desmembrar nosso departamento de mídia", diz o diretor de criação Rémi Babinet, "mas agora nós o integramos ainda mais, de modo que os planejadores estratégicos, os planejadores de mídia, os criativos e a produção trabalhem literalmente lado a lado."

Isso significa que nenhuma mídia em particular terá precedência no começo da conversa com o cliente. A agência montou também uma pequena unidade chamada LaBo (de "laboratório") para explorar e sugerir novas ideias de mídia. Babinet diz: "Hoje, as perguntas vitais para as marcas, em termos de atingir os consumidores, são: 'Onde, quando e como?' E essas são perguntas de mídia. O conteúdo no contexto errado fica destituído de sentido. Se você escreve um magnífico poema de amor e o declama em voz alta sob a janela da pessoa errada às cinco da manhã, não terá a reação desejada".

Como muitos publicitários, Babinet está convencido, no entanto, de que o comercial de 30 segundos ainda tem muita vida pela frente. "As agências de propaganda são especialistas em filme curto. Com a multiplicação de telas, a nossa expertise tende a se tornar ainda mais relevante. A mídia móvel oferece uma oportunidade específica porque, quanto menores as telas, mais atraentes os filmes curtos se tornam."

Os comerciais convencionais, em vez de começar e terminar sua vida na televisão, gozam agora de uma existência paralela no YouTube, o incrivelmente popular website de compartilhamento grátis de vídeos, de propriedade do Google. Como tentativa, as agências têm recomendado também a propaganda gerada pelo consumidor — um termo usado para comerciais feitos por amadores entusiasmados. A ideia veio do YouTube e sites semelhantes, inundados de vídeos amadores hilários, profanos e ocasionalmente inspirados. O Super Bowl 2006 foi o primeiro a apresentar uma coleção de comerciais domésticos. Os resultados demonstraram que a técnica profissional produz uma propaganda muito mais interessante — mas, como RP, foi muito bom para as marcas.

Um dos esforços de mais destaque para reescrever as regras da indústria da propaganda foi a fusão, em junho de 2006, da Draft e da FCB, unidades do grupo Interpublic. A empresa de marketing direto de Howard Draft se fundiu à respeitada e venerável agência de propaganda Foote, Cone & Belding para formar a Draft FCB, uma companhia global de marketing integrado. Todos os serviços oferecidos pela agência de propaganda tradicional seriam fortalecidos por disciplinas de marketing direto, como gerenciamento da relação com o consumidor, promoções no varejo e marketing interativo.

Em suma, a Draft FCB seria capaz de cuidar de tudo, de uma campanha de propaganda a ações de merchandising em lojas — ou as duas coisas ao mesmo tempo, com um trabalho de marca perfeitamente coerente — em bases globais. Poderia ter sido a coisa mais importante desde que Bill Bernbach juntou diretores de arte e redatores na mesma sala.

Nas semanas que se seguiram, Howard Draft percorreu o mundo explicando a ideia a funcionários e à imprensa especializada. As ramificações organizacionais da fusão foram enormes — para que realmente significasse alguma coisa, o pessoal da agência tradicional e o pessoal do marketing direto teriam que trabalhar juntos à volta da mesma mesa — ou pelo menos no mesmo prédio. E a fusão envolvia mais de 9.000 funcionários em 110 países.

A aposta parecia ter dado certo naquele mês de outubro, quando a Wal-Mart entregou sua conta de muitos milhões de dólares para a agência. Infelizmente, o varejista retirou a conta quando uma investigação interna envolvendo um de seus funcionários fez o negócio gorar. Foi um golpe cruel para a nova agência. E a Wal-Mart pode ter dado um tiro no pé: a história ainda pode provar que, com a Draft FCB, o Interpublic teve a ideia certa.

Como outros gigantes da propaganda, o Interpublic compreende que precisa decodificar o mundo caleidoscópico em que seus clientes foram mergulhados — ou enfrentar perguntas desconfortáveis a respeito da própria utilidade. Em Los Angeles, criou um "laboratório de mídia emergente", um cenário que recria uma casa de alta tecnologia. A sala é equipada com os últimos gadgets audiovisuais, há telas por toda parte e — na cozinha — até a geladeira é interativa. A companhia pretende descobrir até que ponto o consumidor consegue conduzir várias atividades de mídia ao mesmo tempo — digamos, ver o noticiário na TV enquanto surfa na internet e manda mensagens de texto ocasionais — e como isso afeta a recepção das mensagens de propaganda. Clientes como a Sony, a L'Oréal e a Microsoft já usaram o laboratório (a imagem que nos vem à mente é de crianças brincando com um kit de ciências). "O processo de multitarefas ainda não está quantificado", disse Greg Johnson, diretor executivo do laboratório, à *International Herald Tribune*. "A métrica de tudo isso constitui boa parte do que nossos clientes querem saber, desesperadamente. Eles não sabem quem são seus consumidores e nossa tarefa é encontrá-los e descobrir o que estão fazendo" ("Lab helps advertisers decode the consumer", 15 de maio de 2006).

Embora os consumidores possam se sentir prestigiados por citações como essa, é claro que os anunciantes não nos deixarão escapar com tanta facilidade. Mas a relação se tornou mais equilibrada.

Andrew Robertson é o CEO mundial da BBDO. Um inglês em Nova York, Robertson se inspirou em David Ogilvy para construir sua marca pessoal, com camisas listradas e suspensórios coloridos. Nos seus 40 anos, o chefe mais jovem que a rede já teve, é um entusiasta da tecnologia. "Quando eu era adolescente, se pudesse carregar minha coleção de discos comigo, eu o teria feito", diz ele. "Hoje, isso não é problema. O que os consumidores querem é acesso a tudo, o tempo inteiro. Não precisam nem mesmo pagar por isso: você pode baixar um filme de duas horas por menos do que custa um selo do correio. Por outro lado, essa é a maior ameaça para nós como indústria porque as pessoas não esperam mais para ouvir o que temos a dizer. A oportunidade é que, se você consegue criar um conteúdo muito bom, pode obter uma interação com os consumidores, uma exposição presencial, que o dinheiro não pode comprar. Além de assistir ao que oferecemos, vão incentivar os outros a assistir também, graças às maravilhas do boca a boca."

A resposta a tudo isso, diz Robertson e muitos outros, é a boa e velha criatividade. "Nossa tarefa é criar um conteúdo que capture e prenda o consumidor por tempo suficiente para lhe passar uma mensagem, uma demonstração ou uma experiência que modifique o que ele pensa, sente e, mais importante ainda, faz a respeito de um produto."

O veículo mais inspirador do mundo se torna banal com um conteúdo sem magia. Para as agências de propaganda, a questão é a mesma que sempre foi: qual é a grande ideia?

Conclusão

"Propaganda só com convite"

Este é o momento mais empolgante para se trabalhar em propaganda desde os anos 50. Durante minha viagem de um ano pela propaganda, mais de uma pessoa me disse que essa indústria passou por três revoluções: a invenção da imprensa, a revolução criativa — e a que está acontecendo agora.

Na verdade, me parece que a revolução criativa foi muito prolongada. Depois da explosão de criatividade na Doyle Dane Bernbach nos anos 50, a onda de choque passou por Manhattan, chegando finalmente ao Reino Unido no começo dos anos 70. De lá, seguiu para a Europa Ocidental, chegando à América Latina e à Ásia nos anos 80 e voltando para a Europa Oriental nos anos 90. A essas alturas, a tecnologia que está movendo a revolução de hoje já tinha começado a surgir. A China pode ser a primeira economia a sentir a força de duas revoluções ao mesmo tempo.

O que torna a propaganda tão fascinante neste momento é que ninguém sabe realmente como ela vai evoluir. Muitas das agências descritas nestas páginas ainda podem ser consideradas como exemplos; outras são peças de museu. O futuro da propaganda não será parecido com seu passado. Os especialistas tentam rastrear consumidores cada vez mais escorregadios e mapear seu comportamento, mas suas descobertas sempre vêm com um ponto de interrogação. É certo que haverá telefones celulares, internet e telas por toda parte, mas como vão interagir e se cruzar? O quadro ainda não está nada claro.

As agências são muitas vezes criticadas por se prenderem à combinação já conhecida de TV, imprensa, outdoor e rádio, mas não se pode culpá-las por sua circunspecção. Afinal, parece que toda semana aparece um novo veículo de mídia. É provável que tenham aparecido mais alguns enquanto escrevo esta última frase. A instável paisagem da mídia não é de convergência, mas de difração: um número sempre em expansão de opções de mídia competindo pela atenção do consumidor. A indústria da propaganda está correndo o risco de parecer um garoto gordo brincando de pegador com um grupo de oponentes mais ágeis, que o provocam sem se deixar pegar. Vai acabar ruborizada, exausta e sem dignidade. O que ela precisa é sentar, abrir o saquinho de doces e esperar que sua presa volte pé ante pé, até estar ao seu alcance.

A boa notícia para quem quer trabalhar em propaganda é que o colapso das velhas certezas deu lugar a novas oportunidades. A Naked Communications e a Saatchi & Saatchi estão entre as muitas agências que, segundo me disseram, pretendem contratar pessoas que nunca trabalharam em propaganda, coisa que nunca fizeram nas décadas passadas. A palavra "comunicação" cobre um território tão vasto que quase desafia qualquer definição. Psicólogos, sociólogos, antropólogos, musicólogos, craques da tecnologia e jogadores entusiasmados... todos eles podem ter um papel a desempenhar numa agência moderna.

Mas quem tem mais a ganhar com a revolução multicanal de hoje é sem dúvida o consumidor. Na França, há um grupo de pessoas chamadas "publifóbicas", que pretendem deixar o mundo livre da propaganda. Mas a natureza múltipla da mídia tornou sua missão quixotesca quase irrelevante. Os anunciantes podem emitir quantas mensagens quiserem — não temos que prestar atenção. Melhor ainda, podemos convidá-los a nos mandar um CV e decidir se queremos entrevistá-los ou não.

A verdade é que poucas pessoas esperam se livrar totalmente da propaganda. Um bom argumento de vendas para um produto útil e atraente sempre prenderá nossa atenção. Mas agora esse argumento tem que ser espetacularmente bom, relevante à nossa situação específica, e transmitido da maneira certa e no momento certo. Isso já basta para despertar sua simpatia pelas agências.

Uma coisa é certa: a propaganda não vai desaparecer. Enquanto alguém tiver alguma coisa para vender, o mundo da propaganda sempre terá um lugar no mapa.

Referências

LIVROS

Brierly, Sean (1995) *The Advertising Handbook*, Routledge, Abingdon.
Bullmore, Jeremy (1991) *Behind the Scenes in Advertising*, WARC, Londres.
Challis, Clive (2005) *Helmut Krone. The Book*, Cambridge Enchorial Press, Cambridge, Reino Unido.
Douglas, Torin (1984) *The Complete Guide to Advertising*, Chartwell Books, Nova Jersey.
Fallon, Pat e Senn, Fred (2006) *Juicing the Orange*, Harvard Business School Press, Boston.
Fendley, Alison (1995) *Saatchi & Saatchi: The Inside Story*, Arcade Publishing, Nova York.
Fox, Stephen (1984) *The Mirror Makers*, William Morrow & Company, Nova York.
French, Paul (2006) *Carl Crow — A Tough Old China Hand*, Hong Kong University Press, Hong Kong.
Heller, Stephen (2000) *Paul Rand*, Phaidon, Londres.
Hopkins, Claude C. (nova edição, 1998) *My Life in Advertising/Scientific Advertising*, NTC Business Books, Lincolnwood, Chicago.
Kufrin, Joan (1995) *Leo Burnett, Star Reacher*, Leo Burnett Company, Inc, Chicago.
Lawrence, Mary Wells (2002) *A Big Life in Advertising*, Knopf, Nova York.
Levenson, Bob (1987) *Bill Bernbach's Book*, Villard Books, Nova York.
Loiseau, Marc e Pincas, Stéphane (editores: 2006) *Born in 1842, A History of Advertising*, Publicis Groupe.
Lorin, Philippe (1991) *Cinq Géants de la Publicité*, Assouline, Paris.
Marcantonio, Alfredo (2000) *Remember Those Great Volkswagen Ads?*, Dakini, Londres.

Mayer, Martin (1958) *Madison Avenue USA*, Harper, Nova York.
Myerson, Jeremy e Vickers, Graham (2002) *Rewind: Forty Years of Design & Advertising*, Phaidon, Londres.
Ogilvy, David (1963) *Confessions of an Advertising Man*, Southbank Publishing, Londres.
Ogilvy, David (1985) *Ogilvy on Advertising*, Vintage, Londres.
Packard, Vance (1957) *The Hidden Persuaders*, Cardinal, Nova York.
Pirella, Emanuele (2001) *Il Copywriter, Mestiere D'Arte*, Il Sagiattore, Milão.
Pollitt, Stanley e Feldwick, Paul (editor, 2000) *Pollitt On Planning*, Admap Publications, Henley-on-Thames.
Raphaelson, Joel (editor, 1986) *The Unpublished David Ogilvy*, The Ogilvy Group, Inc.
Ritchie, John e Salmon, John (2000) *CDP: Inside Collett Dickenson Pearce*, B.T. Batsford, Londres.
Scott, Jeremy (2002) *Fast and Louche*, Profile Books, Londres.
Séguéla, Jacques (1979) *Ne Dites Pas à Ma Mère Que Je Suis Dans la Publicité... Elle Me Croit Pianiste Dans un Bordel*, Flammarion, Paris.
Séguéla, Jacques (2005) *Tous Ego, Havas, Moi et les Autres*, Editions Gawsewitch, Paris.
Souter, Nick e Newman, Stuart (1988) *Creative Director's Source Book*, MacDonald, Londres.
Stabiner, Karen (1993) *Inventing Desire*, Simon & Schuster, Nova York.
Testa, Armando e Tsiaras, Philip (1987) *Armando Testa* (catálogo de exposição) Parsons School of Design, Nova York.

RECURSOS ONLINE

AdBrands (www.adbrands.net)
Advertising Age (www.adage.com)
'Boards (www.boardsmag.com)
Brand Republic (www.brandrepublic.com)
Centre for Interactive Advertising (www.ciadvertising.org)
Clickz (www.clickz.com)
LexisNexis (www.lexisnexis.com)
Musée de la Publicité (www. museedelapub.org)
Shots (www.shots.net)
Stocks and News (www.stocksandnews.com)
Strategies (www.strategies.fr)
World Advertising Research Centre (www.warc.com)